"十三五"江苏省高等学校重点教材（编号：2020-1-39）

高等职业教育路桥类专业"新形态一体化"系列教材

公路工程检测技术

第 2 版

主　编　龙兴灿

副主编　蒋　玲　黄　燕

参　编　罗云军　张　玲

主　审　刘亚楼

机 械 工 业 出 版 社

本书是"十三五"江苏省高等学校重点教材（编号：2020-1-39）。

本书根据交通运输部公路水运工程试验检测专业技术人员职业资格考试对专业知识的要求，将教学内容分为基础知识、路基工程检测、路面工程检测、桥梁基础检测、桥梁结构检测、隧道工程检测6大模块，共15个项目，下设41个任务，教学内容与公路水运工程试验检测专业技术人员职业资格证的考试要求接轨，做到了"课证融合"。

本书可作为高等职业教育院校道路桥梁工程技术等交通土建类专业群的教学用书，也可作为相关工程技术人员的参考用书。

为方便教学，本书还配有电子课件及相关资源，凡使用本书作为教材的教师可登录机械工业出版社教育服务网www.cmpedu.com注册下载。机工社职教建筑群（教师交流QQ群）：221010660。咨询电话：010-88379934。

图书在版编目（CIP）数据

公路工程检测技术 / 龙兴灿主编. —2版. —北京：机械工业出版社，2022.2
（2024.7重印）

高等职业教育路桥类专业"新形态一体化"系列教材"十三五"江苏省高等学校重点教材

ISBN 978-7-111-70503-1

Ⅰ.①公…　Ⅱ.①龙…　Ⅲ.①道路工程—检测—高等职业教育—教材
Ⅳ.①U41

中国版本图书馆CIP数据核字（2022）第056494号

机械工业出版社（北京市百万庄大街22号　邮政编码100037）
策划编辑：沈百琦　　　　责任编辑：沈百琦　陈将浪
责任校对：张　征　刘雅娜　封面设计：鞠　杨
责任印制：单爱军
北京虎彩文化传播有限公司印刷
2024年7月第2版第4次印刷
184mm×260mm·20.5印张·465千字
标准书号：ISBN 978-7-111-70503-1
定价：64.90元

电话服务　　　　　　　网络服务
客服电话：010-88361066　机　工　官　网：www.cmpbook.com
　　　　　010-88379833　机　工　官　博：weibo.com/cmp1952
　　　　　010-68326294　金　书　网：www.golden-book.com
封底无防伪标均为盗版　机工教育服务网：www.cmpedu.com

"公路工程检测技术"是学习公路工程、桥梁工程、隧道工程试验检测方法和质量评定的一门课程，是交通土建类专业的核心课程之一。本书第 1 版于 2016 年 1 月出版，2020 年入选江苏省高等学校重点教材。为贯彻落实二十大精神进教材、进课堂、进头脑，对全书结构、内容组成、资源配套等方面作了全面升级与优化，主要特色如下：

1. 立德树人，德技兼修

本书坚持以立德树人为中心环节，将德育教育贯穿在整个学习过程中，引导学生树立正确的世界观、人生观、价值观。书中多方面、多角度引入"拓展小知识""职业榜样""职业小贴士"等育人元素，使知识讲授与德育教育同向同行，将显性教育和隐性教育相统一，形成协同效应，构建全员、全程、全方位育人体系。对学生进行专业知识基础、德技兼修等方面的引导，培养学生细致严谨的工作作风，开放创新的思维模式，强调对学生职业道德、职业素养、职业行为习惯的培养。

2. 岗课赛证，四位一体

本书教学内容分为基础知识、路基工程检测、路面工程检测、桥梁基础检测、桥梁结构检测、隧道工程检测 6 大模块，共 15 个项目、41 个任务，均按公路水运工程试验检测专业技术人员职业资格考试及"1+X"路桥工程无损检测职业技能等级证书考试要求编写，同时兼顾无损检测技能竞赛要求，做到了岗课赛证，四位一体。

3. 工学结合，校企合作

本书紧跟公路水运工程试验检测行业的人才需求，将新技术、新材料、新工艺、新设备纳入其中，技术标准均引用国家及行业现行标准、规范；在本次修订前，特邀请了行业、企业专家对公路工程检测技术课程标准进行了分析，根据专家提出的建议，对教学内容进行了调整和优化，并邀请了企业人员参与编写。

4. 立体开发，体例创新

本次修订引入项目导向、任务驱动、基于工作过程系统化课程开发等理念，采用理实一体化、校企合作的教学模式；以学生综合职业能力培养为目标，以典型工作任务为载体，采用学习领域课程开发模式；采用以学生为中心的行动导向教学组织思想，实现理论教学与实践教学融通合一、能力培养与工作岗位对接合一、实操训练与岗位工作学做合一，培养"懂规范、精检测、会管理、高素质"的面向公路工程检测第一线的高技能人才。

5. 活页教材，立体资源

本书按照"以学生为中心、以学习成果为导向促进学生自主学习"的思路开发，发挥

"互联网＋教材"的优势，书中配备二维码学习资源，用手机扫描二维码即可获得在线的数字课程资源的支持。同时，本书对应江苏省在线开放课程"公路工程检测技术"，课程平台为"中国大学 MOOC"，提供配套的教学课件、试验检测教学视频、技能训练答案及解析等资料，以适应当前职业教育的新形式。本书采用可撕活页式装订形式，书中需要学生填写的表格可灵活撕下并上交给任课教师，方便师生使用。

本书由南京交通职业技术学院龙兴灿担任主编；南京交通职业技术学院蒋玲、黄燕担任副主编；南京交通职业技术学院罗云军、新疆交通职业技术学院张玲参与编写。本书由华设设计集团股份有限公司刘亚楼主审。其中，项目 1 由蒋玲编写，项目 2~ 项目 5 由黄燕编写，项目 7 由罗云军编写，项目 8~ 项目 14 由龙兴灿编写，项目 15 由张玲编写。立体资源主要由龙兴灿、黄燕完成，南京交通职业技术学院赵伟强、陈亮、李金梅、朱俊、王光平等提供了帮助。龙兴灿和蒋玲负责全书的总体布局安排，提出了编写大纲，并由龙兴灿逐章进行了完善和修改。

本书编写过程中，得到新疆交通职业技术学院、华设设计集团股份有限公司、苏交科集团股份有限公司、江苏华通工程检测有限公司、南京南大工程检测有限公司、南京水利科学研究院、江苏交通控股有限公司、江苏省交通工程集团有限公司、四川升拓检测技术股份有限公司等兄弟院校老师、行业企业专家提供素材、案例和诸多宝贵意见，在此表示感谢。

限于编写时间有限，书中难免有疏漏和不妥之处，诚挚希望广大读者批评指正，以便进一步修改和完善。

编　者

页码	图 形	页码	图 形
10	如何使用科学计算器	79	CBR 泡水测膨胀量试验
43	砂的密度标定	79	CBR 贯入试验
44	灌砂法现场检测	92	贝克曼梁测试回弹弯沉
61	无机结合料稳定材料制件	101	三米直尺测定平整度
64	无机结合料稳定材料养生	105	连续式平整度仪测试路基路面平整度
65	无机结合料稳定材料抗压强度试验	114	手工铺砂法测试路面构造深度
72	EDTA 滴定法测试灰剂量	119	摆式仪测试路面摩擦系数

（续）

页码	图　形	页码	图　形
127	沥青路面渗水系数检测	204	裂缝深度检测——相位反转法
150	泥浆相对密度检测	216	回弹仪的率定
151	泥浆黏度检测	217	回弹值测定
151	含砂率检测	218	混凝土碳化深度测定
159	超声波法检测桩的缺陷——现场检测流程	227	超声回弹综合法检测混凝土抗压强度
174	低应变法检测桩的缺陷	242	钢筋锈蚀检测
191	裂缝长度和宽度检查	249	钢筋分布及保护层检测
201	混凝土结构厚度检测——冲击弹性波法	306	锚杆长度检测
203	混凝土结构缺陷检测——冲击弹性波法		

目录

模块六　隧道工程检测

项目1

公路工程检测基础知识

公路工程试验检测是指根据国家有关法律法规的规定，依据工程建设技术标准、规范、规程，对公路工程所用材料、构件、工程制品、工程实体的质量和技术指标等进行的试验检测活动。

公路工程试验检测技术是一门正在发展的新兴学科，它融试验检测基本理论和测试操作技能及公路工程相关学科基础知识于一体，是工程设计参数设定、施工质量控制、施工验收评定、养护管理决策及各种技术规范和规程修订的主要依据。

💡 拓展小知识

新中国成立以来，几代公路建设者逢山开路、遇水架桥，建成了交通大国，正在加快建设交通强国。2021年末，我国公路总里程为528.07万km，其中高速公路里程为21.88万km，公路密度为55.01km/100km^2。公路养护里程为525.16万km，约占公路总里程的99.4%。

我们坚持交通先行，建成了全球最大的高速铁路网、高速公路网、世界级港口群，航空航海通达全球，综合交通网突破600万km（截至2022年5月）。未来30年，我国将加快交通强国建设，其中到2035年，基本建成"人民满意、保障有力、世界前列"的交通强国。

任务一

公路工程试验检测管理

[学习目标]

1. 知道公路工程试验检测的机构、人员要求，了解相关法规与检测标准。
2. 能实事求是地填写检测记录表与试验检测报告。

一、检测机构

公路水运工程试验检测机构（以下简称检测机构）是指承担公路水运工程试验检测业务，并对试验检测结果承担责任的机构。

检测机构的等级，是依据检测机构的公路水运工程试验检测水平、主要试验检测仪器设备及检测人员的配备情况、试验检测环境等基本条件对检测机构进行的能力划分，分为公路工程和水运工程两种专业，见表1-1。

表1-1　检测机构的专业、类别、等级、评定机构

专　业	类　别	等级/项目	评 定 机 构
公路工程	综合类	甲级	部级质量监督机构
		乙级	省级交通质监机构
		丙级	省级交通质监机构
	专项	交通工程	部级质量监督机构
		桥梁隧道工程	部级质量监督机构
水运工程	材料类	甲级	部级质量监督机构
		乙级	省级交通质监机构
		丙级	省级交通质监机构
	结构类	甲级	部级质量监督机构
		乙级	省级交通质监机构

检测机构等级的差异只反映检测参数的多少，并不代表其检测水平的高低。无论等级高低，其提供的检测数据都应准确、可靠，对相同检测参数的检测结论应一致。

取得《公路水运工程试验检测机构等级证书》的检测机构，可设立工地临时实验室，承担相应公路水运工程的试验检测业务，并对其试验检测结果承担责任。

二、试验检测人员管理

公路水运工程试验检测人员是依据工程建设技术标准、规范和规程，对公路水运工程材料、构件、产品及工程实体的质量和技术指标进行试验检测的专业技术人员。

试验检测人员分为助理试验检测师、试验检测师两个级别，每个级别的考试均设公共基础和专业科目，其中专业科目有《道路工程》《桥梁隧道工程》《交通工程》《水运结构与地基》《水运材料》。取得公路水运工程试验检测师职业资格证书的人员，应当具备的职业能力有：

1）熟悉公路水运工程行业管理的法律法规、规章制度，工程技术标准、规范和规程；掌握试验检测原理；掌握实验室管理体系知识和所从事试验检测专业方向的试验检测方法和结果判定标准。

2）了解国内外工程试验检测行业的发展趋势，有较强的试验检测专业能力，能独立完成较为复杂的试验检测工作和解决突发问题。

3）熟练地编制试验检测方案、组织实施试验检测活动、进行试验检测数据分析、编制和审核试验检测报告。

🧑‍💼 职业小贴士

交通建设试验检测行业从业自律公约

试验检测人员必须严守职业道德准则和工作程序，独立开展试验检测工作，保证试验检测数据科学、客观、公正、准确，并对试验检测结果承担法律责任。不造假数据、不出假证明、不做假鉴定、不做假报告。

试验检测人员应当通过交通运输部规定的试验检测业务考试并取得相应的证书方能从事试验检测工作，不得越级超范围违规承接试验检测任务，不得转借、出卖、伪造、涂改资格证书以及其他相关资信证明。

试验检测人员要清正廉洁，不得借工作之便推销建设材料、构（配）件和设备。不得向客户索取钱物，不收受客户的任何礼金和礼品。

遵守公共关系准则，同行间相互尊重、相互支持、友好合作。不损害同行的声誉，不妨害同行的工作。

试验检测人员不得同时受聘于两家以上的试验检测机构，按照劳动人事聘用合同的规定在聘用单位从事试验检测工作，不得擅自离岗离聘，对因个人擅离职守给工作和聘用单位造成的损失要承担责任。

试验检测人员在证书有效期内应按规定参加继续教育，不断学习，掌握新知识、新技术、新法规，努力提高技术水平、业务能力和职业道德水平。

三、试验检测相关法规与规程

检测机构必须遵守国家法规，具备所检测项目内容业务范围内的有关技术标准、操作规程、工作规范等技术文件，它们是检测工作的依据，必须齐全。

1. 法规

法规是指国家机关制定的规范性文件，是法令、条例、规则和章程等法定文件的总称。法规是规范各领域试验检测机构管理及行为的准则，试验检测活动必须遵循国家的法律法规，主要的试验检测相关法规有：

1)《中华人民共和国计量法》《中华人民共和国计量法实施细则》。

2)《建设工程质量管理条例》。

3)《公路水运工程试验检测管理办法》。

其他还有《中华人民共和国标准化法》《中华人民共和国产品质量法》及政府机关发布的相关文件等。

2. 标准、规范与规程

标准、规范与规程统称为标准，是指通过标准化活动，按照规定的程序经协商一致制定，为各种活动或其结果提供规则、指南或特性，供共同使用和重复使用的文件。其中，标准是产品的质量要求；规范是具体技术要求，是工作的规则；规程是操作规定及操作指导。

实验室应优先选择国家标准、行业标准、地方标准作为检测的依据，主要相关的标准有：

1)《公路工程质量检验评定标准 第一册 土建工程》（JTG F80/1—2017）（以下简称《检评标准》）。

2)《公路土工试验规程》（JTG 3430—2020）（以下简称《土工规程》）。

3)《公路路基路面现场测试规程》（JTG 3450—2019）（以下简称《现场测试规程》）。

4)《公路工程无机结合料稳定材料试验规程》（JTG E51—2009）（以下简称《无机结合料》）。

5)《公路桥涵施工技术规范》（JTG/T 3650—2020）（以下简称《桥施规》）。

6)《公路桥梁技术状况评定标准》（JTG/T H21—2011）（以下简称《桥评标准》）。

7)《公路桥梁承载能力检测评定规程》（JTG/T J21—2011）。

8)《公路桥梁荷载试验规程》（JTG/T J21-01—2015）（以下简称《荷载试验》）。

9)《回弹法检测混凝土抗压强度技术规程》（JGJ/T 23—2011）（以下简称《回弹法》）。

10)《钻芯法检测混凝土强度技术规程》（JGJ/T 384—2016）（以下简称《钻芯法》）。

11)《超声回弹综合法检测混凝土抗压强度技术规程》（T/CECS 02—2020）（以下简称《超声回弹法》）。

12)《公路工程基桩检测技术规程》（JTG/T 3512—2020）（以下简称《基桩检测》）。

13)《公路水运试验检测数据报告编制导则》（JT/T 828—2019）。

本书还涉及其他桥梁、路基路面、隧道等公路工程的设计、施工、检测相关规范；地基设计相关规范；集料、沥青、水泥混凝土等材料的相关规程；钢材、支座、伸缩缝、锚具、夹具、连接器等相关材料或工程制品的有关标准等，学习时应根据教学任务查阅对应的现行规范。

四、试验检测记录表与报告

试验检测记录表（原始记录）和试验检测报告是记录试验过程的信息载体，记录信息的完整性、科学性，以及格式图表的可阅读性至关重要。

1. 试验检测记录表

试验检测记录表用来记录原始试验过程中的观测数据，可以打印出来作为原始记录表存档使用。原始记录表中必须有试验人员签字，原始记录表内容及签名必须使用黑色签字笔或纯黑色墨水钢笔填写，要求书写工整，不得涂改，数据更正必须规范。试验结束后将试验数据录入试验检测记录表，按照相应规范进行数据处理，然后提交复核人员进行复核。试验检测记录表中各要素的填写要点见表 1-2。

表 1-2　试验检测记录表中各要素的填写要点

要素内容	信息明细	填写要点
标题区	表格名称	原则上采用"项目名称 + 参数名称 + 试验记录表"的表格名称
	唯一性标识编码	四段位的编码规则
	页码	第 × 页，共 × 页
	实验室名称	工地实验室名称：母体试验检测机构名称 + 建设项目标段名称 + 工地实验室；等级试验检测机构名称：《公路水运工程试验检测机构等级证书》上的名称或其编号
	记录编号	由实验室自行编制
基本信息区	工程部位 / 用途	为二选一填写项，要明确被检对象在工程中的具体位置时，可填桩号；当指明数据报告结果的具体用途时，需填写相关信息
	委托编号	由实验室自行编制，用于表示委托任务的唯一性编号
	样品名称	按标准规范要求填写，如热轧带肋钢筋不能简单写成钢筋
	样品编号	由实验室自行编制，用于区分每件独立样品的唯一性编号
	试验依据	试验依据是指试验时所依据的现行标准、规程或其他技术文件，宜至少填写完整的标准、规程的编号，如 GB/T 232—2010
	样品描述	描述样品的状态，如样品的结构、形状、规格、颜色、数量等信息
	试验条件	列出试验时的环境条件，如试验时的温度、湿度、照度，以及在标准中有明确规定的其他环境条件的实测值或范围值
	试验日期	试验的起止时间，以时间段或时间点来表示
	主要仪器设备及编号	试验时所用主要仪器设备的信息，宜包括仪器设备的名称、型号、规格及唯一性标识
检验数据区	原始观测项目	要求信息充分，以便在接近原条件的情况下能够复现
	数据处理过程项目	宜保留数据处理过程、导出过程、数据修约或修约方法等
	试验结果	给出测试结果，需要时应给出相关图表结果
附加声明区	备注	应包括试验检测过程的特殊声明、其他见证方签认、需补充说明的事项等
落款区	表格签署人信息	应包括试验、复核人员的签名，签名人员必须持有相应的交通运输部颁发的检测员以上证书，且签字的领域与所持证书的专业应对应
	日期	要由试验检测记录表的复核人员复核时间，格式如 2021 年 07 月 15 日

2. 试验检测报告

复核人员复核试验记录后，生成试验检测报告，经报告审核人审核后提交报告签发人，报告签发人签发后，试验检测报告方可打印盖章。试验检测报告中各要素的填写要点见表1-3。

表1-3　试验检测报告中各要素的填写要点

要素内容	信息明细	填写要点
标题区	参见表1-2中的填写要点	
基本信息区	施工/委托单位	实施工程建造与安装的单位名称
	工程名称	本检测报告测试范围内建设项目的名称
	判定依据	判定试验结果合格与否所依据的标准、规程或其他技术文件
	其他信息参见表1-2中的填写要点	
检验对象属性区	对检测结果的有效性和可追溯性有重要影响的被检对象或测试过程中所特有的信息，可以为时间信息、抽样信息、材料或产品生产信息、材料配合比信息等，如试验龄期抽样方式、材料的产地生产批号、各种材料用量等	
检验数据区	检测项目	本报告包含的检测项目
	技术要求/指标	判定依据中相应检测项目的要求
	检测结果	本检测项目的单向测试结果
	结果判定	本检测项目单向测试结果的符合性判定
	检测结论	本检测报告所含测试项目的检测结果，应包含合格与否的判定
附加声明区	备注	试验检测过程的特殊声明、需补充说明的事项等
落款区	表格签署人信息	应包括试验、审核和报告签发人员的签名。试验人员必须持有签字领域试验检测员以上证书，审核人员必须是签字领域的持证试验检测工程师，报告签发人员必须是持证试验检测工程师。此处的试验人员应为本项检测工作的主检人员
	日期	要由试验检测记录表的复核人员复核时间，格式如2021年07月15日
（专用章）	报告中各种标识章的使用应符合相关证书发放机构的管理规定。其中，"试验检测机构专用标识章"应加盖在试验检测报告的右上角	

巩固训练

1. 复习本任务内容。

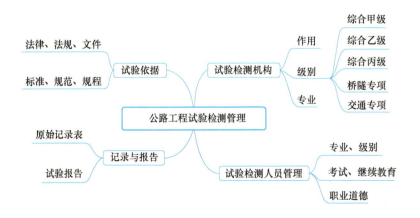

2. 扫描二维码，完成在线测试。

项目 1
任务一测试

3. 标注出表1-4的标题区、基本信息区、检验数据区、附加声明区和落款区。

表 1-4　水泥混凝土抗压强度试验检测记录表（立方体）

实验室名称：××××试验检测中心　　　　　　　　　　　　　　　　记录编号：JL-2021-HY-008

工程部位/用途	××××大桥 5# 墩					委托/任务编号		RW-2021-008	
试验依据	JGT/T 23-2011					样品编号		YP-2021-TYH-008	
试验条件	温度21℃，湿度61%					试验日期		2021-6-27~2021-7-25	
样品描述	无掉边、无缺角					——		——	
主要仪器设备及编号	NYL-2000 压力机 (SB-007)；钢直尺 (SB-028)								
混凝土种类	普通混凝土					养护条件		温度20℃，湿度96%	
试件编号	成型日期	强度等级/MPa	试验日期	龄期/d	试件尺寸/mm×mm×mm	极限荷载/kN	抗压强度测值/MPa	抗压强度测定值/MPa	换算成标准试件抗压强度值/MPa
YP-2021-TYH-008-1	2021-6-27	30	2021-7-25	28	150×150×150	778.45	34.6	37	37
						894.54	39.8		
						820.45	36.5		
YP-2021-TYH-008-3	2021-6-27	30	2021-7-25	28	150×150×150	768.34	34.1	35	35
						800.56	35.6		
						791.34	35.2		
YP-2021-TYH-008-3	2021-6-27	30	2021-7-25	28	150×150×150	821	36.5	35.5	35.5
						795.67	35.4		
						777.34	34.5		
备注：									

试验：张三　　　　　　　复核：李四　　　　　　　　　日期：2021 年 7 月 26 日

任务二 >>>>
试验检测数据处理

📋 [学习目标]

　　能对数据进行修约，能进行数理统计（标准偏差等）计算；掌握正态分布与 t 分布，能进行代表值计算与异常值剔除，熟悉抽样检验方法。

　　工程质量的评价是以试验数据为依据的，在试验检测过程中，任何测量的准确度都是有限的，只能以一定的近似值来表示测量结果。因此，测量结果数值计算的准确度不应该超过测量的准确度，如果任意地将近似值保留过多的位数，反而会歪曲测量结果的真实性。在测量和数学运算中，必须对原始数据进行分析处理，才能得到可靠的试验检测结果。

一、数值修约

　　1. 数据特征

　　工程质量控制、评价是以数据为依据的，数据根据其特性可以分为计数值数据和计量值数据。

　　（1）计数值数据　有些数据是不能用测量器具来度量的。为了反映或描述属于这种类型内容的状况，而又必须用数据来表示时，便采用计数的办法，即用 1、2、3…连续地数出数量或次数，凡属于这样性质的数据即为计数值数据。计数值数据的特点是不连续，并只能出现 0、1、2…非负的整数，不可能有小数。如不合格品数、不合格的构件数、缺陷的点数等。一般来说，以判定方法得出的数据和以感觉性检验方法得出的数据大多属于计数值数据。

　　（2）计量值数据　计量值数据是可以连续取值的数据，表现形式是连续型的。如长度、厚度、直径、强度、化学成分等，一般是可以用检测工具或仪器等测量（或试验）的，类似这些特征的测量数据一般带有小数，如长度为 1.15m、1.18m 等。在工程质量检验中得出的原始检验数据大部分是计量值数据。

　　2. 有效数字

　　有效数字就是实际能测到的数字，通常包括全部准确数字和（最后）一位不确定的可疑数字。除另有说明，可疑数字通常理解为有 ±10% 的误差。

1）试验中的数字与数学中的数字是不一样的，如：数学中的 8.35=8.350=8.3500，试验中的 8.35 ≠ 8.350 ≠ 8.3500。

2）有效数字的位数与被测物的大小和仪器的精密度有关，如用千分尺来测，其有效数字的位数有五位，如 74.500mm；若用一般的钢直尺来测，测得物体的长度为 74.5mm。

3）第一个非零数字前的零不是有效数字，如 0.02345。

4）从第一个非零数字开始的所有数字（包括零）都是有效数字，如 234.50。

5）单位的变换不能改变有效数字的位数，因此试验中要求尽量使用科学计数法表示数据。如 100.2m 使用 mm 作为单位时，可记为 1.002×10^5mm（数学上可表示为 100200mm，但改变了有效数字的位数）。

3. 修约

要确定用几位数字来代表测量值或计算结果时需要进行修约，修约有数值修约与间隔修约两种形式。

（1）数值修约　通过省略原数值的最后若干位数字，调整所保留的末位数字，使最后所得到的值最接近原数值的过程。经数值修约后的数值称为（原数值的）修约值。

数据获得后，还涉及数据的定位问题，即出现了规定精确度范围之外的数字如何进行取舍。在统计中一般常用的数值修约规则如下：

1）拟舍去的数字中，其最左一位数字小于 5 时，则舍去，留下的数字不变。

例如，将 18.2432 修约到一位小数时，其拟舍去的数字中最左面的第一位数字是 4，则可舍去，结果为 18.2；某针入度试验测定值为 70.1mm、69.5mm、70.8mm（0.1mm），则先算得平均值 70.1mm，然后进行取整（即修约到整数），得到针入度试验结果是 70mm（0.1mm）。

2）拟舍去的数字中，其最左一位数字大于 5 时，则进 1，即所留下的末位数字加 1。

例如，将 26.4843 修约到一位小数时，其拟舍去的数字中最左面的第一位数字是 8，则应进 1，结果为 26.5。

3）拟舍去的数字中，其最左一位数字等于 5，而后面的数字并非全部为 0 时，则进 1，即所留下的末位数字加 1。

例如，将 15.0501 修约到只留一位小数时，其拟舍去的数字中最左面的第一位数字是 5，5 后面的数字还有 01，故应进 1，结果为 15.1。

4）拟舍去的数字中，其最左面的第一位数字等于 5，而后面无数字或全部为 0 时，所保留的数字末位数为奇数（1、3、5、7、9），则进 1；如为偶数（0、2、4、6、8），则舍去。

例如，将下列各数字修约到只留一位小数时，其拟舍去的数字中最左面的第一位数字是 5，5 后面无数字，根据所留末位数的奇偶关系，结果为：

15.05 → 15.0（因为 "0" 是偶数）

15.15 → 15.2（因为 "1" 是奇数）

15.25 → 15.2（因为 "2" 是偶数）

15.45 → 15.4（因为 "4" 是偶数）

5）拟舍去的数字并非单独的一个数字时，不得对该数值连续进行修约，应按拟舍去的数字中最左面的第一位数字的大小，按照上述要求一次修约完成。

例如，将 15.4546 修约成整数时，不应按 15.4546 → 15.455 → 15.46 → 15.5 → 16 进行，而应按 15.4546 → 15 进行修约。

上述数值修约规则（有时称为"奇升偶舍法"）与以往用的"四舍五入"方法的区别在于，用"四舍五入"法对数值进行修约，从很多修约后的数值中得到的均值偏大；用上述数值修约规则进舍的状况具有平衡性，进舍误差也具有平衡性，若干数值经过这种修约后，修约值之和变大的可能性与变小的可能性是一样的。

为便于记忆，将上述数值修约规则归纳为以下几句口诀："四舍六入五考虑，五后非零则进一，五后为零视奇偶，奇升偶舍要注意，修约一次要到位"。

（2）间隔修约　最小数值间隔不是 1 的修约。间隔修约的数值一经确定，修约值即为该数值的整数倍，工程中常见 0.2、0.5 的修约，其他还有 0.25、6 的修约等。

1）0.2 单位修约。0.2 单位修约是指按指定修约间隔对拟修约的数值修约至 0.2 单位，如三米直尺测试平整度等。修约方法如下：将拟修约的数值乘以 5，按指定修约间隔对结果进行修约后再除以 5。

例如，将下例数字修约到"个"数位的 0.2 单位修约，结果为：

8.32，乘以 5 得 41.60，修约到"个"数位得 42.00，0.2 单位修约结果为 8.4。

-9.3，乘以 5 得 -46.5，修约到"个"数位得 -46.0，0.2 单位修约结果为 -9.2。

2）0.5 单位修约。0.5 单位修约是指按指定修约间隔对拟修约的数值修约至 0.5 单位，如沥青软化点、碳化深度等。修约方法如下：将拟修约的数值乘以 2，按指定修约间隔对结果进行修约后再除以 2。

例如，将下例数字修约到"个"数位的 0.5 单位修约，结果为：

60. 25，乘以 2 得 120.50，修约到"个"数位得 120，0.5 单位修约结果为 60.0。

60. 28，乘以 2 得 120.56，修约到"个"数位得 121，0.5 单位修约结果为 60.5。

二、数据的统计量计算

工程质量数据的统计特征量分为两类：一类是表示统计数据的规律性，主要有算术平均值、中位数、加权平均值等；另一类表示统计数据的差异性，即工程质量的波动性，主要有极差、标准偏差、变异系数等。

（1）算术平均值　算术平均值用于表示一组数据集中位置最有用的统计特征量，经常用样本的算术平均值来代表总体的平均水平。样本的算术平均值用 $\bar{x}$ 表示。如果 n 个样本数据为 x_1，x_2，$\cdots$，x_n，那么，样本的算术平均值为

如何使用科学计算器

$$\bar{x} = \frac{1}{x}(x_1 + x_2 + \cdots + x_n) = \frac{1}{x}\sum_{i=1}^{x} x_i \tag{1-1}$$

例 1-1：某路段沥青混凝土面层抗滑性能检测，摩擦系数的检测值（共 10 个测点）分别为 58、56、60、53、48、54、50、61、57、55（摆值，即摆式摩擦系数值）。求摩擦系数的算术平均值。

解：由式（1-1）可知，摩擦系数的算术平均值为

$$\overline{F}_B = (58+56+60+53+48+54+50+61+57+55)/10 = 55.2$$

（2）中位数　在一组数据 x_1，x_2，$\cdots$，x_n 中，按其大小次序排序，以排在正中间的一个

数表示总体的平均水平，称为中位数，又称为中值，用$\tilde{x}$表示。n为奇数时，正中间的数只有一个；n为偶数时，正中间的数有两个，取这两个数的平均值作为中位数，即

$$\tilde{x} = \begin{cases} \dfrac{x_{n+1}}{2} & (n \text{ 为奇数}) \\[2mm] \dfrac{1}{2}\left(x_{\frac{n}{2}} + x_{\frac{n}{2}+1}\right) & (n \text{ 为偶数}) \end{cases} \tag{1-2}$$

例 1-2：检测值同例 1-1，求中位数。

解：检测值按大小次序排列为 61、60、58、57、$\boxed{56}$、$\boxed{55}$、54、53、50、48（摆值），则中位数为

$$\tilde{F}_{B} = \frac{F_{B5} + F_{B6}}{2} = \frac{56 + 55}{2} = 55.5$$

（3）极差 在一组数据中最大值与最小值之差，称为极差，记作 R，即

$$R = F_{Bmax} - F_{Bmin} \tag{1-3}$$

例 1-3：检测值同例 1-1，求极差。

解：

$$R = F_{Bmax} - F_{Bmin} = 61 - 48 = 13$$

极差没有充分利用数据的信息，但计算十分简单，仅适用于样本容量较小（$n<10$）的情况。

（4）标准偏差 标准偏差有时也称为标准离差、标准差或均方差，它是衡量样本数据波动性（离散程度）的指标。在质量检验中，总体的标准偏差 σ 一般不易求得。样本的标准偏差 S 按式（1-4）计算：

$$S = \sqrt{\frac{(x_1-\bar{x})^2 + (x_2-\bar{x})^2 + \cdots + (x_n-\bar{x})^2}{n-1}} = \sqrt{\frac{\sum\limits_{i=1}^{n}(x_i-\bar{x})^2}{n-1}} \tag{1-4}$$

例 1-4：仍用例 1-1 的数据，求样本标准偏差 S。

解：由式（1-4）可知，样本标准偏差为

$$S = \sqrt{\frac{(x_1-\bar{x})^2 + (x_2-\bar{x})^2 + \cdots + (x_n-\bar{x})^2}{n-1}}$$

$$= \sqrt{\frac{(58-55.2)^2 + (56-55.2)^2 + \cdots + (55-55.2)^2}{10-1}} = 4.13$$

（5）变异系数 标准偏差反映的是样本数据的绝对波动状况，当测量较大的量值时，绝对误差一般较大；测量较小的量值时，绝对误差一般较小。因此，用相对波动的大小（变异系数）更能反映样本数据的波动性。

变异系数用 C_V 表示，是标准偏差 S 与算术平均值 $\bar{x}$ 的比值，即

$$C_V = \frac{S}{\bar{x}} \times 100\% \tag{1-5}$$

例 1-5：若甲路段的水泥稳定碎石基层强度的算术平均值为 3.80，标准偏差为 0.155；若乙路段的水泥稳定碎石基层强度的算术平均值为 3.89，标准偏差为 0.157，则两路段的变异系数分别为

甲路段
$$C_V = \frac{0.155}{3.80} \times 100\% = 4.08\%$$

乙路段
$$C_V = \frac{0.157}{3.89} \times 100\% = 4.04\%$$

从标准偏差来看，$S_甲 < S_乙$。但从变异系数分析来看，$C_{V甲} > C_{V乙}$，说明甲路段的水泥稳定碎石基层强度的相对波动比乙路段的更大，强度值稳定性较差。

三、数据的分布特征

质量数据具有一定的规律性，这种规律性一般用概率分布来描述。概率分布的形式很多，在公路工程质量控制和评价中，常用到的概率分布形式有正态分布和 t 分布。

1. 正态分布

正态分布是应用最多的一种概率分布，而且是其他概率分布的基础。正态分布的概率密度函数为

$$f(x) = \frac{1}{\sqrt{2\pi}\sigma} e^{-\frac{(x-\mu)^2}{2\sigma^2}} \quad (-\infty < x < +\infty) \tag{1-6}$$

式中　x —— 随机变量；

　　　μ —— 正态分布的平均值；

　　　σ —— 正态分布的标准差。

平均值 μ 是 $f(x)$ 曲线的位置参数，它决定曲线最高点的横坐标。标准偏差 σ 是 $f(x)$ 曲线的形状参数，它的大小反映了曲线的宽窄程度。σ 越大，曲线低而宽，说明观测值落在 μ 附近的概率越小，观测值越分散。σ 越小，曲线高而窄，观测值落在 μ 附近的概率越大，观测值越集中（图 1-1）。

正态分布的特点是：

1）曲线对称于 $x=\mu$，即以平均值为中心。

2）当 $x=\mu$ 时，曲线处于最高点。

3）曲线与横坐标轴所围成的面积等于 1，即

$\int_{-\infty}^{+\infty} f(x)\mathrm{d}x = 1$。

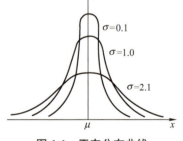

图 1-1　正态分布曲线

一般情况下，随机变量 x 服从参数 μ 与 σ 的正态分布，可记作 $X \sim N(\mu, \sigma)$。

特别情况下，当 $\mu=0$、$\sigma=1$ 时的正态分布，称为标准正态分布，用 $N(0, 1)$ 表示它的概率密度函数为

$$\int_{-\infty}^{+\infty} f(x)\mathrm{d}x = 1 \tag{1-7}$$

2. t 分布

t 分布经常用于对呈正态分布的总体的均值进行估计，它是对两个样本的均值差异进行显著性测试的 t 测试的基础。

设 $X \sim N(0, 1)$，$Y \sim x^2(n)$，并且 X 与 Y 互相独立，则称统计量 $T = x / \sqrt{\dfrac{y}{x}}$ 所服从的分布为自由度 n 的 t 分布，记作 $T \sim t(n)$。t 分布的概率密度函数为

$$t(x,n) = \frac{\Gamma\left(\frac{n+1}{2}\right)}{\Gamma\left(\frac{n}{2}\right)\sqrt{n\pi}}\left(1+\frac{x^2}{n}\right)^{-(n+1)/2} \tag{1-8}$$

式中　x——随机变量；

　　　n——样本容量，在数理统计学中称为自由度。

当随机变量 x 服从自由度为 n 的 t 分布时，记作 $X \sim t(n)$，其分布图形如图 1-2 所示。

可以证明：当 $n \to \infty$ 时，t 分布趋于正态分布，一般说来，当 $n>30$ 时，t 分布与正态分布 $N(0,1)$ 非常接近。但对较小的 n 值，t 分布与正态分布之间有较大的差异。因此，一般情况下，$n>30$ 时，采用 t 分布；$n \leqslant 30$ 时，采用正态分布。且：

$$P(|t| \geqslant t_0) \geqslant P(|x| \geqslant t_0) \tag{1-9}$$

其中 $X \sim N(0,1)$，即在 t 分布的尾部比在标准正态分布的尾部有着更大的概率。

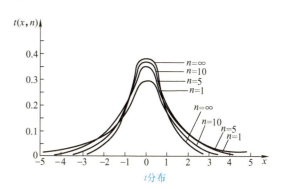

图 1-2　t 分布曲线

3. 置信区间

置信区间是一种常用的区间估计方法，是指分别以统计量的置信上限和置信下限为上下界构成的区间，分为上置信界限、下置信界限和双边置信界限。

（1）正态分布的置信区间　对于正态分布 $N(\mu,\sigma)$，它的测量值落入区间 (a,b) 的概率用 $P(a<x<b)$ 表示：

$$P(a<x<b) = \Phi\left(\frac{b-\mu}{\sigma}\right) - \Phi\left(\frac{a-\mu}{\sigma}\right) \tag{1-10}$$

$$\Phi(a) = \int_{-\infty}^{a} \frac{1}{\sqrt{2\pi}} e^{-\frac{x^2}{2}}\mathrm{d}x$$

$$\Phi(b) = \int_{-\infty}^{b} \frac{1}{\sqrt{2\pi}} e^{-\frac{x^2}{2}}\mathrm{d}x$$

利用式（1-10），可求双边置信区间的几个重要数据（图 1-3）：

$$P(\mu-\sigma<x\leqslant\mu+\sigma) = 0.6826$$
$$P(\mu-2\sigma<x\leqslant\mu+2\sigma) = 0.9544$$
$$P(\mu-3\sigma<x\leqslant\mu+3\sigma) = 0.9973$$
$$P(\mu-1.96\sigma<x\leqslant\mu+1.96\sigma) = 0.9500$$

双边置信区间可统一写成：

$$\mu-\mu_{(1-\beta)/2}\cdot\sigma<x\leqslant\mu+\mu_{(1-\beta)/2}\cdot\sigma \tag{1-11}$$

式中　β——显著性水平；

　　　$1-\beta$——置信水平；

$\mu_{(1-\beta)/2}$——双边置信区间的正态分布临界值；

$\mu-\mu_{(1-\beta)/2}\cdot\sigma$、$\mu+\mu_{(1-\beta)/2}\cdot\sigma$——分别表示置信下限与上限。

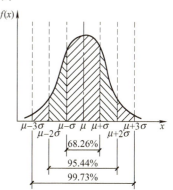

图 1-3　正态分布与置信区间

同理可得，单边置信区间的几个重要数据为

$$P(x \leqslant \mu+\sigma) = P(x \geqslant \mu-\sigma) = 0.8413$$

$$P(x \leqslant \mu+2\sigma) = P(x \geqslant \mu-2\sigma) = 0.9772$$

$$P(x \leqslant \mu+3\sigma) = P(x \geqslant \mu-3\sigma) = 0.9987$$

$$P(x \leqslant \mu+1.645\sigma) = P(x \geqslant \mu-1.645\sigma) = 0.9500$$

其置信区间可表示为

$$x \leqslant \mu-\mu_{(1-\beta)} \cdot \sigma \text{ 或 } x \geqslant \mu+\mu_{(1-\beta)} \cdot \sigma \tag{1-12}$$

式中 $\mu-\mu_{(1-\beta)} \cdot \sigma$、$\mu+\mu_{(1-\beta)} \cdot \sigma$——分别为单边置信下限与上限。

显著性水平一般用 α 表示，由于公路工程中 α 用于表示保证率（置信水平），为便于区别，用 β 表示显著性水平（见附录一），保证率 $\alpha=1-\beta$。

在公路工程质量检验与评定中，常把式（1-11）、式（1-12）中的 μ 称为保证率系数（用 Z_α 表示），其取值与公路等级有关，而且常用样本平均值 $\overline{x}$ 与标准偏差 S 分别代替式（1-11）、式（1-12）中的 μ 与 σ，得

$$x \geqslant \overline{x}-Z_\alpha \cdot S \text{ 或 } x \leqslant \overline{x}+Z_\alpha \cdot S \tag{1-13}$$

例1-6： 某混凝土设计强度 $R_D=30\text{MPa}$，测得该批混凝土各组试块的28d抗压强度值（单位MPa）分别为：32.1、36.0、35.4、35.3、39.2、34.0、28.5、26.6、36.0、34.2、35.5、38.0、38.2、35.8、34.0、37.4、33.5、37.3、33.5、32.8、33.2、34.1、27.9、35.7、34.6、35.0、35.2、33.4、38.0、33.2，要求合格率 P 为90%，求该批混凝土的质量变异系数，并对该批混凝土进行质量评定。

解： 混凝土组数 $n=30$；$\sum R_i=1033.8\text{MPa}$

平均值

$$\overline{R}=\frac{\sum R_i}{n}=1033.8\text{MPa}/30=34.5\text{MPa}$$

标准差

$$S=\sqrt{\frac{\sum(R_i-\overline{R})^2}{n-1}}=2.91\text{MPa}$$

变异系数

$$C_v=\frac{S}{\overline{R}}\times100\%=8.5\%$$

按正态分布规律计算保证率系数，得

$$Z_\alpha=\frac{\overline{R}-R_D}{S}=1.546 \text{（即附录一中的 } K_q \text{ 值）}$$

查附录一，得 β 值（$\alpha=1-\beta$，即 $P=1-\beta$）。

通过简单内插，可得

合格率 $P=1-\beta=1-[0.0618-(0.0618-0.0606)\times0.6]=1-0.0611=93.89\%>90\%$

故该批混凝土质量合格。

（2）t 分布置信界限 在施工质量评价中，通常在总体标准偏差 σ 未知时，利用样本标准偏差 S 代替总体标准偏差 σ 来估计平均值的置信区间。

设 $(x_1, x_2, \cdots, x_n)$ 为正态分布总体，由抽样分布定理可知：

$$T=\frac{\overline{x}-\mu}{S/\sqrt{n}}-t(n-1) \tag{1-14}$$

因此，根据给定的 β 和自由度，由附录二查得 $t_{(1-\beta)/2}(n-1)$ 的值，由此得平均值 μ 的双边置信区间为

$$\left(\bar{x}-t_{(1-\beta)/2}(n-1)\frac{S}{\sqrt{n}},\bar{x}+t_{(1-\beta)/2}(n-1)\frac{S}{\sqrt{n}}\right) \tag{1-15}$$

同理可得 μ 的单边置信区间为

$$\mu<\bar{x}+t_{1-\beta}(n-1)\frac{S}{\sqrt{n}} \text{ 或 } \mu>\bar{x}-t_{1-\beta}(n-1)\frac{S}{\sqrt{n}} \tag{1-16}$$

由上述可知，计算一个评定路段内测定值的代表值时，对单侧检验的指标，按式（1-17）计算；对双侧检验的指标，按式（1-18）计算。

$$x'=\bar{x}\pm\frac{t_\alpha}{\sqrt{n}}\cdot S \tag{1-17}$$

$$x'=\bar{x}\pm\frac{t_{\alpha/2}}{\sqrt{n}}\cdot S \tag{1-18}$$

试中　x'——一个评定路段内测定值的代表值；

$\bar{x}$——一个评定路段内测定值的算术平均值；

t_α 或 $t_{\alpha/2}$——附录二中随自由度和置信水平（保证率）而变化的参数。

置信区间与置信水平、样本量等因素均有关系，其中样本量对置信区间的影响为：在置信水平固定的情况下，样本量越多，置信区间越窄；在样本量相同的情况下，置信水平越高，置信区间越宽。

四、数据的分析

1. 可疑数据的剔除

在一组条件完全相同的重复试验中，个别的测量值可能会出现异常，如测量值过大或过小，这些过大或过小的测量数据是不正常的、可疑的。对于这些可疑数据应该用数理统计的方法判别其真伪，并决定取舍。常用的数理统计方法有拉依达法、肖维纳特法和格拉布斯法，可根据具体检测项目要求进行选择。以下介绍应用拉依达法来判别可疑数据。

可疑数据的舍弃可按照 k 倍标准差作为舍弃标准，即在数据分析中舍弃那些在 $x\pm kS$ 范围以外的实测值。当试验数据 n 为 3、4、5、6 时，k 值分别为 1.15、1.46、1.67、1.82；$n\geqslant7$ 时，k 值采用 3。取"3S"的理由是：根据随机变量的正态分布规律，在多次试验中，测量值落在 $x-3S$ 与 $x+3S$ 之间的概率为 99.73%，出现在此范围之外的概率仅为 0.27%。

舍弃可疑值后，应重新计算平均值标准差、变异系数等统计量，并分析测量值出现异常的原因，对路基路面质量检测出现异常测量值的测点及区域进行妥善处理。

2. 代表值

代表值的确定与测定值的概率分布有关。实践表明，公路路基路面工程试验检测项目的测定值的大小所出现的频率分布大多服从正态分布或 t 分布。

在公路工程质量检验与评价中，对有些指标限定下限，例如压实度路面结构层厚度、半刚性基层和底基层材料强度；有的指标限定上限，例如弯沉值。注意，当某个质量指标只规定了低限值 L 时，其代表值取平均值的单边置信下限，应满足 $x\geqslant L$ 的要求；当某个质量指标只规定了高限值 U 时，其代表值取平均值的单边置信上限，应满足 $x\leqslant U$ 的要求。

巩固训练

1. 复习本任务内容。

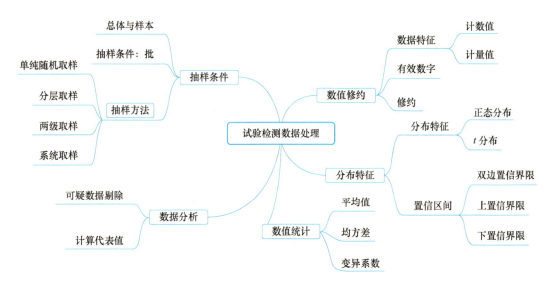

2. 扫描二维码，完成在线测试。

项目1
任务二测试

公路工程质量检验评定方法

1. 掌握建设项目的划分,熟悉道路、桥梁的分部及分项工程的划分;掌握公路工程质量检测评定方法。

2. 能客观、实事求是地进行分项工程质量检验与评定。

一、公路工程质量检验与评定的依据

公路工程质量检验评定的目的在于判断完成的工程是否满足设计图纸与施工规范规定的技术标准的要求,并作为竣工质量验收和技术档案的一项重要内容。现行的《检评标准》是各等级公路新建与改扩建工程施工质量的检验评定和验收依据,是公路工程施工质量的最低限值标准,公路工程施工质量检验评定应以该标准为准。

根据建设任务、施工管理和质量检验评定的需要,应在施工准备阶段将建设项目划分为合同段、单位工程、分部工程和分项工程。

(1)合同段 合同段是指将公路全线路依照相关专业、工程施工条件、施工布局、地质情况等因素划分成若干个独立的段落。

(2)单位工程 单位工程是指在合同段中,具有独立施工条件和结构功能的工程。

(3)分部工程 分部工程是指在单位工程中,应按路段长度、结构部位及施工特点等划分的工程。

(4)分项工程 分项工程是指在分部工程中,按施工工序、工艺、材料等划分的工程。

公路工程质量检验评定应按分项工程、分部工程、单位工程、合同段、建设项目逐级进行。

路基、路面和桥涵的单位工程中分部与分项工程的划分详见表 1-5 和表 1-6,其他如隧道工程、绿化工程、声屏障工程、交通安全设施、交通机电工程、特大斜拉桥、特大悬索桥等单位工程中分部与分项工程的划分参见《检评标准》。

表 1-5 路基、路面单位工程中分部与分项工程的划分

单 位 工 程	分 部 工 程	分 项 工 程
路基工程（每10km或每标段）	路基土石方工程①（1~3km 路段）	土方路基、填石路基、软土地基、土工合成材料处置层等
	排水工程①（1~3km 路段）	管节预制，混凝土排水管安装，检查（雨水）井砌筑，土沟，浆砌水沟，盲沟，跌水，急流槽，水簸箕，排水泵站沉井、沉淀池等
	小桥及符合小桥标准的通道、人行天桥、渡槽（每座）	钢筋加工及安装，砌体，混凝土扩大基础，钻孔灌注桩，混凝土墩（台），墩（台）身安装，台背填土，就地浇筑梁、板，预制安装梁、板，就地浇筑拱圈，混凝土桥面板桥面防水层，支座垫石和挡块，支座安装，伸缩装置安装，栏杆安装，混凝土护栏，桥头搭板，砌体坡面护坡，混凝土构件表面防护，桥梁总体等
	涵洞、通道①（1~3km 路段）	钢筋加工及安装，涵台，管节预制，管座及涵管安装，波形钢管涵安装，盖板预制，盖板安装，箱涵浇筑，拱涵浇（砌）筑，倒虹吸竖井、集水井砌筑，一字墙和八字墙，涵洞填土，顶进施工的涵洞，砌体坡面防护，涵洞总体等
	防护支挡工程①（1~3km 路段）	砌体挡土墙、墙背填土、边坡锚固防护、土钉支护、砌体坡面防护、石笼防护、导流工程等
	大型挡土墙、组合挡土墙（每处）	钢筋加工及安装，砌体挡土墙，悬臂式挡土墙，扶壁式挡土墙，锚杆、锚定板和加筋土挡土墙，墙背填土等
路面工程（每10km或每标段）	路面工程①（1~3km 路段）	垫层、底基层、基层、面层、路缘石、路肩等

① 按路段长度划分的分部工程，高速公路、一级公路宜取低值，二级及二级以下公路可取高值。

表 1-6 桥涵单位工程中分部与分项工程的划分

单 位 工 程	分 部 工 程	分 项 工 程
桥涵工程①（每座或每合同段）	基础及下部构造②[1~3 个墩（台）]	钢筋加工及安装，预应力筋加工和张拉，预应力管道压浆，混凝土扩大基础，钻孔灌注桩，挖孔桩，沉入桩，灌注桩桩底压浆，地下连续墙，沉井，沉井、钢围堰的混凝土封底，承台等大体积混凝土结构，砌体，混凝土墩（台），墩（台）身安装，支座垫石和挡块，拱桥组合桥台，台背填土等
	上部构造预制和安装②（1~3 跨）	钢筋加工及安装，预应力筋加工和张拉，预应力管道压浆，预制安装梁、板，悬臂施工梁，顶推施工梁，转体施工梁，拱圈节段预制，拱的安装，转体施工拱，中（下）承式拱吊杆和柔性系杆，刚性系杆，钢梁制作，钢梁安装，钢梁防护等
	上部构造现场浇筑②（1~3 跨）	钢筋加工及安装，预应力筋加工和张拉，预应力管道压浆，就地浇筑梁、板，悬臂施工梁，就地浇筑拱圈，劲性骨架混凝土拱，钢管混凝土拱，中（下）承式拱吊杆和柔性系杆，刚性系杆等
	桥面系、附属工程及桥梁总体	钢筋加工及安装，混凝土桥面板桥面防水层，钢桥面板上防水黏结层，混凝土桥面板桥面铺装，钢桥面板上沥青混凝土铺装，支座安装，伸缩装置安装，人行道铺设，栏杆安装，混凝土护栏，钢桥上钢护栏安装，桥头搭板，混凝土小型构件预制，砌体坡面护坡，混凝土构件表面防护，桥梁总体等
	防护工程	砌体坡面护坡、护岸③、导流工程等
	引道工程	见路基工程、路面工程划分

① 分幅桥梁按照单幅划分，特大斜拉桥和悬索桥按照《检评标准》附录 A 进行划分，其他斜拉桥和悬索桥可作为一个单位工程参照《检评标准》附录 A 进行划分。

② 按单孔跨径确定的特大桥取 1 跨，其余根据规模取 2 跨或 3 跨。

③ 护岸可参照挡土墙进行划分。

二、公路工程质量检验

检验是对被检查的项目的特征和性能进行检查、检测、试验等，并将结果与标准规定的要求进行比较，以判定其是否合格所进行的一系列活动。工程质量检验以分项工程为单元，在分项工程检验的基础上，逐级对相应的分部工程、单位工程、合同段和建设项目进行检验评定。

分项工程质量检验的内容包括基本要求检查、实测项目检验、外观质量检查和质量保证资料检查四部分，只有在其使用的原材料、半成品、成品及施工控制要点等符合基本要求的规定，且无严重外观缺陷并保证资料真实齐全时，才能对分项工程质量进行检验评定。

1. 基本要求检查

分项工程应对所列基本要求逐项检查，经检查不符合规定时，不得进行工程质量的检验评定。

分项工程所用的各种原材料的品种、规格、质量及混合料的配合比，以及半成品、成品应符合有关技术标准的规定，并满足设计要求。

2. 实测项目检验

（1）检查项目合格率　检查项目合格率是指对检查项目按规定的检查方法和频率进行随机抽样检验并计算合格率。规定的检查方法为标准方法，采用其他检测方法时应经比对确认。以路段长度规定的检查频率为双车道路段的最低检查频率，对多车道应按车道数与双车道之比相应增加检查数量。检查项目合格率按式（1-23）计算：

$$检查项目合格率 = \frac{检查合格的点（组）数}{该检查项目的全部检查点（组）数} \times 100\% \tag{1-23}$$

（2）检查项目合格判定　根据重要性不同，将分项工程的检查项目分为关键项目和一般项目。关键项目是分项工程中对结构安全、耐久性和主要使用功能起决定性作用的检查项目，在实测项目表中以"△"标识；一般项目是分项工程中除关键项目以外的检查项目。

1）关键项目的合格率应不低于 95%（机电工程为 100%），否则该检查项目为不合格。

2）一般项目的合格率应不低于 80%，否则该检查项目为不合格。

3）有规定极值的检查项目，任一单个检测值不应突破规定极值，否则该检查项目为不合格。

4）采用数理统计方法进行检验评定的检查项目，不满足要求时，该检查项目为不合格。

3. 外观质量检查

外观质量检查是通过观察和必要的测量所反映的工程外在质量及功能状态。外观质量应进行全面检查，并满足规定要求，否则该检验项目为不合格。

4. 质量保证资料检查

工程应有真实、准确、齐全、完整的施工原始记录、试验检测数据、质量检验结果等质量保证资料。质量保证资料包括六个方面的内容：

1）所用原材料、半成品和成品的质量检验结果。

2）材料配合比、拌和加工控制检验和试验数据。

3）地基处理、隐蔽工程施工记录和桥梁、隧道施工监控资料。

4）质量控制指标的试验记录和质量检验汇总图表。

5）施工过程中遇到的非正常情况记录及其对工程质量影响分析评价资料。

6）施工过程中如发生质量事故，经处理补救后达到设计要求的认可证明文件等。

5. 检查结果处理

检验项目被评为不合格的，应进行整修或返工处理，直至合格。

三、公路工程质量评定

评定是对分项工程、分部工程、单位工程和合同段的质量进行检验，并确定其质量等级的活动。工程质量等级分为合格与不合格。

分项工程、分部工程、单位工程质量评定应分别填写分项工程质量检验评定表、分部工程质量检验评定表、单位工程质量检验评定表。

1）检验记录完整、实测项目合格、外观质量满足要求的分项工程质量评定为合格。

2）评定资料完整、所含分项工程及实测项目合格、外观质量满足要求的分部工程质量评定为合格。

3）评定资料完整、所含分部工程合格、外观质量满足要求的单位工程质量评定为合格。

评定为不合格的分项工程、分部工程，经返工、加固、补强或调测，满足设计要求后，可以重新进行评定。所含单位工程合格，该合同段评定为合格；所含合同段合格，该建设项目评定为合格。

巩固训练

1. 复习本任务内容。

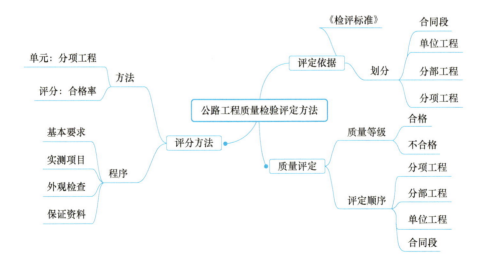

2. 扫描二维码，完成在线测试。

项目 1
任务三测试

3. 某高速公路（K0+000~K1+000）路基土方分项工程已完成 96 区填土，查阅《检评标准》，对该分项工程进行质量评定，填写表 1-7 空白栏。

1）基本要求检查。根据《检评标准》4.2.1 条，将"土方路基"的基本要求填入表 1-7。

2）实测项目。根据《检评标准》4.2.2 条，检测结果已填写到表 1-7 中，试计算实测项目合格率并进行评定。

3）外观鉴定。外观质量应满足规定要求，将检查结果（合格）填入表 1-7 中。

4）质量保证资料。工程应有真实、准确、齐全、完整的施工原始记录、试验检测数据、质量检验结果等质量保证资料，将检查结果（合格）填入表 1-7 中。

5）最后评定该分项工程的质量等级，填入表 1-7。

分项工程名称：土方路基　　工程部位：（桩号）　　所属建设项目（合同段）：
所属分部工程名称：　　所属单位工程：　　施工单位：　　分项工程编号：

表1-7　土方路基分项工程质量检验评定表

基本要求			规定值或允许偏差	实测值或实测偏差值										质量评定		
	项次	检查项目	二级公路	1	2	3	4	5	6	7	8	9	10	平均值、代表值	合格率（%）	合格判定
实测项目	1△	压实度（%）	≥95	95	96	96	95	97	96	95	95	97	96	95.3		
	2△	弯沉/0.01mm	不大于设计值（266）	211	176	154	183	203	176	192	214	173	177	197		
	3	纵断高程/mm	+10，−20	4	7	−5	5	−11	−7	5	−4	7	3	5，−7		
	4	中线偏位/mm	100	10	22	15	0	17	25	24	14	0	16	52.1		
	5	宽度/mm	符合设计要求	8	7	8	4	6	5	7	3	5	7	6		
	6	平整度/mm	≤20	3.5	10.5	5.5	11	6.5	11.5	5.5	3.5	12	8.5	7.8		
	7	横坡（%）	±0.5	0.6	0.2	−0.2	0.3	0.1	−0.2	0.3	−0.2	0.2	0.3	+0.3，−0.2		
	8	边坡（%）	符合设计要求	1.5	1.57	1.5	1.58	1.54	1.63	1.56	1.52	1.57	1.52	1.55		
外观质量								质量保证资料								
工程质量等级评定																

检验负责人：　　检测：　　记录：　　复核：

年　月　日

项目 2 ▶▶▶

路基路面几何尺寸检测

　　在公路路基路面工程的设计、施工和养护质量评定中，路基路面现场测试是其中的重要工作内容。为适应我国公路建设和管理的需要，保证公路路基路面工程的施工和养护质量，规范各类现场检测仪具与设备、试验方法和操作要求，交通运输部制定了《现场测试规程》，作为公路路基路面的现场调查、工程质量检测以及技术状况检测等工作的依据。

　　路基路面现场测试内容主要包括现场抽样、几何尺寸、压实度、平整度、承载能力、抗滑性能、路基路面损坏等方面。

> ### 🧑‍💼 职业小贴士
>
> 　　检测人员应遵守国家法律法规和本单位的规章制度，认真履行岗位职责；树立为社会服务的意识，维护委托方的合法权益，对委托方提供的样品、文件和检测数据应按规定严格保密。
>
> 　　检测人员应遵循科学求实的原则开展检测工作，检测行为要公正公平，检测数据要真实可靠；要严格按检测标准、规范、操作规程进行检测，检测资料应齐全，检测结论要规范，要保证每一个检测工作过程的质量。

任务一 ⬩⬩⬩⬩

路基路面现场测试随机选点方法

📋 **[学习目标]**

1. 掌握路基路面现场测试选点方法。
2. 能科学、合理地确定测试断面；确定测点位置。

《现场测试规程》中的 T 0902—2019 选点方法适用于路基路面现场抽样试验时对个体（测点）的选择，以评价样本的各类技术指标，选点的方法有均匀法、随机法、定向法、连续法、综合法。

1）均匀法：将道路沿纵向或横向进行等间距划分，并在划分点处做好标记，在划分点上布置测点，如路面几何尺寸检测、弯沉检测等，如图 2-1 所示。

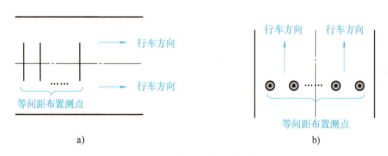

图 2-1　均匀法选点示意

2）随机法：按《现场测试规程》附录 A 的规定选取测试区间、测试断面或测点。

3）定向法：选取轮迹带或出现裂缝、错台、板角等具有某个特征或指定的位置作为测点，如车辙检测、错台检测、道路破损检测等。

4）连续法：按相应标准的规定，沿道路纵向间距连续、均匀地布置测区，如平整度检测，如图 2-2 所示。

5）综合法：同时按照上述两种以上选点方法的规定，确定测点位置。综合法通常有沿道路纵向连续选择测区，测区内随机选择测点；或者沿道路纵向均匀确定测区，测区内定向选取测点等，如灌砂法、钻芯法、摩擦系数检测等。

在保证测试结果代表性的前提下，为减少对工程实体的影响，新建道路钻芯取样一般选择标线位置。

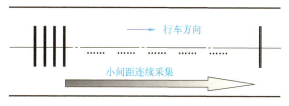

图 2-2 连续法选点示意

一、仪具或材料

采用随机法需要的材料有：

1）量尺：钢直尺、皮尺或测距仪等。

2）硬纸片：编号从 1~28 共 28 块，每块大小为 2.5cm × 2.5cm，装在一个布袋中；或能够产生随机数的计算软件（WPS 表格、Excel 等）。

3）其他：毛刷、粉笔等。

二、测试断面或测试区间的确定方法

根据路面施工或验收、质量评定方法等有关规范的要求，确定需要检测的路段。检测路段可以是一个作业段、一天完成的路段或路线全程。在进行路基、路面工程的质量验收时，通常取 1km 作为一个检测路段。

1）将检测路段按桩号间距（一般几何尺寸检测为 20m，其他项目检测为 1m）分成若干个断面，依次编号为 1，2，3，…，T，总的断面数为 T（当 $T>30$ 时，应分次选取，或采用计算机选取）。

2）随机抽取一块硬纸片，硬纸片上的编号即对应《现场测试规程》表 A-1 中的栏号。从《现场测试规程》表 A-1 的 1~28 栏中选出该栏号对应的一栏。

3）按照《检评标准》对检测频率的要求，确定测试断面的取样总数为 n。依次找出与《现场测试规程》表 A-1 中 A 列的 01、02……n 对应的 B 列中的值，共 n 对应的 A、B 值。当 $n>30$ 时，应分次进行。

4）将 n 个 B 列中的值与总的断面数 T 相乘，四舍五入成整数，即得到 n 个断面的编号。

5）查断面编号对应的桩号，即为拟检测的断面。

例 2-1： 拟对 K36+000~K37+000 路段测试沥青混凝土路面的宽度、高程、横坡等外形尺寸，如图 2-3 所示。

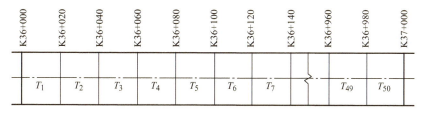

图 2-3 断面划分

27

路基路面几何尺寸检测

📋 [学习目标] --

1. 熟悉路基路面几何尺寸检测方法与技术要求。

2. 能应用挖坑法、钻芯法、雷达法测定路面厚度，能进行试验数据处理分析和质量评定，并编制报告。

为了检查道路修筑的位置、几何形状和结构尺寸，需要进行有关几何尺寸检测。《检评标准》要求检测的路基路面几何尺寸主要包括纵断高程、中线偏位、宽度、横坡、边坡等项目。纵断高程和横坡一般用水准仪检测；中线偏位用经纬仪检测；宽度和边坡可用尺量。几种常见结构层的几何尺寸检查项目的要求见表 2-5。

表 2-5　几何尺寸检查项目的要求

结构名称	检查项目		规定值或允许偏差		检查方法和频率
			高速公路、一级公路	其他公路	
土方路基	纵断高程 /mm		+10，-15	+10，-20	水准仪：每 200m 测 2 个断面
	中线偏位 /mm		50	100	经纬仪：每 200m 测 2 点，弯道增加 HY、YH 两点
	宽度 /mm		符合设计要求		米尺：每 200m 测 4 处
	横坡（%）		±0.3	±0.5	水准仪：每 200m 测 2 个断面
	边坡		符合设计要求		尺量：每 200m 测 4 处
稳定粒料基层和底基层	纵断高程 /mm		+5，-10	+5，-15	水准仪：每 200m 测 2 个断面
	宽度 /mm		符合设计要求		尺量：每 200m 测 4 处
	横坡（%）	基层	±0.3	±0.5	水准仪：每 200m 测 2 个断面
沥青混凝土面层	纵断高程 /mm		±15	±20	水准仪：每 200m 测 2 个断面
	中线偏位 /mm		20	30	经纬仪：每 200m 测 2 个断面
	宽度 /mm	有侧石	±20	±30	尺量：每 200m 测 4 处
		无侧石	不小于设计值		
	横坡（%）		±0.3	±0.5	水准仪：每 200m 测 2 个断面

路面厚度既可采用挖坑法或钻芯法进行检测，也可以采用短脉冲雷达进行无损检测。路面结构层厚度的检测一般与压实度同时进行，当用灌砂法进行压实度检测时，可通过量取试坑的深度，从而得到结构层的厚度；当用钻芯法检测压实度时，可直接量取芯样的高度。几种常用的路面结构层厚度的代表值与合格值的允许偏差见表2-6。

表2-6　几种常用的路面结构层厚度的代表值与合格值的允许偏差

类型与层位		厚度 /mm				检查方法与频率
		代表值		合格值		
		高速公路、一级公路	其他公路	高速公路、一级公路	其他公路	
水泥混凝土路面		−5	−5	−10	−10	每200m测2点
沥青混凝土、沥青碎（砾）石面层		总厚度：−5%H 上面层：−10%H	−8%H	总厚度：−10%H 上面层：−20%H	−15%H	每200m测1点
稳定粒料	基层	−8	−10	−15	−20	每200m测2点
	底基层	−10	−12	−25	−30	
稳定土	基层	—	−10	—	−20	
	底基层	−10	−12	−25	−30	

注：H 为路面结构层厚度；水泥混凝土路面厚度极值为 −15mm。

一、挖坑法测定路面厚度

《现场测试规程》中的 T 0912—2019 介绍的挖坑及钻芯法适用于路面各层施工过程中的厚度检验及工程交工验收检查时使用。基层或砂石路面的厚度也可用挖坑法测定。

1. 器具与材料技术要求

本方法根据需要选用下列器具和材料：

1）挖坑用镐、铲、錾子、锤子、小铲、毛刷。

2）量尺：钢直尺、游标卡尺，要求分度值均不大于 1mm。

3）其他：搪瓷盘、棉纱等。

2. 挖坑法厚度测试步骤

1）根据《现场测试规程》中的 T 0902—2019 选点方法的要求，随机取样决定挖坑检查的位置，如为旧路，该点有坑洞等显著缺陷或接缝时，可在其旁边检测。

2）在选择试验地点，选一块约 40cm×40cm 的平坦表面，用毛刷将其清扫干净。

3）根据材料坚硬程度，选择镐、铲、錾子等适当的工具开挖这一层材料，直至层位底面。在便于开挖的前提下，开挖面积应尽量缩小，坑洞大体呈圆形，边开挖边将材料铲出，置于搪瓷盘中。

4）用毛刷将坑底清扫，确认已开挖至下一层的顶面。

5）将钢直尺平放横跨于坑的两边，用另一把钢直尺或游标卡尺等量具在坑的中部位置垂直伸至坑底，测量坑底至钢直尺的距离，即为检查层的厚度，以"mm"为单位，准确至 1mm（图 2-4）。

6）清理干净坑中的残留物，用棉纱等吸干钻孔时留下的积水，待干燥后采用同类型材料填补压实。

二、钻芯法测定路面厚度

钻芯法适用于沥青面层、水泥混凝土路面板和能够取出完整芯样的基层的厚度测定。

1. 仪具与材料技术要求

1）路面取芯机：手推式或车载式，配有淋水冷却装置。钻头的标准直径为 $\phi100mm$，如芯样仅供测量厚度，不做其他试验时，对沥青面层与水泥混凝土板也可用直径 $\phi50mm$ 的钻头；对基层材料有可能损坏的试件时，也可用直径 $\phi150mm$ 的钻头，但钻孔深度均须达到层厚。

2）量尺：钢直尺、游标卡尺，要求分度值均不大于 1mm。

3）其他：搪瓷盘、棉纱等。

2. 钻芯法测试厚度步骤

1）根据随机取样决定钻孔检查的位置，如为旧路，该点有坑洞等显著缺陷或接缝时，可在其旁边检测。

2）芯样的直径应符合要求，钻孔深度必须达到层厚。

3）仔细取出完整芯样，找出与下层的分界面。

4）用钢直尺或游标卡尺沿圆周对称的十字方向的四处量取表面至上下层界面的高度，取其平均值，即为该层的厚度，准确至 1mm（图 2-5）。

5）清理干净坑中的残留物，用棉纱等吸干钻孔时留下的积水，待干燥后采用同类型材料填补压实。

图 2-4　挖坑法测试路面厚度

图 2-5　钻芯法测试路面厚度

三、（短脉冲）雷达法测定路面厚度及缺陷

雷达测试路面结构层厚度的基本工作原理是：利用雷达波（电磁波）在不同物质界面上的反射信号来识别分界面，通过雷达波的走时和在介质中的波速推算相应介质的厚度。短脉冲雷达是目前公路行业路面厚度无损检测应用十分广泛的雷达，它具有测值精度高、工作稳定等特点。

雷达测试系统由承载车、天线、雷达发射接收器和控制系统组成。雷达发射的雷达波在道路面层传播的过程中会逐渐衰减，雷达最大探测深度是由雷达系统的参数以及路面材料的电磁属性决定的。为了满足测试准确度和垂直分辨率的要求，用于检测路面厚度的雷达天线频率一般为 1.0GHz 以上，最小分辨层厚不超过 40mm。

芯样标定对于数据解析起着重要作用，因为检测过程中仪器仅记录了雷达波在结构层上下表面之间的走势，而不是厚度。为了获得路面厚度数据，需要知道路面材料的介电常数。通常采用在路面上钻芯取样的方法来获取路面材料的介电常数，或者计算出雷达波在同样材料中的传播速度，以此推算出层间厚度。路面材料的介电常数会随集料类型，沥青的产地、密度、湿度的不同而不同，测试过程中应根据实际情况增加芯样钻取的数量，以保证测试厚度的准确性。

《现场测试规程》中的 T 0913—2019 短脉冲雷达法适用于新、改建路面工程质量验收和旧路加铺路面的厚度测试。对于材料过度潮湿或饱水以及铁含量很高的矿渣集料的路面不适合用本方法测试。

1. 准备工作

准备工作包括距离标定、安装雷达天线、开机预热、参数设置等。

2. 测试步骤

1）将承载车停在起点，开启安全警示灯，启动软件测试程序，令驾驶员缓慢加速车辆到正常检测速度。

2）检测过程中，操作人员应记录测试线路所遇到的桥梁、涵洞、隧道等构造物的起点与终点。

3）当测试车辆到达测试终点后，操作人员停止采集程序。

4）芯样标定：首先令雷达天线在需要标定芯样点的上方采样，然后钻芯，最后将芯样的真实厚度数据输入计算程序中，反算出路面材料的介电常数或者雷达波在材料中的传播速度。由于材料的产地不同、配合比不同、压实度不同等，都会影响到雷达波在沥青面层中的传播速度，现场检测时，每一个标段应该至少做一次芯样标定，标定间距不宜超过 5km。

5）操作人员检查数据文件，文件应完整，内容应正常，否则应重新测试。

6）关闭测试系统电源，结束测试。

3. 地质雷达检测路面结构缺陷

用地质雷达检测公路路面的厚度已全部实现了计算机化，效率和可靠性均很高，并已达到实用阶段，可检测公路路面的结构层厚度和缺陷，如图 2-6 所示。

四、路面结构层厚度评定

路面厚度测试报告应包括检测路段的厚度平均值、标准差和厚度代表值。

对路段内的路面结构层厚度按代表值的允许偏差和单个测定值的允许偏差进行评定。厚度代表值为厚度的算术平均值的下置信界限，即

$$h_{\mathrm{L}} = \bar{h} - S \cdot \frac{t_{\alpha}}{\sqrt{n}} \tag{2-3}$$

式中　h_{L}——厚度代表值；

　　　$\bar{h}$——厚度平均值；

S——标准差；

n——检查数量；

t_{α}——t 分布中随测点数和保证率（置信度 α）而变的系数（查附录二）。采用的保证率：高速公路、一级公路的基层、底基层为 99%，面层为 95%；其他公路的基层、底基层为 95%，面层为 90%。

选取面层	起始里程	终止里程	设计厚度/mm	厚度平均值/mm	厚度标准差/mm	厚度代表值/mm	实测道数	合格点数	合格率(%)
上面层	K0+0.00	K0+500.00	40.00	45.51	2.63	45.51	1001	1001	100.00
	K0+500.00	K0+999.50	40.00	41.28	1.37	41.28	1000	1000	100.00
中面层	K0+0.00	K0+500.00	90.00	91.85	2.00	91.85	1001	1001	100.00
	K0+500.00	K0+999.50	90.00	99.11	2.58	99.11	1000	1000	100.00
下面层	K0+0.00	K0+500.00	150.00	136.61	7.85	136.59	1001	1001	100.00
	K0+500.00	K0+999.50	150.00	139.09	8.56	139.08	1000	960	96.00

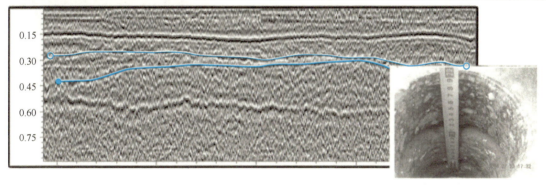

图 2-6　地质雷达检测路面厚度与缺陷

当厚度代表值大于等于设计厚度减去代表值的允许偏差时，则按单个检查的偏差是否超过极限值来评定合格率，厚度为关键项目，合格率应不低于 95%；当厚度代表值小于设计厚度减去代表值的允许偏差时，则厚度指定标评为零分，即不合格。

沥青面层一般按沥青铺筑层总厚度进行评定，但高速公路和一级公路多分为 2~3 层铺筑，故应进行上面一层厚度的检查与评定。

例 2-3：某 3km 路段的水泥混凝土路面板厚度检测数据见表 2-7，该路面板的保证率为 95%，设计厚度 $h_d=25cm$，代表值允许偏差 $\Delta h=-5mm$，合格值为 −10mm，极值为 −15mm，试对该路段的板厚进行评价。

表 2-7　水泥混凝土路面板厚度检测数据　　　　　　　　（单位：cm）

序号	1	2	3	4	5	6	7	8	9	10	11	12	13	14	15
厚度 h_i	25.1	24.8	25.1	24.6	24.7	25.4	25.2	25.3	24.7	24.9	24.9	24.8	25.3	25.3	25.2
序号	16	17	18	19	20	21	22	23	24	25	26	27	28	29	30
厚度 h_i	25.0	25.1	24.8	25.0	25.1	24.7	24.9	25.0	25.4	25.2	25.1	25.0	25.0	25.5	25.4

解： 经计算得

$$\bar{h}=25.05\text{cm}, \quad S=0.24\text{cm}$$

根据 $n=30$，$\alpha=95\%$，查附录二得 $t_\alpha/\sqrt{n}=0.310$

厚度代表值为算术平均值的下置信界限，即

$$h_\text{L}=\bar{h}-S\cdot\frac{t_\alpha}{\sqrt{n}}=25.05\text{cm}-0.310\times0.24\text{cm}=24.98\text{cm}$$

因为 $h_\text{L}>h_\text{d}-\Delta h=24.5\text{cm}$，所有点的 $h_i>h_\text{d}-1.0=24.0\text{cm}$（合格值），所有点的 $h_i>h_\text{d}-1.5=23.5\text{cm}$（极值），所以该路段的板厚满足要求，合格率为100%。

巩固训练

1. 复习本任务内容。

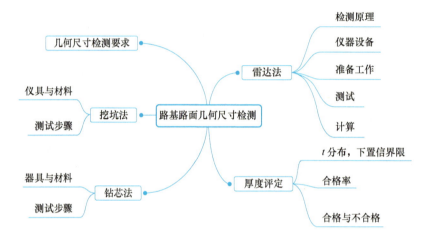

2. 扫描二维码，完成在线测试。

项目2
任务二测试

3. 某一级公路稳定粒料基层的设计厚度为20cm，该评定路段的10个检测值（单位cm）为21、22、19、19、20、21、21、22、19、20，试评定其厚度是否满足要求（已知厚度代表值允许偏差为-8mm，单值允许偏差为-15mm）。

（1）平均值 $\bar{h}=$ _____，标准差 $S=$ _____。

（2）根据 $n=20$，$\alpha=99\%$，查附录二得 $t_{0.99}/\sqrt{n}=$ _____。

（3）$h_\text{L}=\bar{h}-S\cdot\dfrac{t_\alpha}{\sqrt{n}}=$ _____。

（4）判断：_____。

（5）评定：_____。

项目 3 ⋙⋙

路基路面压实度检测

压实，是把一定体积的路基土基层材料或路面沥青混凝土压缩到更小的体积的过程（图 3-1）。在此过程中，使颗粒相互挤压到一起，减少之间的孔隙，由此提高材料密度。压实质量与路基路面的强度、刚度、稳定性和平整度密切相关，通常用压实度来衡量现场压实的质量，压实度的计算公式如下：

图 3-1　路基压实

$$\text{土基和路面基层的压实度} = \frac{\text{材料压实后的干密度}}{\text{该材料的标准最大干密度}} \times 100\% \tag{3-1}$$

标准最大干密度需要在施工前通过室内重型击实试验或振动压实试验得到。

$$\text{沥青混凝土面层的压实度} = \frac{\text{混合料试件毛体积密度}}{\text{标准密度}} \times 100\% \tag{3-2}$$

标准密度可采用沥青混合料的马歇尔击实法来获得实验室标准密度，也可以采用最大理论密度或试验段密度，不同的标准密度对应不同的压实度要求。

常用检测压实度的方法有灌砂法、环刀法、核子密湿度仪（或无核密度仪）法和钻芯法等，见表 3-1。

表 3-1　现场压实度检测方法及适用范围比较

试验方法	适　用　范　围	特　点
灌砂法	适用于路面基层和路基土各种材料以及沥青表面处治、沥青灌入式面层的压实度测量；不适用于大孔洞或大孔隙材料	适用广泛，操作过程标准化；但携带设备较多，效率较低
环刀法	适用于细粒土及无机结合料稳定细粒土（不宜超过 2d）的密度测试，适用于施工过程中的压实度检测	仅适用于细粒土，使用方便，精度相对较低
核子密湿度仪法	散射法适用于测量沥青、硬化混凝土的密度和含水率；直接透射法适用于测量土基、基层的密度和含水率	方便快捷，但受环境影响较大
无核密度仪法	适用于当日铺筑未开放交通的沥青混合料，不宜用于评定验收	方便，但精度低
钻芯法	适用于测量沥青路面的施工压实度，龄期较长的无机结合料稳定类基层和底基层的密度，并可进行路面厚度的检测	成本高、有破坏性

任务一 ▒▒▒

灌砂法测定压实度

📋 [学习目标]

1. 掌握灌砂法检测的原理、仪器材料组成、检测流程及数据处理方法。

2. 能测试砂的标准密度，能采用灌砂法检测路基路面压实度，能进行试验数据处理分析和质量评定，并编制报告。

灌砂法测试压实度的基本原理是：在压实层挖坑取出材料，烘干，获得干质量；再把密度确定的砂灌到坑里，以置换坑内体积，从而得到压实材料的干密度，进而计算得到压实度（图3-2）。

灌砂法是替代法，是当前国际上通用的方法，在很多国家的土工试验法和稳定土材料试验法中，将灌砂法列为在现场测试密度的主要方法，可用于测量各种土和路面材料的密度。灌砂法的缺点是需要携带较多的量砂；称量次数较多，检测速度较慢。

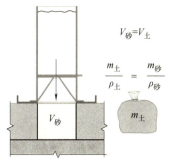

图 3-2　灌砂法示意

《现场测试规程》中的 T 0921—2019 挖坑灌砂法适用于在现场测试基层（或底基层）、砂石路面及路基上的各种材料压实层的密度和压实度，但不适用于填石路堤等有大孔洞或大孔隙材料的压实度检测。

一、检测器具与材料

本试验需要的主要检测器具与材料有：灌砂筒、金属标定罐、基板、天平或台秤、含水率测定器具、量砂等，如图3-3所示。在测试前，应根据填料粒径及测试层厚度选择不同尺寸的灌砂筒。

1）灌砂筒：灌砂设备的类型和主要尺寸见表3-2（中型灌砂筒如图3-4所示）。灌砂筒上部为储砂筒，下部为圆锥体漏斗，筒底与漏斗顶端的铁板之间设有开关。

2）金属标定罐：用薄铁板制作的金属罐，上端有一圈罐缘（中型标定罐如图3-4所示）。

3）基板：用薄铁板制作的金属方盘，盘的中心有一圆孔。

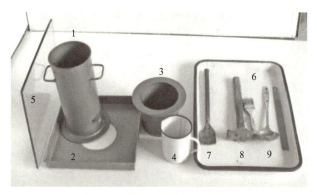

图 3-3　灌砂法主要检测器具
1—灌砂筒　2—基板　3—金属标定罐　4~9—其他工具

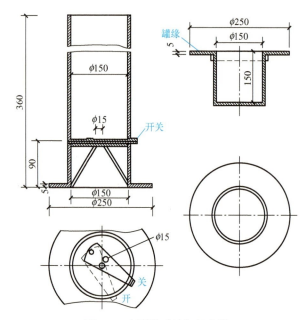

图 3-4　中型灌砂筒和标定罐

4）玻璃板：边长为 500~600mm 的方形板。

5）试样盘：小筒挖出的试样可用饭盒存放，大筒挖出的试样可用 300mm × 500mm × 40mm 的搪瓷盘存放。

6）天平或台秤：称量 10~15kg，感量不大于 1g。用于含水率测试的天平精度，对细粒土、中粒土、粗粒土宜分别为 0.01g、0.1g、1.0g。

7）含水率测定器具：铝盒、烘箱、微波炉等。

8）量砂：粒径 0.30~0.60mm 的清洁干燥的砂，质量为 20~40kg。使用前须洗净、烘干，并放置足够的时间，使其与空气的湿度达到平衡。

9）盛砂的容器：塑料桶等。

10）其他：錾子、螺钉旋具、铁锤、长柄勺、长柄小簸箕、毛刷等。

表 3-2　灌砂设备的类型和主要尺寸

灌砂设备类型			小型灌砂设备	中型灌砂设备	大型灌砂设备
灌砂筒	储砂筒	直径 /mm	100	150	200
		容积 /cm³	2121	4771	8482
	圆锥体漏斗	直径 /mm	10	15	20
标定罐	金属标定罐	内径 /mm	100	150	200
		外径 /mm	150	200	250
基板	标定罐	边长 /mm	350	400	450
		深 /mm	40	50	60
	中孔	直径 /mm	100	150	200
	板厚	厚 /mm	≥ 1.0（铁）	≥ 1.0（铁）	≥ 1.0（铁）
			≥ 1.2（铝合金）	≥ 1.2（铝合金）	≥ 1.2（铝合金）
填料最大粒径 /mm			<13.2	<31.5	<63
适宜的测试层厚度 /mm			≤ 150	≤ 200	≤ 300

注：1. 储砂筒的容积可按照检测层厚度不同而适当调整，其他指标不变，以保证灌砂过程连续。

2. 路基填料最大粒径超过 63mm，测试厚度超过 300mm 的，可采用 φ250 灌砂筒；最大粒径超过 100mm 的，应采用其他方法测试压实度；当挖坑过程中存在超过规范规定粒径 10% 的填料时应另在附近选点重做。试验过程中若发现储砂筒内的砂不足以填满试坑（洞）时，说明灌砂筒尺寸过小，应选择较大尺寸的灌砂筒重新试验，而不应在试验过程中添加量砂。

二、准备工作（砂的密度标定）

灌砂法的准备工作如下：

1）标定灌砂筒下部圆锥体漏斗内砂的质量 m_2，重复测量三次，取其平均值（图 3-5）。

砂的密度标定

向灌砂筒内装砂至距筒顶（15±5）mm，称取装入筒内砂的质量 m_1，精确至 1g。以后每次标定及试验都应该维持装砂高度与质量不变

打开开关，砂自由流下，并使流出砂的体积约等于标定罐的容积，关上开关，称取装入筒内砂的质量 m_6

灌砂筒移至玻璃板上，将开关打开，直到筒内砂不再下流时将开关关上，取走灌砂筒，称取筒内砂的质量 m_7，计算 m_2（或直接称取 m_2）

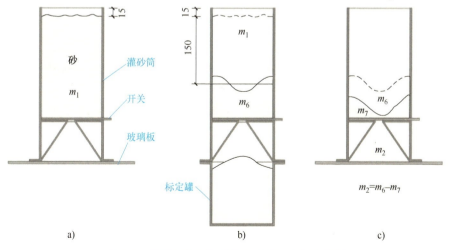

a)　　　　　　　b)　　　　　　　c)

图 3-5　标定灌砂筒下部圆锥体漏斗内砂的质量

2）标定量砂的松方密度 ρ_s（g/cm³），重复测量三次，取其平均值（图3-6）。

装入质量为 m_1 的砂，并将灌砂筒放在标定罐上，将开关打开，让砂流出。在整个流砂过程中不要碰到灌砂筒，直到储砂筒内的砂不再下流

将开关关闭，取下灌砂筒，称取筒内剩余砂的质量 m_3，准确至1g

用15~25℃水确定标定罐的容积 V，精确至1mL

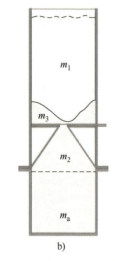

$$m_a = m_1 - m_2 - m_3$$
$$V_水 = m_水/\rho_水$$
$$\rho_s = m_a/V_水$$

a)   b)   c)

图3-6　标定量砂的松方密度

3）按下式计算量砂的松方密度：

$$\rho_s = m_a/V_水 \tag{3-3}$$

式中　ρ_s——量砂的松方密度（g/cm³）；

　　　m_a——标定罐中砂的质量（g）；

　　　$V_水$——标定罐的体积（cm³）。

三、现场检测步骤（灌砂法）

灌砂法现场检测

先标定路基路面与圆锥体漏斗内砂的质量 m_9，再凿洞，测量洞所占土的质量和含水率，最后测量洞中砂的质量（图3-7）。

四、操作注意事项

灌砂法是道路施工过程中测试压实度的常用方法，是标准方法，但操作不当易引起较大误差，因此应严格遵循试验规程的每个细节，以提高试验精度。在试验过程中应注意以下几个环节：

1）量砂要规则，如果重复使用时一定要注意晾干，处理要一致，否则会影响量砂的松方密度。每换一次量砂，都必须标定松方密度，不得使用以前的数据。圆锥体漏斗中砂的数量也应该重新测试，宜事先准备较多数量的量砂。

2）第一次安放基板时，应在基板的四个角做记号，以便第二次安放时找到原来的位置。

3）在挖坑（洞）时，试坑（洞）周壁应笔直，避免出现上大下小或上小下大的情形，以免检测密度偏大或偏小。

清扫表面，当表面粗糙度较大时[①]，安放基板，做好位置标志，将盛有量砂 m_1 的灌砂筒放在圆孔上，让砂自由流出

当砂不再流出时，关上开关，称取剩余砂的质量 m_5，取走基板，清扫表面，并将砂收回

将基板放在表面，沿基板中孔凿洞，洞的直径与灌砂筒一致，深度为碾压厚度。凿出的土放入塑料袋（或大铝盒）内密封，称取洞内土的质量 m_w，准确到 1g，并测量含水率 w [②]

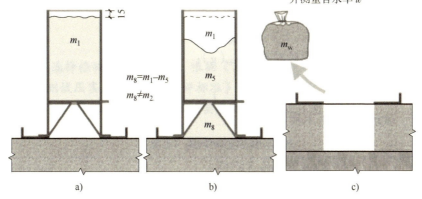

将基板安放在试坑（洞）上，放入质量为 m_1 的砂，将灌砂筒安放在基板中间

打开开关，让砂流入试坑（洞）内，直到储砂筒内的砂不再下流时，称取剩余砂的质量 m_4

回收量砂[③]，回填洞[④]

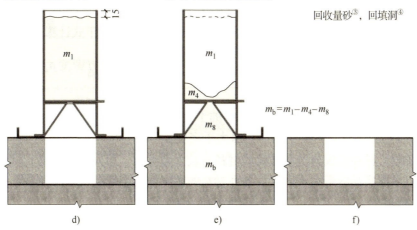

图 3-7　现场灌砂检测

① 如清扫干净的平坦表面粗糙度不大，也可省去 a）和 b）的操作。在试洞挖好后，将灌砂筒直接对准试坑（洞），中间不需要放基板。打开灌砂筒开关，让砂流入试坑（洞）内。在此期间，不应碰灌砂筒，直到储砂筒内的砂不再下流时，关闭开关。取走灌砂筒，并称量剩余砂的质量（m_4'），准确至 1g。

② 从挖出的全部土中取有代表性的试样，放在铝盒或洁净的搪瓷盘中，按照《土工规程》的有关规定测定其含水率 w。单组取样数量如下：

* 用小型灌砂筒测试时，对于细粒土，不少于 100g；对于各种中粒土，不少于 500g。

* 用中型灌砂筒测试时，对于细粒土，不少于 200g；对于各种中粒土，不少于 1000g；对于粗粒土或水泥、石灰、粉煤灰等无机结合料稳定材料，宜将取出的材料全部烘干，且不少于 2000g，称质量（m_d）。

* 用大型灌砂筒测试时，宜将取出的材料全部烘干，称其质量（m_d）。

③ 取出储砂筒内的量砂，以备下次试验时再用；回收的量砂要烘干、过筛，并放置 24h 以上，使其与空气的湿度达到平衡后可以继续使用。若量砂中混有杂质，则应废弃。

④ 取走基板，将留在试坑（洞）内未混入杂质的量砂收回；将坑（洞）内剩余的量砂清理干净后，回填与被测结构同材质的填料，并用铁锤分 3~4 层夯实。

钻芯法测定沥青面层压实度

📋 **[学习目标]**

1. 掌握钻芯测试路面压实度的方法及数据处理方法。

2. 能运用钻芯法检测沥青路面压实度，将试验结果进行整理并对质量进行评定，编制检测报告。

沥青混合料面层的压实度是按施工规范规定的方法测定的混合料试样的毛体积密度与标准密度之比值，以百分率表示。

《现场测试规程》中的 T 0924—2008 钻芯测试路面压实度方法适用于检验从压实的沥青路面上钻取的沥青混合料芯样试件的密度，以评定沥青面层的施工压实度。

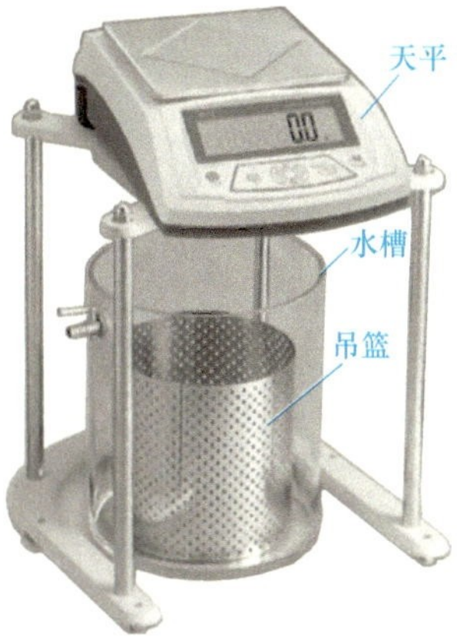

一、仪具与材料

1）路面取芯钻机。

2）天平：分度值不大于 0.1g（图 3-8）。

3）水槽：温度控制在 ±0.5℃以内（图 3-8）。

4）吊篮（图 3-8）。

5）其他：石蜡、卡尺、毛刷、取样袋（容器）、电风扇等。

图 3-8　天平、水槽与吊篮

二、试验方法与步骤

1. 钻取芯样

钻取芯样的方法参见项目 2 任务一。当一次钻孔取得的芯样包含有不同层位的沥青混合料时，应根据结构组合情况用切割机将芯样沿各层结合面锯开分层进行测定。

钻孔取样应在路面完全冷却后进行，对普通沥青路面通常在第二天取样，对改性沥青及 SMA 路面宜在第三天以后取样。

2. 测定试件密度

1）将钻取的试件在水中用毛刷轻轻刷净黏附的粉尘。如试件边角有浮松颗粒，应仔细清除。

2）将试件晾干或用电风扇吹干不少于 24h，直至恒重。

3）测定试件密度 ρ_s，通常情况下采用表干法测定试件的毛体积相对密度；对吸水率大于 2% 的试件，宜采用蜡封法测定试件的毛体积相对密度；对吸水率小于 0.5% 特别致密的沥青混合料，在施工质量检验时，允许采用水中重法测定表观相对密度。

三、结果计算

1）当计算压实度的标准密度采用实验室实测的马歇尔击实试件密度或试验路段钻孔取样密度时，沥青面层的压实度按式（3-10）计算：

$$K=\frac{\rho_s}{\rho_0} \times 100\% \qquad (3\text{-}10)$$

式中　K——沥青面层某一测定部位的压实度（%）；

　　　ρ_s——沥青混合料芯样试件的实际密度（g/cm^3）；

　　　ρ_0——沥青混合料的标准密度（g/cm^3）。

2）计算压实度的标准密度采用最大理论密度时，沥青面层的压实度按式（3-11）计算：

$$K=\frac{\rho_s}{\rho_t} \times 100\% \qquad (3\text{-}11)$$

式中　ρ_t——沥青混合料的标准密度（g/cm^3）。

巩固训练

1. 复习本任务内容。

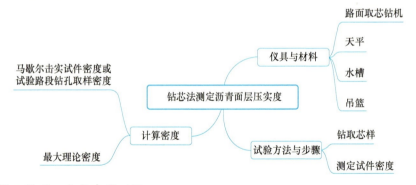

2. 扫描二维码，完成在线测试。

项目 3
任务二测试

3. 任务单：选择检测路段（1km），根据《现场测试规程》中的 T 0924—2008 钻芯测试路面压实度方法测定压实度，根据《检评标准》对压实度进行质量评定；并填写试验记录表，见表 3-5。

表 3-5　沥青路面压实度试验检测记录表（水中重法）

检测单位名称：					记录编号：				
工程名称									
工程部位 / 用途									
样品信息									
试验检测日期				试验条件					
检测依据				判定依据					
主要仪器设备名称及编号									
检测路段				混合料类型					
滑石粉对水的相对密度				压实度标准值					
石蜡对水的相对密度				标准密度确定方法					
编号	取样桩号	位置	涂滑石粉后的空中质量 m_s/g	试件的空中质量 m_a/g	蜡封试件的空中质量 m_p/g	蜡封试件的水中质量 m_c/g	25℃时水的密度 /（g/cm³）	试件毛体积密度 /（g/cm³）	标准密度 /（g/cm³）	压实度 K（%）
附加声明：										

检测：　　　　记录：　　　　复核：　　　　日期：　　年　　月　　日

压实度的评定

一、压实度评定标准

　　压实度是关键项目，路基、路面压实度以 1~3km（通常取 1km）路段为检验评定单元，压实度评定方法见《检评标准》附录 B，按表 3-6 要求的频率进行现场压实度抽样检查，求算每一测点的压实度 K_i。细粒土现场压实度检查可采用灌砂法或环刀法；粗粒土及路面结构层压实度检查可采用灌砂法、水袋法或钻孔取样蜡封法。应用核子密湿度仪时，应经对比试验进行检验，确认其可靠性。

表 3-6　部分路基路面结构压实度要求

工程类型				规定值或允许偏差（%）			检查频率
				高速公路一级公路	其他公路		
					二级公路	三、四级公路	
土方路基	上路床		0~0.3m	≥ 96	≥ 95	≥ 94	每 200m 每压实层测 2 处
	下路床	轻、中及重交通荷载等级	0.3~0.8m	≥ 96	≥ 95	≥ 94	
		特重、极重交通荷载等级	0.3~1.2m	≥ 96	≥ 95	—	
	上路堤	轻、中及重交通荷载等级	0.8~1.5m	≥ 94	≥ 94	≥ 93	
		特重、极重交通荷载等级	1.2~1.5m	≥ 94	≥ 94	—	
	下路堤	轻、中及重交通荷载等级	> 1.5m	≥ 93	≥ 92	≥ 90	
		特重、极重交通荷载等级	> 1.9m				

（续）

工程类型			规定值或允许偏差（%）			检查频率
			高速公路 一级公路	其他公路		
				二级公路	三、四级公路	
级配碎（砾）石	基层	代表值	98	98		每200m测 2点
		极值	94	94		
	底基层	代表值	96	96		
		极值	92	92		
稳定土	基层	代表值	—	95		每200m测 2点
		极值	—	91		
	底基层	代表值	95	93		
		极值	91	89		
稳定粒料	基层	代表值	98	97		按规范检查，每200m测 2点
		极值	94	93		
	底基层	代表值	96	95		
		极值	92	91		
沥青混凝土面层和沥青碎（砾）石面层			≥实验室标准密度的96%（98%*） ≥最大理论密度的92%（94%*） ≥试验段密度的98%（99%*）			每200m测1点；核子密湿度仪每200m测1处，每处5点

注：1. 土方路基压实度以重型击实试验为准，极值为表列值减5个百分点。
　　2. 沥青压实度，高速公路、一级公路应选用2个标准评定，以合格率低的为评定结果；其他公路选用1个标准评定。带"*"号的是指SMA路面。

二、压实度评定要点

压实度的评定要点如下：

1）控制平均压实度的置信下限以保证总体水平。

2）规定单点极限值不得超出给定值，防止局部隐患。

3）规定扣分界限以区分质量优劣。

检验评定段的压实度代表值 K（算术平均值的下置信界限）为

$$K = \overline{K} - St_\alpha / \sqrt{n} \geq K_0 \qquad (3\text{-}12)$$

式中　$\overline{K}$——检验评定段内各测点压实度的平均值；

　　　t_α——附录二中随测点数和保证率（或置信度β）而变化的系数；

　　　S——检测值的标准差；

　　　n——检测点数；

　　　K_0——压实度标准值。

1. 路基、基层和底基层

1）$K \geq K_0$，且单点压实度 K_i 全部大于等于规定值减2个百分点时，评定路段的压实度可得100%。

2）当 $K \geq K_0$，且单点压实度 K_i 全部大于等于规定极值时，按测定值低于规定值减 2 个百分点的测点数计算合格率。

3）当 $K \geq K_0$，某一单点压实度 K_i 小于规定极值时，该评定路段压实度为不合格，相应分项工程为不合格。

4）$K < K_0$，该评定路段压实度为不合格，相应分项工程为不合格。

5）路堤施工段落较短时，分层压实度应逐点符合要求，且实际样本数不少于 6 个。

2. 沥青面层

1）当 $K \geq K_0$，且全部测点 K_i 大于等于规定值减 1 个百分点时，评定路段的压实度合格率为 100%。

2）当 $K \geq K_0$ 时，按测定值低于规定值减 1 个百分点的测点计算合格率。

3）$K < K_0$，该评定路段的压实度为不合格，相应分项工程为不合格。

例：某新建公路路基施工中，对其中的一段压实质量进行检查，压实度检测结果见表 3-7，压实度标准值 $K_0 = 95\%$。请按 95% 保证率计算该路段的代表性压实度并进行质量评定。

表 3-7　某新建公路路基施工压实度检测结果

序号	1	2	3	4	5	6	7	8	9	10
压实度（%）	94.3	95.1	95.5	97.0	95.3	97.6	95.8	96.8	95.7	96.1
序号	11	12	13	14	15	16	17	18	19	20
压实度（%）	95.8	95.9	93.7	95.3	95.6	96.4	95.4	92.8	97.3	96.3

解：经计算得 $\bar{K} = 95.69$，$S = 1.15$，查附录二得 $t_\alpha / \sqrt{n} = 0.387$。

压实度代表值 K 为算术平均值的下置信界限，即

$$K = \bar{K} - St_\alpha / \sqrt{n} = 95.69 - 1.15 \times 0.387 = 95.24（100\%）$$

合格值 $= 95\% - 2\% = 93\%$，合格率 $= 19/20 \times 100\% = 95\%$，极值 $= 95\% - 5\% = 90\%$

由于压实度代表值 $K > K_0 = 95\%$，所有点的 K_i 都大于极值，所以该路段的压实度合格率为 95%。

巩固训练

1. 复习本任务内容。

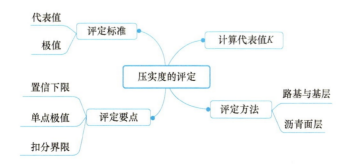

2. 扫描二维码，完成在线测试。

项目 3
任务二测试

3. 某新建高速公路土方（细粒土）路基路床施工中，某路段压实层质量检查的压实度检测结果见表3-8。已知保证率为95%，请对该路段的压实度进行评定（提示：高速公路的 K_0、$t_\alpha/\sqrt{n}$ 等参数可从文中查找）。

① K_0=_____，n=_____，$t_\alpha/\sqrt{n}$ =_____。

② 平均值 =_____，标准差 S=_____。

③ 计算压实度代表值 K=_____（含公式）。

④ 极值 =_____，合格值 =_____，合格率 =_____。

⑤ 质量评定：_____
_____。

表 3-8　路基压实度检测结果汇总

序号	1	2	3	4	5	6	7	8	9	10
压实度（%）	96.7	95.7	97.5	97.6	96.6	96.9	96.2	97.0	95.6	95.9

无机结合料稳定材料检测

在公路工程中，常用的混合料主要有无机结合料稳定混合料（本书称为无机结合料稳定材料）、沥青混合料、水泥混凝土混合料等，无机结合料稳定材料一般作为高等级公路的基层和底基层。

土中掺入一定数量的无机结合料，在最佳含水率下压实，将发生一系列的力学作用和化学作用，形成无机结合料稳定材料特有的强度。无机结合料稳定材料的重要特点之一是强度和模量随龄期的增长而不断增长，逐渐具有一定的刚性性质。

无机结合料稳定材料检测项目，以水泥稳定土为例：先按《公路路面基层施工技术细则》（JTG/T F20—2015）（以下简称《基层施工细则》）设计配合比，初拟几个水泥剂量，再根据《无机结合料》对每个剂量的水泥稳定土进行击实试验，确定其最大干密度和最佳含水率；然后制作试件，并测试试件强度，将几个剂量的水泥稳定土的抗压强度值与设计值进行比较，选取合理的水泥剂量；施工时以选取的水泥剂量对拌和好的水泥稳定土进行含水率和水泥剂量的检查。

职业榜样

沙庆林（1930—2020），公路工程专家，中国工程院院士，重要科研成果有重型压实标准、材料技术指标、半刚性材料的性能和参数、混合料组成设计等。他对半刚性路面裂缝的成因和机理理论有突破性研究，改变了传统的通过加厚面层来减少裂缝的方法，为减薄沥青面层奠定了理论和实践基础。他的多数成果被用于编制有关规范，为科研成果的生产力转化做出了突出贡献。他的科研成果成为我国高等级公路的路面建设模式，其特点是重型压实标准和"强基、薄面"。他于2008年研究成功的国际领先的粗集料断级配设计与检验方法及新施工工艺，为我国长寿命路面奠定了技术基础。

任务一

无侧限抗压强度检测

📋 [学习目标]

1. 熟悉无机结合料的性能指标、试验方法；掌握仪器设备名称、试验流程、数据处理方法及评定方法。

2. 能进行无机结合料无侧限试件的制件、养生，并能测试无侧限抗压强度；能进行试验数据处理分析和质量评定，并编制报告。

公路路面基层应采用7d无侧限抗压强度作为施工质量控制的主要指标。水泥稳定材料和石灰稳定材料的7d龄期无侧限抗压强度指标 R_d 应分别符合表4-1、表4-2的规定，其他稳定材料的强度指标见《基层施工细则》。

表4-1　水泥稳定材料的7d龄期无侧限抗压强度指标 R_d 　　（单位：MPa）

结 构 层	公 路 等 级	极重、特重交通	重 交 通	中、轻交通
基层	高速公路和一级公路	5.0~7.0	4.0~6.0	3.0~5.0
	二级及二级以下公路	4.0~6.0	3.0~5.0	2.5~4.5
底基层	高速公路和一级公路	3.0~5.0	2.5~4.5	2.0~4.0
	二级及二级以下公路	2.5~4.5	2.0~4.0	1.0~3.0

注：表中强度指标指的是代表值，要求较高时，推荐取上限指标。

表4-2　石灰稳定材料的7d龄期无侧限抗压强度指标 R_d 　　（单位：MPa）

结 构 层	高速公路和一级公路	二级及二级以下公路
基层	—	≥ 0.8
底基层	≥ 0.8	0.5~0.7

进行强度（配合比）试验时，平行试验的最小试件数量应符合表4-3的规定，试验结果的变异系数大于表中规定值时，应重做试验或增加试件数量。

表 4-3　平行试验的最小试件数量

材料类型	公称最大粒径 /mm	试模 /mm	变异系数要求		
			<10%	10%~15%	15%~20%
细粒材料	<16	$\phi100\times100$	6	9	—
中粒材料	≥16，且<26.5	$\phi150\times150$	6	9	13
粗粒材料	≥26.5		—	9	13

《无机结合料》将水泥稳定土材料的抗压强度试验分为试件制作、养生、强度试验三部分。

一、无侧限抗压强度试件制作

《无机结合料》中的 T 0843—2009 试件制作方法适用于进行无侧限抗压强度、间接抗拉强度、室内抗压回弹模量、动态模量、劈裂模量等试验的圆柱形试件。

无机结合料
稳定材料制件

现场检测时，应按《检评标准》规定的频率取样，按工地预定达到的压实度制备试件，每 2000m² 或每工作班制备 1 组试件。试件数量见表 4-3。

1. 主要仪器设备

1）试模：常用试模尺寸见表 4-3，圆柱形试件和垫块设计尺寸如图 4-1 所示。

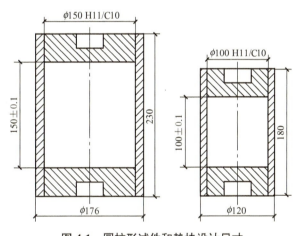

图 4-1　圆柱形试件和垫块设计尺寸

注：H11/C10 表示垫块和试模的配合精度。

2）电动脱模器。

3）反力架：反力为 400kN 以上。

4）液压千斤顶：量程为 200~1000kN。

5）压力试验机：可替代千斤顶和反力架，量程不小于 2000kN，行程、速度可调。

2. 准备工作

1）试件的径高比应为 1∶1，细粒材料试件的直径为 100mm，中、粗粒材料试件的直径应为 150mm。应按现场压实度标准采用静压法成型试件。

2）将具有代表性的风干试料（必要时，可以在 50℃烘箱内烘干）用木锤捣碎或用木碾碾碎，但应避免破坏粒料的原粒径，然后按照公称最大粒径的大一级筛将土过筛，并进行分类。

3）在预定做试验的前一天，取有代表性的试料测试其风干含水率。对于细粒材料，试样应不少于1000g；对于中、粗粒材料，试样应不少于2000g。

4）确定无机结合料稳定材料的最佳含水率和最大干密度。

5）对于细粒材料，采用ϕ100mm×100mm的试件，1个试件需干土1700~1900g，一次可称取6个试件所需的土；对于中、粗粒材料，采用ϕ150mm×150mm的试件，1个试件需干土5700~6000g，一次只称取1个试件的土。

6）将准备好的试料分别装入塑料袋中备用。

3. 试验步骤

1）调试成型所需要的各种设备，检查是否运行正常；将成型用的模具擦拭干净，并涂抹机油或矿脂。试模筒的数量应与每组试件的数量相配套。上下垫块应与试模筒相配套，上下垫块能够刚好放入试模筒内上下自由移动（一般来说，上下垫块直径比试筒内径小约0.2mm），且上下垫块完全放入试模筒后，试模筒内未被上下垫块占用的空间体积能满足径高比1：1的设计要求。

2）细粒材料至少制备6个试件，中粒材料至少9个试件，粗粒材料至少13个试件。

3）根据击实试验结果和无机结合料的配合比按式（4-1）~式（4-8）计算每份材料的加水量、无机结合料的质量。

4）将称好的土放在长方盘（约400mm×600mm×70mm）内。向土中加水拌料、闷料。对于石灰稳定材料、水泥和石灰综合稳定材料、石灰粉煤灰综合稳定材料、水泥粉煤灰综合稳定材料，可将石灰或粉煤灰和土一起拌和，将拌和均匀的试料放在密闭容器或塑料袋（封口）内浸润备用。

对于细粒材料（特别是黏性土），浸润时的含水率应比最佳含水率小3%；对于中粒材料和粗粒材料，可按最佳含水率加水；对于水泥稳定类材料，加水量应比最佳含水率小1%~2%。

浸润时间要求为：黏质土为12~24h，粉质土为6~8h，砂类土、砂砾土、红土砂砾、级配砂砾等可以缩短到4h左右；含土很少的未筛分碎石、砂砾及砂可以缩短到2h。浸润时间一般不超过24h。

5）在试件成型前1h内，加入预定数量的水泥并拌和均匀。在拌和过程中，应将预留的水（对于细粒材料为3%，对于水泥稳定类材料为1%~2%）加入土中，使混合料达到最佳含水率。拌和均匀的加有水泥的混合料应在1h内按下述方法制成试件，超过1h的混合料应该作废。其他结合料稳定材料、混合料虽不受此限，但也应尽快制成试件。

6）ϕ100mm×100mm试件可采用反力架和千斤顶制件，ϕ150mm×150mm试件宜采用压力试验机制件。将试模配套的下垫块放入试模的下部，但外露2cm左右。将称量好的规定数量的稳定材料混合料分2~3次灌入试模中，每次灌入后用夯棒轻轻地插实均匀。

7）将整个试模（连同上下垫块）放到千斤顶（或压力机）上，以1mm/min的加载速率加压，直到上下压柱都压入试模为止，维持压力2min。

8）解除压力后，取下试模，并放到脱模器上将试件顶出。采用水泥稳定有黏结性的材料时（黏质土），制件后可以立即脱模；采用水泥稳定无黏结性细粒材料时，最好等待2~4h再脱模；对于中、粗粒材料的无机结合料稳定材料，最好等待2~6h脱模。

9）在脱模器上取下试件时，应双手抱住试件侧面的中下部，然后沿水平方向轻轻旋转；待感觉到试件移动后，再将试件轻轻捧起，放置到试验台上。不可直接将试件向上捧起。

10）称取试件的质量 m_2，$\phi100\text{mm} \times 100\text{mm}$ 试件精确至 0.01g，$\phi150\text{mm} \times 150\text{mm}$ 试件精确至 0.1g。然后用游标卡尺测量试件高度 h，精确至 0.1mm。检查试件的高度和质量，不满足成型标准的试件作为废件。

11）试件称量后应立即放在塑料袋中封闭，并用潮湿的毛巾覆盖，移放至养生室。

4. 计算及结果整理

（1）试件计算　单个试件的标准质量 m_0：

$$m_0 = V\rho_{\max}(1+w_{\text{opt}})K_0 \tag{4-1}$$

考虑到试件成型过程中的质量损耗，实际操作过程中每个试件的质量可增加 $0 \sim 2\%$，即

$$m_0' = m_0(1+\delta) \tag{4-2}$$

每个试件的干料（包括干土和无机结合料）总质量 m_1：

$$m_1 = \frac{m_0'}{1+w_{\text{opt}}} \tag{4-3}$$

每个试件中的无机结合料质量：

1）外掺法：

$$m_2 = m_1 \frac{\alpha}{1+\alpha} \tag{4-4}$$

2）内掺法：

$$m_2 = m_1\alpha \tag{4-5}$$

每个试件中的干土质量：

$$m_3 = m_1 - m_2 \tag{4-6}$$

每个试件中的加水量：

$$m_\text{w} = (m_2+m_3)w_{\text{opt}} \tag{4-7}$$

验算：

$$m_0' = m_2+m_3+m_\text{w} \tag{4-8}$$

式中　V——试件体积（cm^3）；

　　　w_{opt}——混合料最佳含水率（%）；

　　　$\rho_{\max}$——混合料最大干密度（g/cm^3）；

　　　K_0——混合料压实度标准（%）；

　m_0、m_0'——混合料质量（g）；

　　　m_1——干混合料质量（g）；

　　　m_2——无机结合料质量（g）；

　　　m_3——干土质量（g）；

　　　δ——计算混合料质量的冗余量（%）；

　　　α——无机结合料的掺量（%）；

　　　m_w——加水质量（g）。

（2）结果整理　$\phi100\text{mm} \times 100\text{mm}$ 试件的高度误差范围应为 $-0.1 \sim 0.15\text{cm}$，$\phi150\text{mm} \times 150\text{mm}$ 试件的高度误差范围应为 $-0.1 \sim 0.2\text{cm}$。

（3）质量损失 $\phi 100mm \times 100mm$ 试件应不超过 25g，$\phi 150mm \times 150mm$ 试件应不超过 50g。

例： 某路面基层为水泥稳定土，已知水泥剂量为5%，最大干密度为 $2.280g/cm^3$，最佳含水率 w_{opt} 为6.8%，风干土含水率为2.4%，风干水泥含水率为0，压实度标准值为98%。现配制一个试件取8000g湿料，试求所需要的风干土质量、水泥的质量、水的质量分别为多少？单个试件标准质量 m_0 是多少？

解： ① 干混合料质量 =8000g/（1+w_{opt}）=7491g

② 干土质量 = 干混合料质量 /（1+ 水泥剂量）=7491g/（1+0.05）=7134g

③ 干水泥质量 = 干混合料质量 – 干土质量 =7491g – 7134g=357g

④ 风干土质量 = 干土质量 ×（1+ 土的风干含水量）=7134g ×（1+0.024）=7305g

⑤ 风干水泥质量 = 干水泥质量 ×（1+ 水泥的风干含水量）=357g ×（1+0）=357g

⑥ 加水质量 =8000– 风干土质量 – 风干水泥质量 =8000g – 7305g – 357g=338g

⑦ 单个试件标准质量 $m_0 = V\rho_{max}（1+w_{opt}）K_0 = 3.14 \times 7.5 \times 7.5 \times 15 \times 2.28 \times（1+0.05）\times 0.98g = 6216g$

5. 注意事项

1）成型试验根据试件尺寸的大小一般需要 2~3d，大致分为三个步骤：成型前一天进行试料准备，包括闷料；第二天上午可进行压实成型；第二天下午再进行脱模、称量。

2）试件是按一定标准密度或压实度成型的，一般要求成型后试件的压实度不超过标准压实度的 ±1%。

3）在成型过程中，一般情况下会有少量水分挤出，在计算试件干密度时可忽略。如果挤出水过多或试件难以压实成标准尺寸，说明原击实结果有问题，或者成型的配料计算有误，需要认真检查、复核，找出原因，重新成型。

4）对于粗粒料稳定材料（特别是水泥稳定类材料），由于细集料较少，给成型用模具的内壁涂机油是必要的。

5）所有试件在脱模过程中应做到轻拿轻放，防止脱模搬运过程中对试件造成损伤。

二、标准养生

《无机结合料》中的 T 0845—2009 养生试验方法适用于水泥、石灰和二灰稳定类材料的养生，分为标准养生和快速养生两种方法。标准养生是指无机结合料稳定类材料在规定的标准温度和湿度环境下强度增长的过程；快速养生为了提高试验效率，采用提高养生温度的方法来缩短养生时间。养生的温度和时间对强度有较大影响，因此应严格遵守规范要求。

无机结合料
稳定材料养生

1. 仪器设备

1）标准养护室：温度为（20±2）℃，相对湿度在95%以上。

2）水槽：水槽深度应大于试件高度50mm。

2. 标准养生试验步骤

1）试件从试模内脱出后测量高度并称重，稳定中粒材料和粗粒材料的大试件应装入塑料袋内，将袋内的空气排除干净，扎紧袋口，将包好的试件放入养生室。

2）标准养生的温度为（20±2）℃、湿度为95%。试件宜放在铁架或木架上，间距至少10mm。试件表面应保持一层水膜，并避免用水直接冲淋。

3）无侧限抗压强度试验的标准养生龄期是 7d（6d 养生，1d 浸水）。

4）在养生期的最后一天将试件取出，观察试件的边角有无磨损和缺损，并测量高度和称重，然后将试件浸泡于（20±2）℃水中，应使水面在试件顶上约 2.5cm 处。

3. 结果整理

如养生期间有明显的边角缺损，试件应该作废。对养生 7d 的试件，在养生期间，试件质量损失应符合下列规定：$\phi100mm \times 100mm$ 试件不超过 4g；$\phi150mm \times 150mm$ 试件不超过 10g。质量损失超过此规定的试件，应予作废。试件的质量损失指含水率的减少，不包括由于各种不同原因从试件上掉下的混合料。

三、无侧限抗压强度试验

《无机结合料》中的 T 0805—1994 无侧限抗压强度试验方法适用于细粒材料、中粒材料、粗粒材料试件。

无机结合料稳定材料抗压强度试验

1. 主要仪器设备和试件

（1）压力机或万能试验机（也可用路面强度试验仪和测力计）　压力机的测量精度为 ±1%，同时应具有加载速率指示装置或加载速率控制装置。压力机的上下压板平整并有足够的刚度，可以均匀地连续加载、卸载，可以保持固定荷载。压力机开机、停机均应灵活自如，能够满足试件吨位要求，且加载速率可以有效控制在 1mm/min。

（2）试件　试件应为高径比为 1:1 的圆柱形试件，进行 7d 标准养生，数量为 6~13 个。将试件的两顶面用刮刀刮平，必要时可用快凝水泥砂浆抹平试件的顶面。

2. 试验步骤

1）根据试验材料的类型和一般的工程经验，选择合适量程的测力计和压力机，试件的破坏荷载应大于测力量程的 20% 且小于测力量程的 80%。球形支座和上下顶板涂上机油，使球形支座能够灵活转动。

2）将已浸水一昼夜的试件从水中取出，用软布吸去试件表面的可见水分，并称取试件的质量 m_4。

3）用游标卡尺量取试件的高度 h，准确到 0.1mm。

4）将试件放到路面材料强度试验仪的升降台上（台上先放一个扁球座），进行抗压试验。试验过程中，应使试件的形变等速增加，并保持加载速率为 1mm/min，记录试件破坏时的最大压力 P（N）。

5）从试件内部取有代表性的样品（经过打破），测试其含水率 w。

四、数据处理与质量评定

1）试件的无侧限抗压强度 R_c（MPa）用下列公式计算：

$$R_c=P/A \tag{4-9}$$

式中　P——试件破坏时的最大压力（N）；

A——试件的截面面积（mm^2），$A = \frac{\pi}{4}D^2$；

D——试件的直径（mm）。

2）配合比试验时，应按下式计算强度代表值：

$$R_d^0 = \overline{R}(1 - Z_\alpha C_V) \tag{4-10}$$

式中　Z_α——附录一中随保证率或置信度 α 而变的系数，高速公路和一级公路应取保证率95%，即 $Z_\alpha = 1.645$；二级及二级以下公路应取保证率90%，即 $Z_\alpha = 1.282$；

　　$\overline{R}$——一组试件的强度平均值；

　　C_V——一组试件的强度变异系数。

强度代表值 R_d^0 应不小于强度标准值 R_d，当 $R_d^0 < R_d$ 时，应重新进行配合比试验。

3）现场试验时，试件的强度平均值 $\overline{R}$ 应满足下式要求（R_d 为强度标准值，即设计抗压强度）：

$$\overline{R} \geqslant \frac{R_d}{1 - Z_\alpha C_V} \tag{4-11}$$

4）评定路段内无机结合料稳定材料强度为不合格时，相应分项工程为不合格。

五、结果整理

1）抗压强度保留 1 位小数，试件干密度保留 3 位小数。

2）同一组试件的试验中，采用 3 倍标准差方法剔除异常值，中试件允许有 1~2 个异常值，大试件允许有 2~3 个异常值。异常值数量超过上述规定的试验应重做。

巩固训练

1. 复习本任务内容。

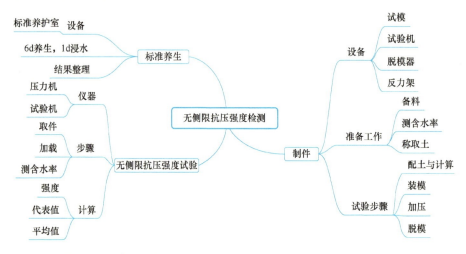

2. 扫描二维码，完成在线测试。

项目 4
任务一测试

3. 任务单：选择检测路段（1km），根据《无机结合料》要求制作6~13个试件，根据《基层施工细则》进行质量评定，最后填写无机结合料无侧限抗压强度试验检测记录表（表4-4）。

表 4-4　无机结合料无侧限抗压强度试验检测记录表

工程部位/用途								委托/任务编号				
试验依据								样品编号				
样品描述								样品名称				
试验条件								试验日期				
主要仪器设备及编号												
结合料种类												
最大干密度/(g/cm³)				结合料剂量				标准试件质量/g		测力计曲线		
最佳含水率(%)						预定压实度(%)				制作方法		
试件编号, 1~13	1	2	3	4	5	6	7	8	9	10	11	12	13
养生前试件质量/g													
浸水前试件质量/g													
浸水后试件质量/g													
养生质量损失/g													
吸水量/g													
养生前试件高度/mm													
浸水后试件高度/mm													
测力计读数/0.01mm													
试件最大荷载/N													
无侧限抗压强度/MPa													
试件数量/n		平均强度/MPa				强度最大值/MPa				强度最小值/MPa		
标准差/MPa		偏差系数(%)				Z_a				$R_{c0.95}$		

备注:

试验:　　　　　　　　复核:　　　　　　　　日期:　　　年　　月　　日

任务二

EDTA 滴定法测定水泥 / 石灰剂量

📋 **[学习目标]**

1. 熟悉水泥 / 石灰剂量检测方法，掌握检测流程及数据处理方法。

2. 能进行 EDTA 滴定法试验，能绘制标准曲线，能检测水泥 / 石灰剂量；能进行试验数据处理分析和质量评定，并编制报告。

对于石灰稳定类材料，当石灰剂量较低时，石灰主要起稳定作用，土的塑性、膨胀率、吸水量、聚水量的减少，使得土的密度、强度得到稳定。随着剂量的增加，石灰土的强度和稳定性均提高。但当剂量超过一定范围后，过多的石灰在土的空隙中以自由灰存在，将导致石灰土的强度下降。

对于水泥稳定类材料，随着水泥剂量的增加，水泥土的物理、力学性质将显著改善，但不存在最佳水泥剂量。过多的水泥用量虽可获得强度的增加，但经济上是不合理的。

因此，对于无机结合料稳定类基层与底基层，必须测试水泥或石灰的剂量。水泥或石灰的剂量是指水泥或石灰占干土重的百分率。测试方法有 EDTA 滴定法（乙二胺四乙酸滴定法）和直读钙法，其中直读钙法适用于测试新拌石灰土中石灰的剂量。

《无机结合料》中的 T 0809—2009 EDTA 滴定法适用于在工地快速测试水泥和石灰稳定材料中水泥和石灰的剂量，并可用于检查现场拌和与摊铺的均匀性；适用于在水泥终凝之前的水泥含量测试（现场土样的石灰剂量应在路拌后尽快测试，否则需要用相应龄期的 EDTA 二钠标准溶液消耗量的标准曲线确定）；也可以用来测试水泥和石灰综合稳定材料中结合料的剂量。

EDTA 滴定法的检测原理采用类比法：在实验室，利用施工现场未拌和的素集料、石灰（水泥）及预期达到的最佳含水率绘制 EDTA 二钠与石灰（水泥）剂量的关系曲线。利用所绘制的标准曲线，根据所消耗的 EDTA 二钠数量，确定混合料中的石灰（水泥）剂量。

一、仪器设备

1）滴定管（酸式）：50mL，1 支。

2）滴定台：1 个。

69

3）滴定管夹：1个。

4）大肚移液管：10mL、50mL，各10支。

5）锥形瓶（三角瓶）：200mL，20个。

6）烧杯：2000mL（或1000mL），1个；300mL，10个。

7）容量瓶：1000mL，1个。

8）搪瓷杯：容量大于1200mL，10个。

9）棕色广口瓶：60mL，1个（装钙红指示剂）。

10）电子天平：称量1500g、感量0.01g。

11）精密试纸：pH 12~pH 14。

12）聚乙烯桶：20L，3个（装蒸馏水、氯化铵及EDTA二钠标准溶液）；5L，1个（装氢氧化钠）；5L，10个（大口桶）。

二、化学试剂

1）0.1mol/m^3 EDTA二钠标准溶液：准确称取EDTA二钠（分析纯）37.23g，用40~50℃的无二氧化碳蒸馏水溶解，待全部溶解并冷却至室温后，定容至1000mL。

2）10%氯化铵（NH_4Cl）溶液：将500g氯化铵（分析纯或化学纯）放在10L的聚乙烯桶内，加蒸馏水4500mL，充分振荡，使氯化铵完全溶解。也可分批在1000mL的烧杯内配制，然后倒入塑料桶内摇匀。

3）1.8%氢氧化钠（内含三乙醇胺）溶液：用电子天平称取18g氢氧化钠（分析纯），放入洁净干燥的1000mL烧杯中，加入1000mL蒸馏水使其全部溶解，待溶液冷却至室温后，加入2mL三乙醇胺（分析纯），搅拌均匀后储于塑料桶中。

4）钙红指示剂：将0.2g钙试剂羧酸钠（分子式$C_{21}H_{13}N_2NaO_7S$，相对分子量460.39）与20g预先在105℃烘箱中烘干1h的硫酸钾混合，一起放入研钵中，研成极细粉末，储于棕色广口瓶中，以防吸潮。

三、准备标准曲线

1）取样。取工地用石灰和集料，风干后分别过2.0mm和2.5mm筛。对于集料用烘干法或酒精燃烧法测其含水率，水泥可假定其含水率为0。

2）混合料组成的计算：

① 公式：干料质量 = 湿料质量 /（1+ 含水率）。

② 计算步骤：

$$干混合料质量 = 湿混合料质量 /（1+ 最佳含水率）$$
$$干土质量 = 干混合料质量 /（1+ 石灰或水泥剂量）$$
$$干石灰或水泥质量 = 干混合料质量 - 干土质量$$
$$湿土质量 = 干土质量 ×（1+ 土的风干含水率）$$
$$湿石灰质量 = 干石灰质量 ×（1+ 石灰的风干含水率）$$
$$石灰土中应加入的水 = 湿混合料质量 - 湿土质量 - 湿石灰质量$$

3）以水泥稳定材料为例，准备5种不同水泥剂量的混合料试样，每种各2个试样，如为水泥稳定中、粗粒土，每个样品称取1000g左右（如为细粒土，则可称取300g左右）准备试验。为了减少中、粗粒土的离散，宜按设计级配单份掺配的方式备料。

准备标准曲线的水泥剂量可为 0、2%、4%、6%、8%，应保证工地实际所用水泥或石灰的剂量位于标准曲线所用剂量的中间。每种剂量取两个试样（为湿质量），共 10 个试样，分别放在 10 个大口聚乙烯桶（如为稳定细粒土，可用搪瓷杯或 1000mL 有塞三角瓶；如为粗粒土，可用 5L 的大口聚乙烯桶）内。土的含水率应等于工地预期达到的最佳含水率，土中所加的水应与工地所用的水相同。

4）取一个盛有试样的盛样器，在盛样器内加入两倍试样（湿料）质量体积的 10% 氯化铵溶液（如湿料质量为 300g，则 10% 氯化铵溶液为 600mL；如湿料质量为 1000g，则 10% 氯化铵溶液为 2000mL）。料为 300g，则搅拌 3min（每分钟搅 110~120 次）；料为 1000g，则搅拌 5min。如用 1000mL 的带塞三角瓶，则手握三角瓶（瓶口向上）用力振荡 3min［每分钟（120±5）次］，以代替搅拌棒搅拌。放置沉淀 10min（如 10min 后得到的是混浊悬浮液，则应增加放置沉淀的时间，直到出现无明显悬浮颗粒的悬浮液为止，并记录所需的时间。以后所有该种水泥或石灰稳定材料的试验均应以同一时间为准），然后将上部清液转移到 300mL 烧杯内，搅匀，加盖表面皿待测。

5）用移液管吸取上层（液面上 1~2cm）悬浮液 10mL 放入 200mL 的三角瓶内，用量管量取 1.8% 氢氧化钠（内含三乙醇胺）溶液 50mL 倒入三角瓶中，此时溶液的 pH 为 12.5~13.0（可用精密试纸检验）。然后加入钙红指示剂（质量约为 0.2g），摇匀，溶液呈玫瑰红色。记录滴定管中 EDTA 二钠标准溶液的体积 V_1，然后用 EDTA 二钠标准溶液滴定，边滴定边摇匀，并仔细观察溶液的颜色；在溶液颜色变为紫色时，放慢滴定速度，并摇匀，直到纯蓝色为终点，记录此时滴定管中 EDTA 二钠标准溶液的体积 V_2（以 mL 计算，精确至 0.1mL）。计算 V_1-V_2，即为 EDTA 二钠标准溶液的消耗量。

6）对其他几个盛样器中的试样用同样的方法进行试验，并记录各自的 EDTA 二钠标准溶液的消耗量。

7）以同一水泥或石灰剂量稳定材料 EDTA 二钠标准溶液消耗量（mL）的平均值为纵坐标，以水泥或石灰剂量（%）为横坐标制图。两者的关系应是一根顺滑的曲线，如图 4-2 所示。如素土、水泥或石灰的配合比发生改变，必须重做标准曲线。

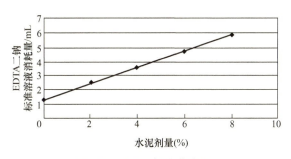

图 4-2　EDTA 标准曲线图

四、试验步骤

1）选取有代表性的无机结合料稳定材料，对稳定中、粗粒土取试样约 3000g，对稳定细粒土取试样约 1000g。

2）对水泥或石灰类稳定细粒土，称取 300g 放在搪瓷杯中，用搅拌棒将结块搅散，加 10% 氯化铵溶液 600mL；对水泥或石灰类稳定中、粗粒土，可直接称取 1000g 左右，加 10% 氯化铵溶液 2000mL，然后如前述步骤分别进行试验。

EDTA 滴定法
测试灰剂量

3）利用所绘制的标准曲线，根据 EDTA 二钠标准溶液消耗量，确定混合料中的水泥或石灰剂量。

五、结果整理与报告

本试验应进行两次平行测试，取算术平均值，精确至 0.1mL。允许重复性误差不得大于均值的 5%，否则重新进行试验。

报告应包括：无机结合料稳定材料的名称；试验方法与名称；试验数量 n；试验结果极小值和极大值；试验结果平均值 $\overline{X}$；试验结果标准差 S；试验结果变异系数 C_V。

六、注意事项

1）现场样品应在摊铺后尽快取样。对于水泥稳定材料超过终凝时间所测试的水泥剂量，需做相应的龄期修正。

2）由于瓶装氯化铵的一瓶为 500g，故在使用过程中氯化铵必须用电子秤称量，不可直接使用。同理，瓶装蒸馏水在使用过程中也必须重新用量筒称量。

3）控制好滴定的各环节。滴定过程中，溶液的颜色有明显的变化过程，从玫瑰红色变为紫色，并最终变为纯蓝色。因此，要把握好滴定的临界点，切不可直接将溶液滴定到纯蓝色，因为在滴定过量时，溶液的颜色始终为纯蓝色，因此如果没有经过临界点，可能已经过量很多了。

4）在试验过程中，每个样品搅拌的时间、速度和方式应力求相同，以减小试验误差。

巩固训练

1. 复习本任务内容。

2. 扫描二维码，完成在线测试。

项目 4
任务二测试

3. 任务单：根据《无机结合料》绘制标准曲线并进行 EDTA 滴定检测，根据《基层施工细则》进行质量评定，最后填写水泥（石灰）剂量标准曲线试验检测记录表（表 4-5）。

表 4-5　水泥（石灰）剂量标准曲线试验检测记录表

实验室名称：　　　　　　　　　　　　　　　　　记录编号：

工程部位 / 用途			委托 / 任务编号		
试验依据			样品编号		
样品描述			样品名称		
试验条件			试验日期		
主要仪器设备及编号					

结合料剂量				结合料种类	
剂量（%）	初读数 /mL	终读数 /mL	消耗量 /mL	消耗量平均值 /mL	备注

剂量标准曲线	

备注：

试验：　　　　　　　复核：　　　　　　　日期：　　年　　月　　日

项目 5 ⋙⋙

路基路面承载能力检测

为了检验路基路面的材料参数是否达到要求，需要在现场进行强度和刚度测定，按我国有关规定，CBR 值仅作为路基填料选择、粒料基层和底基层材料设计的指标，而不作为施工质量检验指标；路基路面各结构层的回弹模量是路面结构设计的重要参数，既可用承载板法检测，也可通过现场检测弯沉的方法间接检验；路基路面的承载能力一般采用回弹弯沉检测。

👷 职业小贴士

从事公路建设工程检测活动的检测人员在独立开展检测工作时，应当遵守相关法律、法规、规章和强制性技术标准的规定，严守职业道德和工作程序，遵循科学、规范、客观、公正的原则，保证试验检测数据科学、规范、客观、公正，并对检测操作的规范性和原始记录的真实性、准确性负责，对试验检测结果承担法律责任。

试验检测应坚持真理、公私分明、公平公正、光明磊落，做事不带主观情绪，要以规范为准绳、以事实为依据，用数据说话。在处理问题时，要站在公正的立场，对当事双方要公平合理、不偏不倚。

路基路面强度检测

　　1. 熟悉路基路面强度检测方法，掌握土的承载比（CBR）试验的仪器设备、试验流程及数据处理方法。

　　2. 能进行 CBR 试件制作、膨胀量测量和贯入试验，能进行试验数据处理分析和质量评定，并编制报告。

　　路基路面强度检测方法有室内 CBR 试验、土基现场 CBR 测试、动力锥贯入仪测试路基路面 CBR 试验（DCP 法）。

　　1）室内 CBR 试验根据《土工规程》进行试验，通常所指的 CBR 值是土基或基层、底基层材料的承载比，为室内标准压实的试件经泡水膨胀后进行贯入试验，在荷载压强 - 贯入量曲线上读取规定贯入量时的荷载压强与标准压强的比值，以百分数表示。标准压强是由优质碎石经大量试验得到的，当贯入量为 2.5mm 时标准压强为 7MPa，当贯入量为 5.0mm 时标准压强为 10.5MPa。

　　2）土基现场 CBR 测试根据《现场测试规程》进行试验，在公路现场条件下测试，土基的含水率和压实度与标准条件不同，也未经泡水，但是贯入试验的程序与室内 CBR 试验相同，所得到的承载比也是从经试验得到的荷载压强 - 贯入量曲线上读取规定贯入量时的荷载压强与标准压强的比值，以百分数表示。通常在现场测试中，CBR 值的离散性较大。

　　3）DCP 法根据《现场测试规程》进行试验，可在现场快速测试或评估无结合料材料的路基、路面的强度。

一、室内 CBR 试验适用范围

　　CBR 是路基土和路面材料的强度指标，是柔性路面设计的主要参数之一。在我国的柔性路面设计中，虽以路基土和路面材料的回弹模量值作为设计参数，但在路基路面施工中仍将 CBR 作为一项力学指标。我国已将 CBR 值列入《公路路基设计规范》（JTG D30—2015）和《公路沥青路面设计规范》（JTG D50—2017），作为路基填料选择的依据。路基填料的最小 CBR 要求见表 5-1。

表 5-1　路基填料的最小 CBR 要求

路 基 部 位		路面底面以下深度 /m	填料最小承载比（CBR）（%）		
			高速公路、一级公路	二级公路	三、四级公路
上路床		0~0.3	8	6	5
下路床	轻、中等及重交通	0.3~0.8	5	4	3
	特重、极重交通	0.3~1.2	5	4	—
上路堤	轻、中等及重交通	0.8~1.5	4	3	3
	特重、极重交通	1.2~1.9	4	2	—
下路堤	轻、中等及重交通	1.5 以下	3	2	2
	特重、极重交通	1.9 以下			

注：该表 CBR 试验条件应符合《土工规程》的规定。

《土工规程》中的 T 0134—2019 承载比（CBR）试验只适用于在规定的试筒内制件后，对各种土和路面基层、底基层材料进行承载比试验。试样的最大粒径宜控制在 20mm 以内，最大不得超过 40mm，且含量不超过 5%。

二、仪器设备

1）圆孔筛：孔径 40mm、20mm 及 5mm 筛各 1 个。

2）试筒：内径 152mm、高 170mm 的金属圆筒；套环，高 50mm；筒内垫块，直径 151mm、高 50mm；夯击底板（同击实仪）。室内 CBR 试验用试筒的形式和主要尺寸如图 5-1 所示。也可用击实试验的大击实筒。

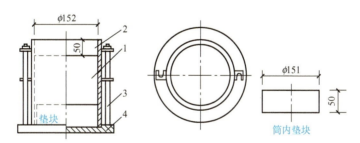

图 5-1　室内 CBR 试验用试筒的形式和主要尺寸
1—试筒　2—套环　3—拉杆　4—夯击底板

3）夯锤和导管：夯锤的底面直径为 50mm，总质量为 4.5kg。夯锤在导管内的总行程为 450mm，夯锤的形式和尺寸与重型击实试验法所用的相同。

4）贯入杆：端面直径 50mm、长约 100mm 的金属杆。

5）路面材料强度仪或其他荷载装置：能量小于 50kN，能调节贯入速度至每分钟贯入 1mm，可采用测力计式，如图 5-2 所示。

6）百分表：3 个。

7）试件顶面上带调节杆的多孔板（测量试件吸水时的膨胀量），如图 5-3 所示。

8）多孔底板（试件放上去后浸泡于水中）。

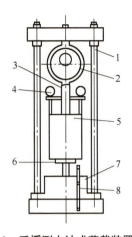

图 5-2　手摇测力计式荷载装置示意

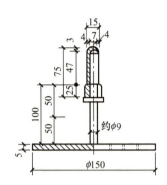

图 5-3　带调节杆的多孔板

1—框架　2—测力环　3—贯入杆　4—百分表
5—试件　6—升降台　7—蜗轮蜗杆箱　8—摇把

9）膨胀量测定装置，如图 5-4 所示。

10）荷载板：直径 150mm，中心孔眼直径 52mm，每块质量 1.25kg，共 4 块。每块荷载板沿直径分为两个半圆块，如图 5-5 所示。

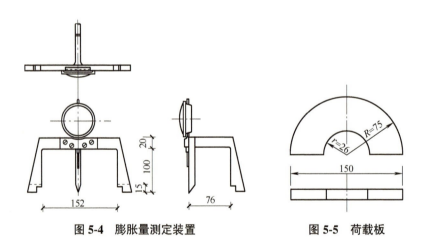

图 5-4　膨胀量测定装置　　　　图 5-5　荷载板

11）水槽：浸泡试件用，槽内水面高出试件顶面 25mm。

12）其他：天平，感量为试件用量的 0.1%；拌和盘、直尺、滤纸、推土器等与击实试验相同。

三、制备试样

1）将具有代表性的风干试料（必要时可在 50℃ 烘箱内烘干）用木碾捣碎，土团应捣碎到过 5mm 的筛孔。用 40mm 筛筛除大于 40mm 的颗粒，并记录超尺寸颗粒的百分数。

2）按《土工规程》中的 T 0131—2019 击实试验的方法确定试料的最大干密度和最佳含水率。

四、试件制作

1）取有代表性的试料测定其风干含水率，然后按最佳含水率制备 3 个试件，掺水将试料充分拌匀后装入密闭容器或塑料口袋内浸润。浸润时间：黏性土不得小于 24h，粉性土可缩短到 12h，砂土可缩短到 6h，天然砂砾可缩短到 2h 左右。

① 需要时，可制备三种干密度试件，使试件的干密度控制在最大干密度的 90%~100%。如每种干密度试件制备 3 个，则共制备 9 个试件，9 个试件共需试样约 55kg。

② 采用击实成型制件时，每层击数一般分别为 30 次、50 次和 98 次。

③ 采用静压成型制件时，根据确定的压实度计算所需的试样量，一次静压成型。

2）称取试筒本身质量（m_1），将试筒固定在底板上，将垫块放入试筒内，并在垫块上放一张滤纸，装上套环。

3）取备好的试样分 3 次倒入试筒内（每层需试样 1500~1750g，其用量应使击实后的试样高出 1/3 筒高处 1~2mm），整平表面，并稍加压紧；然后按规定的击数进行第一层试样的击实，击实时锤应自由垂直落下，锤迹必须均匀分布于试样面上。第一层击实完后，将试样层面"拉毛"，然后再装入套筒，重复上述方法进行其余每层试样的击实。大试筒击实后，试样不宜高出试筒口 10mm。

4）每击实 3 筒试件，取有代表性试样进行含水率试验。

5）卸下套环，用直刮刀沿试筒顶修平击实的试件，表面不平整处用细料修补。取出垫块，称取试筒和试件的质量（m_2）。

CBR 泡水测膨胀量试验

五、泡水测膨胀量

1）在试件制成后，取下试件顶面的破残滤纸，放置新滤纸，并在其上安装附有调节杆的多孔板，在多孔板上加 4 块荷载板。

2）将试筒与多孔板一起放入槽内（先不放水），并用拉杆将模具拉紧，安装百分表，并读取初读数。

3）向水槽内注水，使水自由进到试件的顶部和底部。在泡水期间，槽内水面应保持在试件顶面以上约 25mm。通常试件要泡水 4 昼夜。

4）泡水终了时，读取试件上百分表的终读数，并用下式计算膨胀量 δ_e：

$$\delta_e = \frac{H_1 - H_0}{H_0} \times 100 \qquad (5-1)$$

式中　δ_e——试件泡水后的膨胀量（%），计算至 0.1%；

　　　H_1——试件泡水终了的高度（mm）；

　　　H_0——试件初始高度（mm）。

5）从水槽中取出试件，倒出试件顶面的水，静置 15min，让其排水，卸去附加荷载和多孔板、底板、滤纸，并称其质量（m_3），以计算试件的湿度和密度的变化。

CBR 贯入试验

六、贯入试验

应选用合适吨位的测力环，贯入结束时测力环读数宜占其量程的 1/3 以上。

1）将泡水试验终了的试件放到路面材料强度仪的升降台上，调整偏球座，使贯入杆与试件顶面全面接触，在贯入杆周围放置4块荷载板。

2）先在贯入杆上施加45N的荷载，然后将测力和测变形的百分表的指针都调至整数（或调零），并记读起始读数。

3）加荷载使贯入杆以1~1.25mm/min的速度压入试件，同时记录测力计内百分表某些整读数（如20、40、60）时的贯入量，并注意使贯入量为250×10^{-2}mm时能有5个以上的读数。因此，测力计内的第一个读数应是贯入量30×10^{-2}mm左右。

七、结果整理

1）以单位压力（P）为横坐标，贯入量（L）为纵坐标，绘制P-L关系曲线，如图5-6所示。图上曲线1是合适的；曲线2开始段是凹曲线，需要进行修正。修正时，在变曲率点引一切线，与纵坐标交于O'点，O'即为修正后的原点。

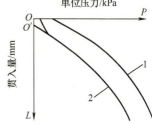

图5-6 单位压力与贯入量的关系

2）根据公式（5-2）和（5-3）分别计算贯入量为2.5mm和5mm时的CBR，即

$$CBR = \frac{P}{7000} \times 100 \qquad (5-2)$$

$$CBR = \frac{P}{10500} \times 100 \qquad (5-3)$$

式中　CBR——承载比（%），计算至0.1%；

P——单位压力（kPa）。

取两者的较大值作为该材料的承载比（CBR）。

3）试件的湿密度用下式计算：

$$\rho_w = \frac{m_2 - m_1}{2177} \qquad (5-4)$$

式中　ρ_w——试件的湿密度（g/cm^3）；

m_2——试筒和试件的总质量（g）；

m_1——试筒的质量（g）；

2177——试筒的容积（cm^3）。

4）试件的干密度用下式计算：

$$\rho_d = \frac{\rho_w}{1 + 0.01w} \qquad (5-5)$$

式中　ρ_d——试件的干密度（g/cm^3）；

w——试件的含水率（%）。

5）泡水后试件的吸水量按下式计算：

$$w_a = m_3 - m_2 \qquad (5-6)$$

式中　w_a——泡水后试件的吸水量（g）；

m_3——泡水后试筒和试件的总质量（g）；

m_2——试筒和试件的总质量（g）。

6）精度与允许差。计算3个平行试验的承载比变异系数C_V，如C_V小于12%，则取3个结果的平均值；如 C_v 大于 12%，则去掉一个偏离较大的值，取其余 2 个结果的平均值。

巩固训练

1. 复习本任务内容。

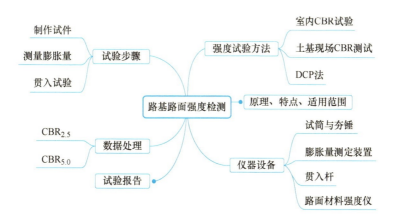

2. 扫描二维码，完成在线测试。

项目 5
任务一测试

3. 任务单：根据《土工规程》制作 2 组 6 个试件，计算 CBR，填写土的 CBR 试验检测记录表，见表 5-2。

路基路面回弹模量检测

📋 [学习目标]

1. 熟悉路基路面回弹模量的质量要求、检测方法及检测原理；熟悉检测相关仪器材料的组成、检测流程及数据处理方法。

2. 能采用承载板检测路基路面的回弹模量，能进行试验数据处理分析和质量评定，并编制报告。

回弹模量是指路基、路面在荷载作用下产生的应力与其相应的回弹应变的比值。土基回弹模量表示土基在弹性变形阶段内，在垂直荷载作用下抵抗竖向变形的能力，如果垂直荷载为定值，土基回弹模量值越大，则产生的垂直位移就越小；如果竖向位移是定值，回弹模量值越大，则土基承受外荷载作用的能力就越大。因此，路基路面设计中采用回弹模量作为土基抗压强度的指标。目前，国内常用的路基路面回弹模量的检测方法主要有：承载板法、贝克曼梁法和其他间接测试方法（如贯入仪测试法、落球式岩土力学特性测试仪法和CBR测试法等）。水泥混凝土和沥青混凝土路面土基回弹模量可参考相应的设计规范。

一、承载板测试土基回弹模量适用范围

《现场测试规程》中的 T 0943—2008 承载板测试土基回弹模量方法适用于在现场土基表面，通过用承载板对土基逐级加载、卸载的方法，测出每级荷载下相应的土基回弹变形值，再通过计算求得土基回弹模量。本方法测试的土基回弹模量可作为路面设计参数使用。

二、检测器具与材料

1）加载设施：载重汽车（试验车）后轴重不小于60kN，在汽车大梁的后轴之后设有一加劲横梁作为反力架用。

2）承载板现场测试装置如图 5-7 所示，由千斤顶、测力计

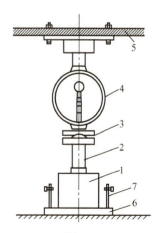

图 5-7 承载板现场测试装置
1—加载千斤顶 2—钢圆筒
3—钢板及球座 4—测力计
5—加劲横梁 6—承载板
7—立柱及支座

85

（测力环或压力表）及球座等组成。

3）刚性承载板一块，板厚20mm，直径为300mm，直径两端设有立柱和可以调整高度的支座，供安放弯沉仪的测头。承载板安放在土基表面上。

4）路面弯沉仪两台，由贝克曼梁、百分表及其支架组成。

5）液压千斤顶一台（80~100kN），装有经过标定的压力表或测力环，其量程不小于土基强度，测试精度不小于测力计量程的1%。

6）其他：秒表、水平尺、细砂、毛刷、垂球、镐、铁锹、铲等。

三、准备工作

1）根据需要选择有代表性的测点，测点应位于水平的路基上，土质要均匀、不含杂物。

2）仔细平整土基表面，撒干燥洁净的细砂填平凹处，砂子不可覆盖全部土基表面，以免形成夹层。

3）安置承载板，并用水平尺进行校正，使承载板处于水平状态。

4）将试验车置于测点上，在加劲横梁中部悬挂垂球进行测试，使其恰好对准承载板中心，然后收起垂球。

5）在承载板上安装千斤顶，上面衬垫钢圆筒、钢板，并将球座置于顶部与加劲横梁接触。如用测力环，应将测力环置于千斤顶与横梁中间，千斤顶及衬垫物必须保持垂直，以免加压时千斤顶倾倒发生事故，并影响测试数据的准确性。

6）安放弯沉仪，将两台弯沉仪的测头分别置于承载板立柱的支座上，百分表对零或位于其他合适的初始位置上。

四、测试步骤

1）用千斤顶开始加载，注视测力环或压力表，加载至0.05MPa，稳压1min，使承载板与土基紧密接触，同时检查百分表的工作情况是否正常；然后放松千斤顶油门进行卸载，稳压1min后，将指针对零或记录初始读数。

2）测试土基的压力-变形曲线。用千斤顶加载，采用逐级加载、卸载的方法，用压力表或测力环控制加载量。荷载小于0.1MPa时，每级增加0.02MPa，以后每级增加0.04MPa左右。为了使加载和计算方便，加载数值可适当调整为整数。每次加载至预定荷载（P）后，稳定1min，立即读记两台弯沉仪的百分表数值，然后轻轻放开千斤顶油门卸载至0，待卸载稳定1min后再次读数。每次卸载后百分表不再对零。当两台弯沉仪的百分表读数之差小于平均值的30%时，取平均值；如超过30%，则应重测。当回弹变形值超过1mm时，即可停止加载。

3）各级荷载的回弹变形和总变形，按以下方法计算：

回弹变形 L=（加载后读数平均值 − 卸载后读数平均值）× 弯沉仪杠杆比　　　（5-7）

总变形 L'=（加载后读数平均值 − 加载初始前读数平均值）× 弯沉仪杠杆比　　（5-8）

4）测试总影响量 α。最后一次加载、卸载循环结束后，取走千斤顶，重新读取百分表初读数；然后将汽车开出10m以外，读取终读数，两只百分表的初、终读数差的平均值即为总影响量 α。

5）在试验点下取样，测试材料的含水率，取样数量如下：

① 最大粒径不大于 4.75mm，试样质量约为 120g。

② 最大粒径不大于 19.0mm，试样质量约为 250g。

③ 最大粒径不大于 31.5mm，试样质量约为 500g。

6）在紧靠试验点旁边的适当位置，用灌砂法或环刀法等方法测试土基的密度。

五、数据处理

1）各级压力下的影响量 α_i 按下式计算：

$$\alpha_i = \frac{(T_1+T_2)\pi D^2 P_i}{4T_1 Q} \cdot \alpha \tag{5-9}$$

式中　T_1——测试车前后轴距（m）；

　　　T_2——加劲横梁中点距后轴距离（m）；

　　　D——承载板直径（m），记为 0.3m；

　　　Q——测试车后轴重（N）；

　　　P_i——第 i 级承载板压力（Pa）；

　　　α——总影响量（0.01mm）。

2）回弹变形计算值（L_i）为各级压力的回弹变形值加上该级的影响量。排除显著偏离的异常点后绘出顺滑的 P-L 曲线，如曲线起始部分出现反弯，应按图 5-8 所示修正原点 O，O' 则是修正后的原点。

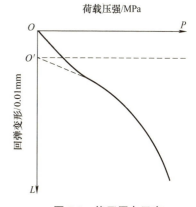

图 5-8　修正原点示意

3）按下式计算相当于各级荷载下的土基回弹模量 E_i 值：

$$E_i = \frac{\pi D}{4} \cdot \frac{P_i}{L_i}(1-\mu_0^2) \tag{5-10}$$

式中　E_i——相应于第 i 级荷载下的土基回弹模量（MPa）；

　　　μ_0——土的泊松比，根据相关路面设计规范的规定取用，当无规定时，非黏性土可取 0.30，高黏性土取 0.50；一般可取 0.35 或 0.40；

　　　D——承载板直径（cm），取 30cm；

　　　P_i——承载板压力（MPa）；

　　　L_i——相对于荷载 P_i 时的回弹变形（cm）。

4）取结束试验前的各回弹变形值按线性回归方法由下式计算土基回弹模量 E_0 值：

$$E_0 = \frac{\pi D}{4} \cdot \frac{\sum P_i}{\sum L_i}(1-\mu_0^2) \tag{5-11}$$

式中　E_0——土基回弹模量（MPa）；

　　　μ_0——土的泊松比，根据相关路面设计规范的规定选用；

　　　L_i——结束试验前的各级实测回弹变形值（cm）；

　　　P_i——对应于 L_i 的各级压力值（MPa）。

巩固训练

1. 复习本任务内容。

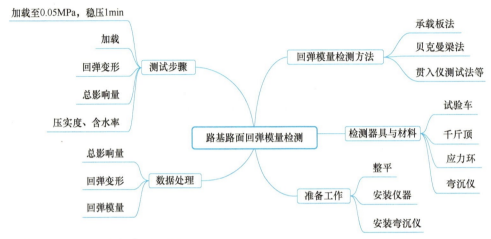

2. 扫描二维码，完成在线测试。

项目5
任务二测试

3. 任务单：根据《现场测试规程》采用承载板法测试 1 个点，计算土基回弹模量 E_0 值，填写土基回弹模量试验检测记录表（承载板法），见表 5-3。

实验室名称：

表 5-3　土基回弹模量试验检测记录表（承载板法）

记录编号：

工程部位/用途		委托/任务编号	
试验依据		样品编号	
试验条件		样品名称	
样品描述		试验日期	
主要仪器设备及编号			

测试车类型		测试车后轴重/N		前后轴距/m		加劲横梁中点距后轴距离/m		弯沉仪杠杆比	
测点桩号		具体位置		承载板直径/mm		土基干密度/(g/cm³)		土的泊松比	

测力环校正系数/(N/0.01mm)

测力环读数/0.01mm	荷载/kN	承载板压力/MPa	百分表读数/0.01mm						总变形/0.01mm	回弹变形/0.01mm	分级影响量/0.01mm	计算回弹变形/0.01mm	E_i/MPa
			左表			右表							
			加载前	加载后	卸载后	加载前	加载后	卸载后					

总影响量测量	百分表初读数/0.01mm		左	总影响量/0.01mm	
	百分表终读数/0.01mm		右		
设计回弹模量/MPa		土基回弹模量 E_0 值/MPa		最大干密度/(g/cm³)	
				土基含水率（%）	
				压实度（%）	

备注：

试验：　　　　　　　复核：　　　　　　　日期：　　　年　　月　　日

任务三 ⬚⬚⬚

路基路面承载能力检测

📋 [学习目标]

1. 熟悉路基路面回弹弯沉的概念及质量要求、检测方法及检测原理；掌握检测相关仪器材料的组成、检测流程及数据处理方法。

2. 能采用贝克曼梁检测路基路面的回弹弯沉，能进行试验数据处理分析和质量评定，并编制报告。

路基路面的承载能力是指在车辆荷载作用下路基路面结构的抗变形能力，通常作为路面和路基的现场检测指标。弯沉是指在规定的荷载作用下，路基或路面表面产生的总垂直变形值（总弯沉）或垂直回弹变形值（回弹弯沉），以 0.01mm 为单位表示。弯沉值越大，说明承载能力越低。

我国采用回弹弯沉来表征路基路面的承载能力，回弹弯沉值既是路基路面施工控制及施工验收的检验项目，又是公路运营中路面结构强度评定的依据，还是旧路补强设计中的重要参数。

弯沉测试方法主要有贝克曼梁法、自动弯沉仪法、落锤式弯沉仪法和激光弯沉仪法，见表 5-4。

表 5-4 几种弯沉测试方法的比较

弯沉测试方法	特　点
贝克曼梁法	传统方法，速度慢，静态测试，比较成熟，目前属于标准方法
自动弯沉仪法	利用贝克曼梁原理快速测定，属于静态测试范畴，但测定的是总弯沉，因此使用时应用贝克曼梁进行标定换算
落锤式弯沉仪法	利用重锤自由落下的瞬间产生的冲击荷载测定弯沉，属于动态弯沉，并能反算路面的回弹模量，快速连续，使用时应用贝克曼梁进行标定换算
激光弯沉仪法	高速行驶过程中利用激光多普勒技术测定地面在荷载作用下的垂直下沉速度，效率高

一、贝克曼梁测定路基路面回弹弯沉的适用范围

贝克曼梁测定路基路面的回弹弯沉，是利用杠杆原理制成杠杆式弯沉仪来测试轮隙弯沉（图5-9）。《现场测试规程》中的T 0951—2008贝克曼梁测试路基路面回弹弯沉方法适用于测定路基及沥青路面的回弹弯沉，用以评定其承载能力；不适用于路基冻结后的回弹弯沉检测。

二、检测器具与材料

图5-9 贝克曼梁测定路基路面回弹弯沉

1）贝克曼梁：由合金铝制成，上有水准泡，其前臂与后臂的长度比为2:1。贝克曼梁按长度分为5.4m（3.6m+1.8m）梁和3.6m（2.4m+1.2m）梁两种，如图5-10所示。长度为5.4m的贝克曼梁适用于各种类型的路面结构回弹弯沉的测定；长度为3.6m的贝克曼梁适用于柔性基层沥青路面回弹弯沉的测定。

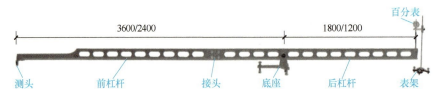

图5-10 贝克曼梁的结构

2）加载车：单后轴、单侧双轮组的载重车，双轮轮隙应能满足自由插入贝克曼梁测头的要求，轴载、轮胎气压等技术参数应符合表5-5的要求。

表5-5 加载车的参数要求

参 数 名 称	参 数 要 求
后轴标准轴载 P/kN	100 ± 1
单侧双轮荷载 /kN	50 ± 0.5
轮胎气压 /MPa	0.70 ± 0.05
单轮传压面当量圆面积 /mm²	$(3.56 \pm 0.20) \times 10^4$

3）百分表和表架。

4）路表温度计：精度不大于1℃。

三、准备工作

1）检查并保持测试用加载车的车况及制动性能良好，轮胎气压符合表5-5的规定。

2）给加载车配重，并用地中衡（杠杆秤）称量后轴总质量及单侧双轮荷载等，称量结果均应符合表5-5的规定。加载车在行驶及测试过程中，轴

贝克曼梁测试回弹弯沉

重不应变化。

3）若启用新加载车或加载车轮胎发生较大磨损时，应测定轮胎传压面面积。轮胎传压面面积测定方法如下：确保加载车双侧轮载及其轮胎气压满足规定后，在平整光滑的硬质路面上用千斤顶将汽车后轴顶起，在轮胎下方铺一张新的复写纸和一张方格纸，轻轻落下千斤顶，即在方格纸上印上轮胎印痕。用求积仪或数方格的方法测算单个轮胎印迹范围内的面积，数据结果应符合表 5-5 的规定。

4）当在沥青路面上测试时，通过气象台了解测试前 5d 的平均气温（日最高气温与最低气温的平均值）。

5）记录沥青路面修建或改建时的材料、结构、厚度、施工及养护等情况。

四、测试步骤

1）将加载车停放在测试路段的测试位置，后轮一般应置于道路行车轮迹带上。将贝克曼梁插入加载车后轮的轮隙处，与加载车的行车方向一致，梁臂不得接触轮胎。贝克曼梁的测头置于轮隙中心前方 30~50mm 处的测点上。用路表温度计测量并记录测点附近的路表温度。可采用两台贝克曼梁对双侧轮迹同时进行回弹弯沉测定。

2）将百分表安装在表架上，并将百分表的测头安装在贝克曼梁的测试杆顶面。安装完成后轻轻叩击贝克曼梁，确保百分表正常归位。

3）指挥加载车缓缓前进，速度一般为 5km/h 左右，百分表示值随路面变形持续增加。当示值最大时，迅速读取初读数 L_1。加载车仍继续前进，示值开始反向变化，待加载车驶出弯沉影响范围（约 3m 以上）且百分表示值稳定后，读取终读数 L_2。

4）指挥加载车沿轮迹带前行，驶向下一测试位置，重复 1）~3）的步骤，完成测试路段的回弹弯沉测定。

五、弯沉仪支点变形的修正

当采用 5.4m 贝克曼梁测定弯沉时，一般可不进行支点变形的修正。当有可能引起贝克曼梁支座处变形时，在测试时应检验支点有无变形。如果有变形时，此时应将另一台测试用的贝克曼梁安装在当前测试用贝克曼梁的后方，其测点架于当前测试用贝克曼梁的支点旁。当加载车开出时，同时测试两台贝克曼梁的弯沉读数，如检验贝克曼梁的百分表有读数，则应该记录并进行支点变形修正。当在同一结构层上测试时，可在不同位置测试 5 次，求取平均值。以后每次测试时以此作为修正值。弯沉仪支点变形修正的原理如图 5-11 所示。

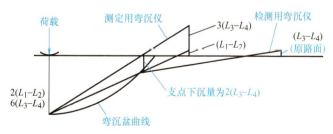

图 5-11　弯沉仪支点变形修正的原理

六、数据计算

1）路面测点的回弹弯沉值按下式计算：

$$l_T = (L_1 - L_2) \times 2 \qquad (5\text{-}12)$$

式中　l_T——在路面温度 T 时的回弹弯沉值（0.01mm）；

　　　L_1——车轮胎中心临近弯沉仪测头时百分表的最大读数（0.01mm）；

　　　L_2——汽车驶出弯沉影响半径后百分表的终读数（0.01mm）。

2）当需要进行弯沉仪支点变形修正时，路面测点的回弹弯沉值按下式计算（适用于测试用弯沉仪的支座处有变形，但百分表支架处的路面已无变形的情况）：

$$l_T = (L_1 - L_2) \times 2 + (L_3 - L_4) \times 6 \qquad (5\text{-}13)$$

式中　L_3——车轮中心临近弯沉仪测头时测试用弯沉仪的最大读数（0.01mm）；

　　　L_4——汽车驶出弯沉影响半径后测试用弯沉仪的终读数（0.01mm）。

3）沥青路面的弯沉检测以沥青面层平均温度为 20℃ 时为准，当路面平均温度在（20±2）℃ 以内时可不修正；在其他温度测试时，对沥青层厚度大于 50mm 的沥青路面，回弹弯沉值应予以温度修正，并按下列步骤进行：

① 按下式计算测试时的沥青面层平均温度：

$$T = (T_{25} + T_m + T_e)/3 \qquad (5\text{-}14)$$

式中　T——测试时沥青面层平均温度（℃）；

　　　T_{25}——根据 T_0 由图 5-12 决定的路表下 25mm 处的温度（℃）；

　　　T_m——根据 T_0 由图 5-12 决定的沥青面层中间深度的温度（℃）；

　　　T_e——根据 T_0 由图 5-12 决定的沥青面层底面处的温度（℃）。

图 5-12 中的 T_0 为测试时路表温度与测试前 5d 日平均气温的平均值之和（℃），日平均气温为日最高气温与最低气温的平均值。

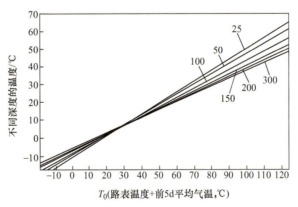

图 5-12　沥青层平均温度的确定

注：线上的数字表示从路表向下的不同深度。

② 当沥青面层平均温度在（20±2）℃ 时，温度修正系数 $K=1$。当沥青面层平均温度为其他温度时，应根据沥青面层厚度，分别由图 5-13 及图 5-14 求取不同基层的沥青路面弯沉值的温度修正系数 K。

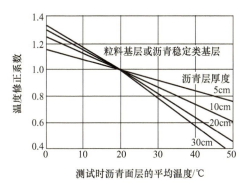

图5-13 路面弯沉温度修正系数曲线

（适用于粒料基层或沥青稳定类基层）

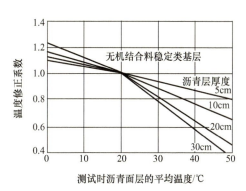

图5-14 路面弯沉温度修正系数曲线

（适用于无机结合料稳定类基层）

③ 按下式计算修正后的沥青路面回弹弯沉值：

$$l_{20} = l_T \cdot K \qquad (5-15)$$

式中　K——温度修正系数；

l_{20}——修正后的沥青路面回弹弯沉值（0.01mm）。

七、质量评定

1）根据《现场测试规程》附录B，应计算一个测试路段的回弹弯沉平均值$\bar{l}$、标准差S及代表值l_r。弯沉代表值l_r为弯沉的平均值$\bar{l}$的上置信界限值，按下式计算：

$$l_r = \bar{l} + S \cdot t_\alpha / \sqrt{n} \qquad (5-16)$$

式中　l_r——弯沉代表值；

$\bar{l}$——弯沉平均值；

S——标准差；

n——检查数量；

t_α——t分布中随测点数和保证率（置信度α）而变的系数，见附录二。采用的保证率：高速公路、一级公路的基层、底基层为99%，面层为95%；其他公路的基层、底基层为95%，面层为90%。

2）弯沉代表值大于验收弯沉值时，相应分项工程应为不合格。

3）二级及二级以下公路，当路基和粒料类基层、底基层的弯沉代表值不符合要求时，可将超过$\bar{l} + (2\sim3)S$的弯沉特异值舍弃；对舍弃的弯沉值大于$\bar{l} + (2\sim3)S$的点，应找出其周围界限进行局部处理，并对弯沉进行复测后重新计算平均值和标准差。高速公路、一级公路不得舍弃特异值。

例：某新建高速公路竣工后，测得某段沥青路面的弯沉值见表5-6，路面验收弯沉值为40（0.01mm），试判断该路段的弯沉值是否符合要求（高速公路保证率系数为95%）。

表5-6 弯沉值检测结果 （精确至0.01mm）

序号	1	2	3	4	5	6	7	8	9	10	11
l_i	30	29	31	28	27	26	33	32	30	30	31

（续）

序号	12	13	14	15	16	17	18	19	20	21	22
l_i	29	27	26	32	31	33	31	30	29	28	28

解： 经计算：$\bar{l}$ =29.6（0.01mm），S=2.09（0.01mm），α =95%，n=22，查 T 分布概率系数表，有 $t_\alpha/\sqrt{n}$ =0.367，弯沉代表值为弯沉检测值的上波动界限，即

$$l_r = \bar{l} + S \cdot t_\alpha/\sqrt{n} = 29.6 + 2.09 \times 0.367 = 30.4（0.01mm）$$

因为弯沉代表值 $l_r < l_d$ =40（0.01mm），所以该路段的弯沉值满足要求。

巩固训练

1. 复习本任务内容。

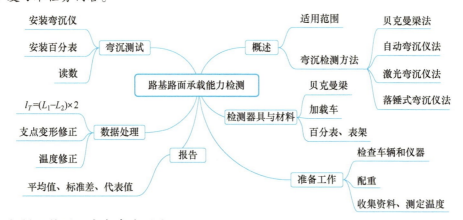

2. 扫描二维码，完成在线测试。

项目 5
任务三测试

3. 在某高速公路水泥稳定碎石路面基层施工的质量验收过程中，测得20个弯沉值如下：28、31、34、27、32、33、26、28、32、29、33、36、26、27、27、31、29、34、35、29（单位0.01mm）。该路段的验收弯沉值为 40（0.01mm）。试计算该路段路面的弯沉代表值，并判断是否合格。

（1）计算：$\bar{l}$ =_____，S=_____。

（2）弯沉代表值（写公式和过程）：l_r =_____。

（3）判定：_____。

4. **任务单：** 根据《现场测试规程》采用贝克曼梁测试弯沉值；依据《检评标准》进行质量评定；填写路基路面弯沉试验检测记录表（贝克曼梁法），见表5-7。

表 5-7　路基路面弯沉试验检测记录表（贝克曼梁法）

实验室名称：　　　　　　　　　　　　　　　　　记录编号：

工程部位 / 用途				委托 / 任务编号		
试验依据				样品编号		
试验条件				样品名称		
样品描述				试验日期		
主要仪器设备及编号						
起止桩号				结构层次		
弯沉仪类型		测试车车型		后轴重 /kN		
左侧轮胎气压 /MPa		右侧轮胎气压 /MPa		路基干湿状态		
前 5d 平均气温 /℃		路面结构类型		路面厚度 /mm		
季节修正系数		保证率系数		剔除系数	设计弯沉值 /0.01mm	

桩号	车道	路表温度 /℃	左侧 /0.01mm			右侧 /0.01mm		
			初读数	终读数	回弹弯沉	初读数	终读数	回弹弯沉

测点数		标准差		$t_d / \sqrt{n}$	
设计弯沉值 /mm		弯沉平均值 /mm		弯沉代表值 /mm	
备注：					

试验：　　　　　　复核：　　　　　　　　　　　　日期：　　　年　　　月　　　日

项目 6 >>>

路基路面平整度检测

　　平整度是指道路表面相对于理想平面的竖向偏差。路面的平整度与路面各结构层次的平整状况有着一定的联系，即各层次的平整效果将累计反映到路面表面上。路面面层由于直接与车辆及大气接触，不平整的表面将会增大行车阻力，并使车辆产生附加振动作用，这种振动作用会造成行车颠簸，影响行车的速度、安全及驾驶体验。同时，振动作用还会对路面施加冲击力，从而加剧路面和汽车的磨损，并增大汽车油耗。而且，不平整的路面会积滞雨水，加速路面的破坏。因此，平整度的检测与评定是公路施工与养护的一个非常重要的环节。

　　平整度的测试设备分为断面类及反应类两大类。断面类设备用于测试路面表面凹凸情况，如常用的三米直尺及连续式平整度仪，其他的车载式激光平整度仪、手推式断面仪可通过精确测定高程得到。反应类设备用于测试路面凹凸引起车辆振动的颠簸情况，这种颠簸情况是驾驶员和乘客直接感受到的舒适性能指标，常用的测试设备是车载式颠簸累积仪，现已有更新型的自动化测试设备，如纵断面分析仪、路面平整度数据采集系统测试车等。平整度检测设备比较见表 6-1。

👷 职业小贴士

　　公路在社会发展中起到了举足轻重的作用，从"有路走→走好路→智能路"的发展轨迹中可见一斑。在其发展过程中，必须要肯定当前公路从业人员职业道德现状的主流是积极、上升、进步的，爱岗敬业的思想已经形成，从业者主体意识不断增强、道德观念不断更新、道德价值不断强化，正是有许多不求索取、只讲奉献的交通人带领着公路事业不断向前发展。

表 6-1　平整度检测设备比较

检 测 设 备	特　　点	检测项目	技 术 指 标
三米直尺	可用于碾压成型后的路基路面各层表面；设备简单，可间断测试，工作效率低	凹凸程度	最大间隙 h/mm
连续式平整度仪	不适用于有较多坑槽、破损严重的路面；设备较复杂，可连续测试，工作效率高	凹凸程度	标准差 σ/mm
车载式激光平整度仪	可用于正常通车条件下的路面；设备复杂，工作效率高，可连续测试	凹凸程度	国际平整度指数 IRI/（m/km）
手推式断面仪	可用于正常通车条件下的路面；设备较复杂，工作效率不高	凹凸程度	国际平整度指数 IRI/（m/km）
车载式颠簸累积仪	不适用于有严重坑槽、车辙等病害的路面；设备复杂，工作效率高，可连续测试	舒适性	单向累计值 VBI/（cm/km）

《检评标准》对部分路基、路面、路面基层和底基层的平整度要求见表 6-2。

表 6-2　路基、路面、路面基层、底基层的平整度要求

结 构 类 型		技 术 指 标	规定值或允许偏差		检查方法与频率
			高速公路一级公路	其 他 公 路	
土方路基		h/mm	≤ 15	≤ 20	三米直尺：每 200m 测 2 处 ×5 尺
水泥混凝土面层		σ/mm	≤ 1.32	≤ 2.0	平整度仪：全线每车道连续检测，每 100m 计算 σ、IRI
		IRI/（m/km）	≤ 1.32	≤ 2.0	
		h/mm	≤ 3	≤ 5	三米直尺：每 200m 测 2 处 ×5 尺
沥青混凝土面层和沥青碎（砾）石面层		σ/mm	≤ 1.2	≤ 2.5	平整度仪：全线每车道连续检测，每 100m 计算 σ、IRI
		IRI/（m/km）	≤ 2.0	≤ 4.2	
		h/mm	—	≤ 5	三米直尺：每 200m 测 2 处 ×5 尺
稳定粒料类级配碎石、填石	基层	h/mm	≤ 8	≤ 12	三米直尺：每 200m 测 2 处 ×5 尺
	底基层	h/mm	≤ 12	≤ 15	

任务一 三米直尺测定平整度

三米直尺
测定平整度

📋 **[学习目标]**

1. 熟悉三米直尺测试平整度常用设备及检测方法；掌握检测相关仪器材料的组成、检测流程及数据处理方法。

2. 能使用三米直尺检测路基路面平整度，能进行试验数据处理分析和质量评定，并编制报告。

用一定长度（3m）的金属直尺，放在被测试路的表面上，由于路表面高低不平，故与直尺间存在间隙，则测量出的路表面与直尺间的最大间隙即可作为路面平整度指标，单位为"mm"。三米直尺检测平整度的原理如图 6-1 所示。

图 6-1 三米直尺检测平整度的原理

《现场测试规程》中的 T 0931—2008 适用于用三米直尺测试路表与三米直尺基准面的最大间隙（δ_m），用以表征路表平整度，适用于碾压成型后的路基路面各层表面的平整度测定。

一、仪器与材料

1）三米直尺：测量基准面长度为 3m，基准面应平直，用硬木或铝合金钢等材料制成。

2）最大间隙测量器具：

① 楔形塞尺：由硬木或金属制成的三角形塞尺，有手柄。塞尺的长度与高度之比不小于 10，宽度不大于 15mm，边部有高度标志，分度值不大于 0.5mm。

② 深度尺：由金属制成的深度测量尺，有手柄。深度尺的测量杆端头直径不小于 10mm，分度值不大于 0.5mm。

3）其他：皮尺或钢尺、粉笔等。

主要仪器与材料如图6-2所示。

二、准备工作

图6-2　主要仪器与材料

1）确定测试方式。当测试沥青路面施工过程中的质量时，应以单尺方式测试，且测试位置应选在接缝处；其他情况一般以连续10尺方式测试。

2）选择测试位置。除特殊需要外，应以行车道一侧车轮轮迹（距车道线0.8~1.0m）作为连续测试的位置。对既有道路已形成车辙的路面，应取车辙中间位置作为测试位置。

3）清扫路面测试位置处的碎石、杂物等。

三、测试步骤

1）将三米直尺摆在测试位置的路面上。

2）目测三米直尺底面与路面之间的间隙情况，确定间隙为最大的位置。

3）将具有高度标线的塞尺塞进最大间隙处，测其高度 h（mm），准确至0.5mm。

测试示意如图6-3所示。

四、数据处理与评定

图6-3　三米直尺检测平整度测试示意

以单尺方式检测路面的平整度时，以三米直尺与路面的最大间隙为测试结果；以10尺方式测试时，应判断每尺的最大间隙（δ_m）是否合格，并计算合格率，还要计算10个最大间隙的平均值。合格率按下式计算：

$$合格率 = 合格尺数 / 总测尺数 \times 100\% \tag{6-1}$$

巩固训练

1. 复习本任务内容。

2. 扫描二维码，完成在线测试。

项目 6
任务一测试

3. 任务单：选择检测路段（200m），根据《现场测试规程》采用三米直尺检测路基路面平整度，并计算平均值与合格率；根据《检评标准》对路基路面平整度进行质量评定，填写路基路面平整度试验检测记录表（三米直尺法），见表 6-3。

表 6-3　路基路面平整度试验检测记录表（三米直尺法）

检测单位名称：　　　　　　　　　　　　　　　记录编号：

工程名称		工程部位 / 用途											
样品信息													
试验检测日期			试验条件										
检测依据			判定依据										
主要仪器设备名称及编号													
检测路段		规定值				结构层次							
序号	桩号及位置	各点实测值 /mm										平均值 /mm	不合格尺数	合格率（%）
		1	2	3	4	5	6	7	8	9	10			
结论：														

检测：　　　　　记录：　　　　　复核：　　　　　　日期：　　年　　月　　日

连续式平整度仪测定平整度

连续式平整度仪
测试路基路面平
整度

📋 **[学习目标]**

1. 熟悉连续式平整度仪测试平整度的方法；掌握检测相关主要仪器设备的组成、检测流程及数据处理方法。

2. 能使用连续式平整度仪检测路面平整度，能进行试验数据处理分析和质量评定，并编制报告。

连续式平整度仪测试平整度是按一定采样间距量测路表面与连续式平整度仪机架的基准点之间距离的单向偏差（凸起或凹下），以一定长度区间的标准差 σ（以"mm"为单位）反映路面的平整度。标准差越大，路表面越不平整。

高速公路和一级公路的各种路面，采用连续式平整度仪进行连续测试。《现场测试规程》中的 T 0932—2008 适用于连续式平整度仪测试路面纵向相对高程的标准差（σ），用以表征路面的平整度；不适用于在有较多坑槽、破损严重的路面上测试。

一、主要仪器设备

1）连续式平整度仪。

① 整体结构：连续式平整度仪的构造如图 6-4 所示。除特殊情况外，连续式平整度仪的标准长度为 3m；中间为一个 3m 长的机架，机架可缩短或折叠，前后各 4 个行走轮，前后两组轮的轴间距离为 3m。

② 地面高差测量传感器：安装在机架中间，可以是能起落的测量轮，或是激光测距仪。

③ 其他辅助机构：蓄电池电源，距离传感器，与数据采集、处理、存储、输出部分配套的采集控制箱及计算机、打印机等。

④ 测试间距为 100mm，每一计算区间的长度为 100m 并输出一次结果。

⑤ 可记录测试长度（m）、曲线振幅大于某一定值（如 3mm、5mm、8mm、10mm 等）的次数、曲线振幅的单向（凸起或凹下）累计值且以 3m 机架为基准的中点路面偏差曲线图，可进行计算及打印。

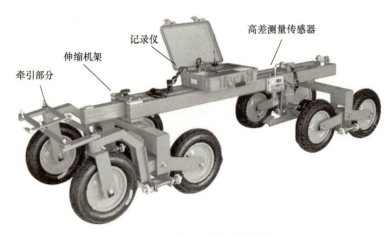

牵引部分　伸缩机架　记录仪　高差测量传感器

图 6-4　连续式平整度仪的构造

⑥ 机架装有一个牵引钩及手拉柄，可用人力或汽车牵引。

2）牵引车：小面包车或其他小型牵引汽车。

3）皮尺或测绳。

二、准备工作

1）当施工过程中有质量控制需要时，测试地点根据需要决定；当有路面工程质量检查验收或路况评定需要时，通常以行车道一侧车轮轮迹带作为连续测试的标准位置。对已形成车辙的路面，取一侧车辙的中间位置作为测点位置。

2）清扫路面测试位置处的碎石、杂物等。

3）检查仪器测试箱各部分应完好、灵敏，测定轮胎气压正常，并将各连接线接好，安装好记录设备。

三、试验步骤

1）将连续式平整度仪置于测试路段路面的起点上，要保证测试轮位置在轮迹带范围内。

2）在牵引汽车的后部，将连续式平整度仪与牵引汽车连接好，按照要求依次完成各项操作。

3）起动牵引汽车沿道路纵向行驶，注意汽车的横向位置要保持稳定。

4）确认连续式平整度仪工作正常。牵引连续式平整度仪的速度应保持匀速且沿车道方向行驶，速度宜为 5km/h，最大不得超过 12km/h。在测试路段较短时，也可用人力拖拉连续式平整度仪测试路面的平整度，但拖拉时应保持匀速前进。

四、结果整理与评定

1）以 100m 长度为一个计算区间，按下式计算该区间内采集的位移值（d_i）的标准差 σ_i，即该区间的平整度，保留 1 位小数。

$$\sigma_i = \sqrt{\frac{\sum d_i^2 - (\sum d_i)^2 / N}{N - 1}} \tag{6-2}$$

式中　σ_i——各计算区间的平整度标准差（mm）；

$\quad\quad d_i$——以 100m 为一个计算区间，每隔一定距离（自动采集间距为 100mm，人工采集间距为 1.5m）采集的路面凹凸偏差位移值（mm）；

$\quad\quad N$——计算区间用于计算标准差的测试数据数量。

2）报告中应填写平整度的平均值、标准差和变异系数。

巩固训练

1. 复习本任务内容。

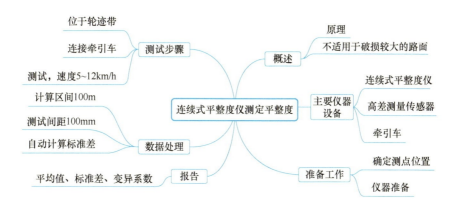

2. 扫描二维码，完成在线测试。

项目 6
任务二测试

3. 任务单：选择 200m 检测路段，根据《现场测试规程》采用连续式平整度仪检测路基路面平整度，并计算平均值、标准差和变异系数；根据《检评标准》对路基路面平整度进行质量评定，填写路基路面平整度试验检测报告（连续式平整度仪），见表 6-4。

表 6-4　路基路面平整度试验检测报告（连续式平整度仪）

实验室名称：　　　　　　　　　　　　　　报告编号：

委托 / 施工单位		委托编号	
工程名称		样品编号	
工程部位 / 用途		试验依据	
样品描述		判定依据	
主要仪器设备及编号			
检测方法		结构层次	

序号	桩号	车道	平整度测定值 /mm	平整度规定值 /mm	结果判定

测点数		平整度平均值 /mm		平整度标准差 /mm		变异系数（%）	

检测结论：

备注：

试验：　　　　　审核：　　　　签发：　　　　　　　　日期：　　年　　月　　日

抗滑性能和渗水系数检测

路面表面应具有足够的抗滑性能，以保证行车安全。抗滑性能是路面的表面特性，用轮胎与路面间的摩擦系数来表示。路面的表面特性包括路面表面的微观构造及宏观构造。沥青路面的渗水系数是反映路面沥青混合料级配组成的一个间接指标，也是沥青路面水稳定性的一个重要指标。

路面抗滑性能和渗水系数指标见表 7-1。

表 7-1　路面抗滑性能和渗水系数指标

结 构 类 型	检 查 项 目		规定值或允许偏差		检查方法和频率
			高速公路一级公路	其 他 公 路	
水泥混凝土面层	抗滑构造深度 /mm	一般路段	0.7~1.1	0.5~1.0	铺砂法：每 200m 测 1 处
		特殊路段	0.8~1.2	0.6~1.1	
	横向力系数 SFC	一般路段	≥ 50	—	每 20m 测 1 点
		特殊路段	≥ 55	≥ 50	
沥青混凝土面层和沥青碎（砾）石面层	摩擦系数		满足设计要求	—	摆式仪：每 200m 测 1 处；横向力系数测试车：全线连续
	构造深度		满足设计要求	—	铺砂法：每 200m 测 1 处
	渗水系数 /（mL/min）	SMA 路面	≤ 120	—	渗水试验仪：每 200m 测 1 处
		其他沥青混凝土路面	≤ 200		

沈金安（1941— ），著名公路专家，参与"七五"及"八五"国家科技攻关"高等级公路半刚性基层沥青路面抗滑表层成套技术""道路沥青及沥青混合料路用性能的研究"专题，均获国家科技进步奖二等奖。负责主编《公路工程沥青及沥青混合料试验规程》（JTJ 052—1993）、《公路沥青路面施工技术规范》（JTG F40—2004）等，参与修订《公路工程集料试验规程》（JTJ 058—2000），这些规范和标准为我国公路、城市道路建设起到了重要作用。

任务一

手工铺砂法测定路面构造深度

📋 [学习目标] ------------------------------------

1. 熟悉手工铺砂法测试路面构造深度的方法及质量要求；掌握检测相关仪具与材料的组成、检测流程及数据处理方法。

2. 能采用手工铺砂法检测路面构造深度，能进行试验数据处理分析和质量评定，并编制报告。

路面表面的微观构造深度是指集料表面的粗糙度，它随车轮的反复磨耗而逐渐被磨光。通常采用石料磨光值（PSV）表征抗磨光的性能。微观构造在低速（30~50km/h）时对路面表面的抗滑性能起决定作用，而在高速时起主要作用的是宏观构造，它是由路面表面外露的集料之间形成的构造，功能是使车轮下的路面表面水迅速排除，以避免形成水膜。宏观构造用构造深度表示。

路面构造深度是指路面表面开口空隙的平均深度，即宏观构造深度（TD），以"mm"为单位，用以评定路面表面的宏观粗糙度、路面表面的排水性能及抗滑性能。常用的路面构造深度测试方法有：手工铺砂法、电动铺砂法和激光构造深度仪法，见表7-2。

表 7-2 几种构造深度测试方法的比较

测 试 方 法	检测原理及特点
手工铺砂法	将一定量的标准砂铺在路面上，计算嵌入凹凸不平的表面空隙中的砂的体积与覆盖面积之比。该方法是目前最为基本和常用的方法，但该方法受人为影响的误差较大
电动铺砂法	同手工铺砂法的原理相同，但弥补了手工铺砂法受人为影响而测量不准确的缺陷，实际操作时不是将全部砂都填入凹凸不平的空隙中，而是在玻璃板上摊铺后通过比较求得
激光构造深度仪法	本方法用来测定沥青路面干燥表面的构造深度，具有测试数据准确及速度快的优点，在我国高速公路检测中使用较多。本方法测试的构造深度与上述两种铺砂法有良好的相关关系，用上述两种铺砂法测得的构造深度值明显高于用本方法测得的深度值，需进行换算

《现场测试规程》中的 T 0961—1995 手工铺砂法适用于测试沥青路面及无刻槽水泥混凝土路面表面的构造深度，用以评定路面表面的抗滑性能。其原理是：将已知体积的细砂摊铺在所要测试的路面表面的测点上，量取摊平砂的圆形直径；然后计算嵌入凹凸不平的表面空

隙中的砂的体积与所覆盖面积的比值，从而求得构造深度。

手工铺砂法测试
路面构造深度

一、仪具与材料

1）手工铺砂仪：由量砂筒、推平板组成，如图 7-1 所示。

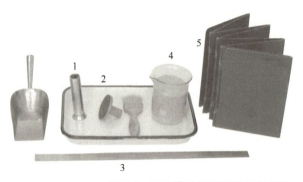

图 7-1　手工铺砂法所用仪具与材料
1—量砂筒　2—推平板　3—刮平尺　4—量砂　5—挡风板

① 量砂筒：形状、尺寸如图 7-2 所示，一端是封闭的，容积为（25±0.15）mL，可通过称取量砂筒中水的质量以确定其容积 V，并调整其高度，使容积符合要求。量砂筒附有专用的刮尺将筒口量砂刮平。

② 推平板：形状、尺寸如图 7-3 所示，推平板应为木制或铝制，直径 50mm，底面粘一层厚 1.5mm 的橡胶片，上面有一圆柱把手。

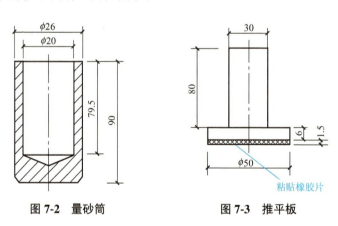

图 7-2　量砂筒　　　　　**图 7-3　推平板**

2）量砂：足够数量的干燥洁净的匀质砂，粒径 0.15~0.3mm。
3）量尺：钢直尺或专用构造深度尺。
4）其他：装砂容器、扫帚或毛刷、挡风板等。

二、准备工作

1）量砂准备：取洁净的细砂晾干、过筛，取 0.15~0.3mm 的砂置于适当的容器中备用。量砂只能在路面使用一次，不得重复使用。

2）对测试路段按《现场测试规程》T 0902 规定的方法选取测点所在的横断面位置，同时测点应选在行车道的轮迹带上，且距路面边缘不应小于 1m。

三、试验步骤

1）用扫帚或毛刷将测点附近的路面清扫干净，面积不小于 30cm×30cm。

2）用小铲向圆筒中缓慢注入准备好的量砂至高出量筒呈尖顶状，手提圆筒上部，用钢尺轻轻叩打圆筒中部 3 次，并用刮尺沿筒口一次刮平，如图 7-4 所示。注意不可直接用量砂筒装量砂，以免影响量砂密度的均匀性。

a) b) c)

图 7-4 装砂步骤

a）装砂 b）轻叩 3 次 c）刮平

3）将砂倒在路面上，用推平板由里向外重复摊铺运动，稍用力将砂向外均匀摊开，使砂填入路表面的空隙中，尽可能将砂摊成圆形，并不得在表面上留有浮动余砂，如图 7-5 所示。注意摊铺时不可用力过大或向外推挤。

4）用钢直尺测量构成圆的两个垂直方向的直径，取其平均值，精确至 1mm。也可用专用尺直接测量构造深度。

5）按上述方法，同一处平行测试不少于 3 次，3 个测点均位于轮迹带上，测点间距为 3~5m，如图 7-6 所示。对同一处的测试应该由同一个试验员进行测试，该处的测试位置以中间测点的位置表示。

图 7-5 推平

图 7-6 测点位置

四、数据处理

1）构造深度测定结果按下式计算：

$$TD = \frac{1000V}{\pi D^2/4} = \frac{31831}{D^2} \qquad (7-1)$$

式中　TD——路面表面构造深度（mm）；

　　　V——砂的体积（25cm³）；

　　　D——推平砂的平均直径（mm）。

2）每一处测试位置均取3次路面构造深度的测定结果的平均值作为试验结果，精确至0.01mm。当平均值小于0.2mm时，试验结果以<0.2mm表示。

3）计算每一个评定区间路面构造深度的平均值、标准差、变异系数。

巩固训练

1. 复习本任务内容。

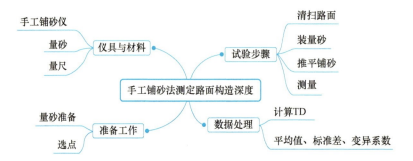

2. 扫描二维码，完成在线测试。

项目7
任务一测试

3. 任务单：选择检测路段（200m），根据《现场测试规程》采用手工铺砂法测试路面构造深度；根据《检评标准》进行质量评定，填写路面构造深度试验检测记录表（手工铺砂法），见表7-3。

表 7-3　路面构造深度试验检测记录表（手工铺砂法）

检测单位名称：　　　　　　　　　　　　　　记录编号：

工程名称	
工程部位 / 用途	
样品描述	

试验检测日期		试验条件	
检测依据		判定依据	

主要仪器设备名称及编号	

检测路段		混合料类型		设计构造深度 /mm		

桩号	位置	砂体积 /cm³	摊平砂直径 /mm			构造深度 /mm	平均值 /mm	结果判定
			1	2	平均			

质量评定	检测点数 /n		平均值 /mm	
	标准差 /mm		变异系数（%）	
	最小值 /mm		最大值 /mm	
	合格点数		合格率（%）	

结论：

检测：　　　记录：　　　复核：　　　　　日期：　　年　　月　　日

任务二

摆式仪测定摩擦系数

[学习目标]

1. 熟悉摆式仪测试摩擦系数的方法及质量要求，掌握相关检测器具及材料的组成、检测流程及数据处理方法。

2. 能采用摆式仪检测路面的摩擦系数，能进行试验数据处理分析和质量评定，并编制报告。

路面抗滑性能是指车辆受到制动时沿路面表面滑移所产生的力，影响路面抗滑性能的因素有路面摩擦系数、路面潮湿程度和行车速度。测定路面摩擦系数主要是测定摆值 BPN（摆式摩擦系数值 BPN）和横向力系数 SFC。

1）测定摆值的原理是：为了模拟汽车以一定速度行驶时，汽车轮胎与路面表面之间的摩擦作用，使具有一定质量和一定长度的摆锤从一定高度自由下摆时，让摆锤底面的橡胶片与路面表面接触并滑动一定长度，由于克服摩擦力而损耗部分能量，摆锤回摆不到起始高度，摆锤的位能损失等于安装于摆臂末端橡胶片滑过路面时克服路面摩擦所做的功，所以回摆高度越小，与起始高度的差值越大，说明摩擦系数越大。摆值是摆式仪的刻度值，为摩擦系数的 100 倍。摆式仪属于轻便型测量仪器，它具有结构简单、操作方便、数据稳定的优点。

2）横向力系数是用标准的摩擦系数测试车测定的，当测试车与行车方向呈一定角度且以一定速度行驶时，轮胎与潮湿路段之间的摩擦阻力与接触面积的比值，称为路面横向力系数，代号 SFC，无量纲。一般用标准的摩擦系数测试车测定沥青路面或水泥混凝土路面的横向力系数，测试结果可作为竣工验收或使用期评定路面抗滑能力的依据。

摆式仪测试路面
摩擦系数

《现场测试规程》中的 T 0964—2008 适用于以指针式摆式仪测试无刻槽水泥路面和沥青路面的摆值。

一、检测器具及材料

1）摆式仪：形状及结构如图 7-7 所示，测试时由人工通过指针在度盘上直接读取数值，摆值最小刻度为 2。

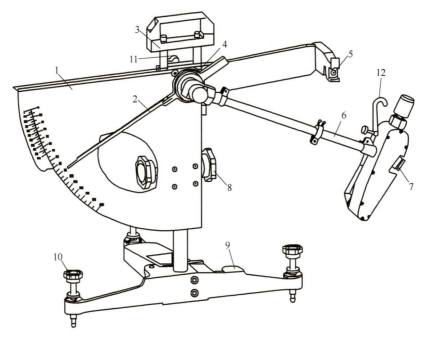

图 7-7　摆式仪的形状及结构

1—度盘　2—指针　3—紧固把手　4—松紧调节螺栓　5—释放开关　6—摆锤
7—滑溜块　8—升降旋钮　9—水准泡　10—调平螺栓　11—紧固旋钮　12—举升柄

2）橡胶片：尺寸为 6.35mm × 25.4mm × 76.2mm。橡胶片使用后，端部在长度方向上磨耗超过 1.6mm 或边缘在宽度方向上磨耗超过 3.2mm，或有油类污染时，应更换新橡胶片。新橡胶片应先在干燥路面上测试 10 次后再正式用于测试。橡胶片的有效使用期从出厂日期起算为 12 个月。

3）滑动长度量尺：长 126mm。

4）其他：洒水壶、硬毛刷、路面温度计（分度值不大于 1℃）、皮尺或钢卷尺、扫帚、粉笔等。

二、准备工作

1）检查摆式仪的调零灵敏情况，并定期进行仪器的标定。

2）对测试路段按随机取样选点的方法选定测点，每个测试位置布设 3 个测点，测点间距为 3~5m，以中心测点的位置表示该测试位置。测试位置应选在车道横断面上轮迹处，且距路面边缘不应小于 1m。

3）用扫帚或其他工具将测点处的路面打扫干净。

三、测试步骤

1. 仪器调平

1）将仪器置于路面测点上，并使摆锤的摆动方向与行车方向一致。

2）转动底板上的调平螺栓，使水准泡居中，如图 7-8 所示。

2. 指针调零

1）放松紧固旋钮，转动升降旋钮，使摆升高并能自由摆动，然后旋紧紧固旋钮。

2）将摆锤固定在右侧悬臂上，使摆锤处于水平位置，并把指针拨至右端与摆杆贴紧。

3）用右手按下释放开关，使摆锤向左带动指针摆动，当摆锤达到最高位置后刚开始下落时，用左手将摆杆接住，此时指针应指零。

4）指针若不指零，通过转动松紧调节螺栓进行调整后，重复1）~3）的步骤，直至指针指零，调零允许误差为 ±1。

指针调零如图7-9所示。

图 7-8   仪器调平   图 7-9   指针调零

3. 校核滑动长度

校核滑动长度示意如图7-10所示，校核步骤如下：

1）让摆锤处于自然下垂状态，松开紧固旋钮，转动升降旋钮使摆锤下降，并提起举升柄使摆锤向左侧移动；然后放下举升柄使橡胶片的长边下缘轻轻触地，在边侧紧靠橡胶片处摆放滑动长度量尺，使量尺左端对准橡胶片的触地下缘；再提起举升柄使摆锤向右侧移动，然后放下举升柄使橡胶片下缘轻轻触地，检查橡胶片下缘是否与滑动长度量尺的右端齐平。若齐平，则说明橡胶片两次触地的距离（滑动长度）符合（126±1）mm 的要求。左右两次橡胶片的长边边缘应以刚接触路面为准，不可借摆锤的力量向前滑动，以免标定的滑动长度与实际不符。

2）橡胶片两次触地与滑动长度量尺两端若不齐平，可通过升高或降低摆锤或仪器底座的高度进行调整。微调时，也可用旋转仪器底座上的调平螺栓来调整仪器底座高度的方法，但需注意保持水准泡居中。

3）重复1）~2）的步骤，直至滑动长度符合（126±1）mm 的要求。

4. 摆值测试

1）将摆锤固定在右侧悬臂上，使摆锤处于水平位置，并把指针拨至右端靠紧摆杆。

2）用洒水壶向测点处路面洒水，使路面处于湿润状态，如图7-11所示。

3）按下右侧悬臂上的释放开关，使摆锤在路面滑过。当摆杆回落时，用手接住摆杆并读数，但不做记录。

4）重复1）和3）的操作5次，记录每次测得的摆值。5个摆值中最大值与最小值的差值不得大于3。如差值大于3，应重复上述各项操作，直至摆值符合规定为止。

5）在测点处用温度计测定潮湿路表的温度，准确到1℃。

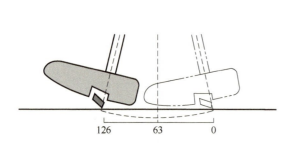

图 7-10 校核滑动长度示意

图 7-11 摆值测试

重复以上动作，完成一个测试位置 3 个测点的摆值测定，测点间距为 3~5m。

四、数据处理

1）计算每个测点 5 个摆值的平均值作为该测点的摆值 BPN_t，取整数。

2）摆值的温度修正。当路面温度为 t（℃）时测得的摆值为 BPN_t，必须按下式换算成标准温度 20℃时的摆值 BPN_{20}：

$$BPN_{20}=BPN_t+\Delta BPN \qquad (7\text{-}2)$$

式中　BPN_{20}——换算成标准温度 20℃时的摆值；

　　　BPN_t——路面温度 t 时测得的摆值；

　　　ΔBPN——温度修正值，按表 7-4 采用。

表 7-4　温度修正值

温度 t/℃	0	5	10	15	20	25	30	35	40
温度修正值 ΔBPN	−6	−4	−3	−1	0	+2	+3	+5	+7

3）计算每个测试位置 3 个测点摆值的平均值作为该测试位置的摆值，取整数。

4）计算一个测试路段摆值的平均值、标准差、变异系数。

巩固训练

1. 复习本任务内容。

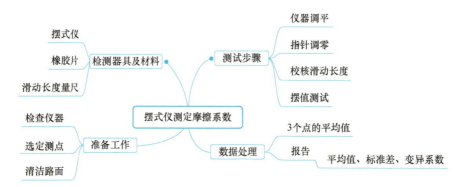

2. 扫描二维码，完成在线测试。

项目 7
任务二测试

3. 某路段沥青混凝土面层抗滑性能检测，摩擦系数的 10 个检测值（BPN）分别为：58、56、60、53、48、54、50、61、57、55，求摩擦系数的平均值、中位数、极差、标准差、变异系数。

① 平均值 =_____（保留整数）。

② 中位数 =_____（保留整数）。

③ 极差 =_____（保留整数）。

④ 标准差 =_____（保留 2 位小数）。

⑤ 变异系数 =_____%（保留 1 位小数）。

4. 任务单：选择检测路段（200m），根据《现场测试规程》采用摆式仪检测路面摩擦系数；根据《检评标准》进行质量评定，填写路面摩擦系数试验检测记录表（摆式仪法），见表 7-5。

表 7-5 路面摩擦系数试验检测记录表（摆式仪法）

检测单位名称： 记录编号：

工程名称										
工程部位 / 用途										
样品信息										
试验检测日期				试验条件						
检测依据				判定依据						
主要仪器设备名称及编号										
检测路段				混合料类型						
标定滑动长度 /cm			设计抗滑值			路面温度 /℃				

桩号	车道位置	测点位置	每次 BPN_t 测值					单点 BPN_t	ΔBPN	BPN_{20} 平均值	结果判定
			1	2	3	4	5				
		前									
		中									
		后									
		前									
		中									
		后									
		前									
		中									
		后									
		前									
		中									
		后									
		前									
		中									
		后									

摩擦系数评定	检测点数 /n		平均值 /BPN	
	标准差 /BPN		变异系数（%）	
	最小值 /BPN		最大值 /BPN	
	合格点数 /n		合格率（%）	

结论：

检测： 记录： 复核： 日期： 年 月 日

沥青路面渗水系数检测

　　一般情况下，沥青路面应该是密实、不透水的。如果整个沥青路面渗水过大，路面表面的水就会向下渗透进入基层或路基，使路面承载力降低，导致路面结构发生破坏。为了使沥青路面结构具有良好的水稳定性，应该限制沥青路面面层的渗水性。因此，沥青混合料配合比设计需要对试件进行渗水试验，其渗水系数应满足要求；在沥青路面成型后应立即测试路面表层的渗水系数，以检验沥青混合料面层的施工质量。渗水系数是指在规定的初始水头压力下，单位时间内渗入路面规定面积的水的体积，用 C_W 表示，单位为 mL/min。

沥青路面渗水
系数检测

　　《现场测试规程》中的 T 0971—2019 沥青路面渗水系数测试方法适用于在路面现场测定沥青路面的渗水系数。

一、器具与材料

　　渗水系数检测所用的仪器如图 7-12 所示。

　　1）路面渗水仪：如图 7-13 所示的路面渗水仪，上部盛水量筒由透明有机玻璃制成，容积为 600mL，上有刻度，在 100mL 及 500mL 处有粗线，下方通过直径 10mm 的细管与底座相接，中间有一开关。量筒通过支架连接，底座下方开口内径为 150mm，外径为 220mm。仪器附压重钢圈两个，每个质

图 7-12　渗水系数检测所用的仪器

127

量约 5kg，内径为 160mm。

2）套环：金属圆环，宽度为 5mm，内径为 145mm，主要作用是防止密封材料被挤压进入测试面而导致渗水面积不一致。

3）密封材料：防水腻子、油灰或橡皮泥。

4）其他：水筒、大漏斗、秒表、水、红墨水、粉笔、扫帚等。

二、准备工作

1）每个测试位置按照随机选点的方法随机选择 3 个测点，并用粉笔画上测试标志。

2）试验前，先用扫帚清扫表面，并用刷子将路面表面的杂物刷去。

3）新建沥青路面的渗水试验宜在沥青路面碾压成型后 12h 内完成。

三、测试步骤

1）将塑料圈置于路面表面的测点上，用粉笔分别沿塑料圈的内侧和外侧画圈，在外圈和内圈之间的部分就是需要用密封材料进行密封的区域。

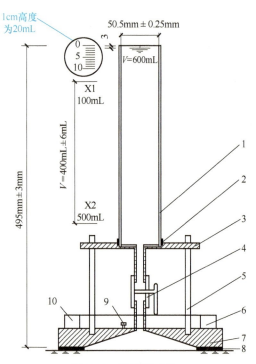

图 7-13　路面渗水仪

1—盛水量筒　2—螺纹连接　3—顶板　4—阀　5—立柱支架　6—压重钢圈　7—底座　8—密封材料　9—排气孔　10—套环

2）用密封材料对环状密封区域进行密封处理，注意不要使密封材料进入内圈，如果密封材料不小心进入内圈，必须用刮刀将其刮走。然后再将搓成拇指粗细的条状密封材料摆在环状密封区域的中央，并且摆成一圈（图 7-14）。

3）将套环放在路面表面的测点上，注意使套环的中心尽量和圆圈中心重合，然后略微使劲将套环压在条状密封材料表面；采用同样的方法将渗水仪放在套环上并对中，施加压力将渗水仪压在套环上，再将压重钢圈加上，以防压力水从底座与路面之间流出（图 7-15）。

图 7-14　密封处理

图 7-15　安装仪器

4）将开关及排气孔关闭，向量筒中注水超过 100mL 刻度，然后打开开关和排气孔，使量筒中的水下流排出渗水仪底部的空气。当量筒中水面下降速度变慢时，用双手轻压渗水仪，使渗水仪底部的气泡全部排出。当水自排气孔顺畅排出时，关闭开关和排气孔，并再次向量筒中注水超过 100mL 刻度。

5）将开关打开，待水面下降超过 100mL 刻度时，立即开动秒表计时，计时 3min 后立即记录水量，结束试验。当计时不到 3min 而水面已下降至 500mL 刻度时，立即记录水面下降至 500mL 刻度时的时间，结束试验。当开关打开后 3min 内水面无法下降至 500mL 刻度时，则开动秒表计时，测定 3min 内的渗水量即可结束试验（图 7-16）。

图 7-16 渗水测试

6）测试过程中，如水从底座与密封材料之间渗出，则说明底座与路面之间的密封不好，此试验结果为无效。关闭开关，采用密封材料补充密封，重新按步骤 4）~5）测试。如果仍然有水渗出，应在同一纵向位置沿宽度方向就近选择位置，重新按照步骤 1）~5）测试。

7）测试过程中，如水从外圈以外路面中渗出，可以人工将密封材料在外圈之外 5cm 宽度范围内再次进行密封处理，重新按步骤 4）~5）测试，只要密封范围内无水渗出，则认为试验结果为有效。

8）重复 1）~7）的步骤，测试 3 个测点的渗水系数。

四、数据处理与报告

1）沥青路面的渗水系数按式（7-3）计算，即

$$C_W = \frac{V_2 - V_1}{t_2 - t_1} \times 60 \tag{7-3}$$

式中 C_W——路面渗水系数（mL/min）；

V_1——第一次读数时的水量（mL），通常为 100mL；

V_2——第二次读数时的水量（mL），通常为 500mL；

t_1——第一次读数时的时间（s）；

t_2——第二次读数时的时间（s）。

以 3 个测点渗水系数的平均值作为该测试位置的结果，准确至 1mL/min。

① 计算时以水面从 100mL 下降至 500mL 所需要的时间（不大于 3min）为标准，渗水系数为

$$C_W = \frac{V_2 - V_1}{t_2 - t_1} \times 60 = \frac{500 - 100}{t_2 - 0} \times 60 = \frac{2400}{t_2}$$

② 若渗水时间过长（超过 3min），也可采用 3min 通过的水量计算，即

$$C_W = \frac{V_2 - V_1}{t_2 - t_1} \times 60 = \frac{V_2 - 100}{180 - 0} \times 60 = \frac{V_2 - 100}{3}$$

2）试验报告应包括以下技术内容：

① 测试位置信息（桩号、路面类型等）。

② 测试位置的渗水系数（3 个测点的平均值）。

巩固训练

1. 复习本任务内容。

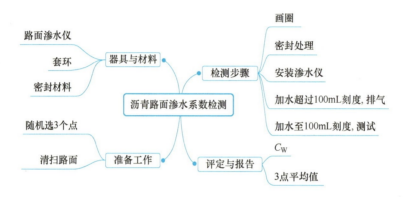

2. 扫描二维码，完成在线测试。

项目 7
任务三测试

3. 任务单：选择检测路段（200m），根据《现场测试规程》采用路面渗水仪测定沥青路面渗水系数；根据《检评标准》进行质量评定，填写路面渗水试验检测记录表，见表 7-6。

表 7-6 路面渗水试验检测记录表

检测单位名称：   记录编号：

工程名称								
工程部位 / 用途								
样品信息								
试验检测日期				试验条件				
检测依据				判定依据				
主要仪器及编号								
检测路段				结构层次				
混合料类型				设计渗水系数				
桩号	位置	t_1/s	t_2/s	V_1/mL	V_2/mL	渗水系数 / (mL/min)	平均值 / (mL/min)	结果判定
渗水系数评定	检测点数 /n				平均值 / (mL/min)			
	标准差 / (mL/min)				变异系数 (%)			
	最小值 / (mL/min)				最大值 / (mL/min)			
	合格点数				合格率 (%)			

结论：

检测：   记录：   复核：   日期：   年   月   日

项目 8 >>>>

桥涵地基承载力检测

地基是指支撑基础的土体或岩体。基础是指建筑物、构筑物和各种设施在地面以下的组成部分，其作用是将上部结构所承受的各种作用、荷载传递到地基上。

地基承载力是指在保证建筑物安全可靠，并符合正常使用要求的前提下，地基土在单位面积上所能承受荷载的能力，通常用荷载强度（kPa）表示。地基承载力的确定要考虑两方面的要求：①基础沉降量不超过允许值；②保证地基有足够的稳定性。

地基承载力的确定有三种途径：①现场原位测试；②利用理论公式获取；③根据土的性质指标按规范方法确定，适用规范为《公路桥涵地基与基础设计规范》（JTG 3363—2019）（以下简称《基础设计规范》）。

原位测试是指在岩土体原有的位置上，在保持土的天然结构、天然含水率以及天然应力状态条件下测试岩土性质，如浅层平板载荷试验、标准贯入试验、动力触探、静力触探、原位直剪试验、十字板剪切试验、旁压试验、波速测试等，可对地基进行分层并评价地基的稳定性和承载力。

👤 职业榜样

黄熙龄（1927—2021），地基基础工程专家，中国工程院院士。黄熙龄主要从事地基计算、处理，土的性质与基础工程等的专题研究，并参加重大工程的设计、施工或咨询等工作。他还出版了多部地基与基础著作，于1987年主编《膨胀土地区建筑技术规范》（GBJ 112—1987），其系统性、技术性达到了国际水平，同时编著有《地基基础设计与计算》等著作。

任务一 ▶▶▶
浅层平板载荷试验确定地基承载力

📋 **[学习目标]**

1. 熟悉浅层平板载荷试验的原理，掌握试验设备及安装、现场测试要点及数据处理方法。

2. 能进行浅层平板载荷试验，能进行试验数据处理分析和质量评定，并编制报告。

平板载荷试验适用于检测天然土质地基、岩石地基及采用换填、预压、压实、挤密、强夯、注浆处理后的人工地基的承压板下应力影响范围内的承载力和变形参数。《基础设计规范》将其分为浅层平板载荷试验、深层平板载荷试验和岩基载荷试验。

浅层平板载荷试验适用于确定浅层地基土，破碎、极破碎岩石地基的承载力和变形参数；深层平板载荷试验适用于确定深层地基土和大直径桩的桩端土的承载力和变形参数，试验深度不应小于3m；岩基载荷试验适用于确定完整、较完整、较破碎岩石地基的承载力和变形参数。工程验收检测的平板载荷试验，最大加载量不应小于设计承载力特征值的2倍；岩石地基载荷试验，最大加载量不应小于设计承载力特征值的3倍；为设计提供依据的载荷试验，应加载至极限状态。

一、浅层平板载荷试验原理

浅层平板载荷试验是在试验土层表面放置一定规格的方形或圆形刚性承压板，在其上逐级施加荷载。根据试验记录绘制荷载-沉降（P-S）关系曲线，如图8-1所示。然后分析地基土的强度与变形特性，求得地基承载力特征值与地基变形模量等。

分析载荷试验由开始加荷载使地基变形到破坏的全过程，并结合P-S曲线，可以把地基变形分为三个阶段，如图8-2~图8-4所示。

1）压密阶段：该阶段的P-S曲线接近于直线，沉降的主要原因是地基土被压缩。土中各点剪应力均小于土的抗剪强度，土体处于稳定的弹性平衡状态，如图8-1中的Oa段。

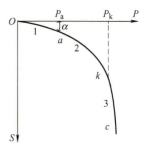

图8-1 P-S曲线

2）局部剪切阶段：a 点后的 $P\text{-}S$ 曲线不再呈直线关系（ak 段），地基中已有局部区域（称为塑性变形区）的剪应力达到了土的抗剪强度，首先在基础边缘处出现。随着荷载的持续增加，地基土中塑性区的范围也逐步扩大，直到出现连续的滑动面。这一阶段，基础沉降有较大的增加。

3）破坏阶段：超过 k 点后，塑性变形区已扩大到形成一个连续的剪裂面，促使地基土向基础四周挤出，地面隆起，基础急剧沉陷，以致完全丧失稳定性。

图 8-2　压密阶段　　　　　　　　图 8-3　局部剪切阶段

图 8-4　破坏阶段

二、试验设备及安装

载荷试验设备由稳压加载装置、反力装置和沉降观测装置三部分组成，如图 8-5 所示。利用高压液压泵（高压油泵），通过稳压器及反力锚定装置，将压力稳定地传递到承压板。根据现场情况，也可采用地锚代替压重，也可二者兼用。总的要求是加载、卸载要既简便、又安全，并对试验的沉降量观测不产生影响。

1）承压板面积不应小于 0.25m²，特殊情况下应符合下列规定：

① 对软土地基不应小于 0.5m²。

② 对复合地基不应小于一根桩加固的面积。

③ 对强夯处理后的地基，不应小于 2.0m²。

2）试验基坑的宽度不应小于承压板宽度 b 或直径 d 的 3 倍；应保持试验土层的原状结构和天然湿度。宜在拟试压表面用厚度不超过 20mm 的粗砂或中砂层找平。

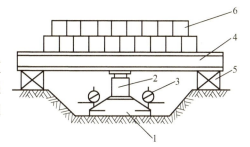

图 8-5　现场载荷试验
1—承压板　2—千斤顶　3—百分表　4—反力梁
5—枕木垛　6—压重

三、现场测试要点

1）正式试验前宜进行预压，预压荷载宜为最大加载量的 5%，预压时间宜为 5min。预压后卸载至零，然后测读位移测量仪表上的初始读数，测读完成后应将测量仪表重新调整零位。

2）加载分级不应少于 8 级，最大加载量不应小于设计要求的 2 倍。

任务二 ›››

规范法确定地基承载力

掌握采用规范法确定地基承载力的方法。

地基设计采用正常使用极限状态，所选的地基承载力为地基承载力特征值。地基承载力的验算，应以修正后的地基承载力特征值 f_a 控制。该值是在地基原位测试或《基础设计规范》给出的各类岩土承载力特征值 f_{a0} 的基础上，根据基础的基底埋深、宽度及地基土的类别，经修正后确定。

一、确定地基承载力特征值 f_{a0}

按规范法确定地基承载力，首先要确定土的类别名称，然后再确定土的状态等指标，最后再确定地基承载力特征值 f_{a0}。

1. 确定土的类别

公路桥涵地基的岩土根据塑性指数、粒径、工程地质特性等可分为岩石、碎石土、砂土、粉土、黏性土和特殊性岩土。

1）岩石为颗粒之间牢固连接，呈整体或具有节理裂隙的地质体。

2）碎石土为粒径大于 2mm 的颗粒含量超过总质量 50% 的土。

3）砂土为粒径大于 2mm 的颗粒含量不超过总质量 50% 且粒径大于 0.075mm 的颗粒超过总质量 50% 的土。

4）粉土为塑性指数 $I_p \leq 10$ 且粒径大于 0.075mm 的颗粒含量不超过总质量 50% 的土。

5）黏性土为塑性指数 $I_p > 10$ 且粒径大于 0.075mm 的颗粒含量不超过总质量 50% 的土。

6）特殊性土是指具有一些特殊成分、结构和性质的区域性地基土，包括软土、膨胀土、湿陷性土、红黏土、冻土、盐渍土和填土等。

2. 确定地基承载力特征值 f_{a0} 的方法

根据岩土类别，状态，物理、力学特性指标及工程经验确定地基承载力特征值 f_{a0} 时，可根据表 8-2~ 表 8-8 确定。

1）一般岩石地基可根据强度等级、节理按表 8-2 确定其承载力特征值 f_{a0}。对复杂的岩层

（如溶洞、断层、软弱夹层、易溶岩石、崩解性岩石、软化岩石等），应按各项因素综合确定。

表 8-2　岩石地基承载力特征值 f_{a0} （单位：kPa）

坚硬程度	节理发育程度		
	节理不发育	节理发育	节理很发育
坚硬岩、较硬岩	>3000	3000~2000	2000~1500
较软岩	3000~1500	1500~1000	1000~800
软岩	1200~1000	1000~800	800~500
极软岩	500~400	400~300	300~200

2）碎石土地基可根据其类别和密实程度按表 8-3 确定其承载力特征值 f_{a0}。

表 8-3　碎石土地基承载力特征值 f_{a0} （单位：kPa）

土　名	密实程度			
	密　实	中　密	稍　密	松　散
卵石	1200~1000	1000~650	650~500	500~300
碎石	1000~800	800~550	550~400	400~200
圆砾	800~600	600~400	400~300	300~200
角砾	700~500	500~400	400~300	300~200

注：1. 由硬质岩组成，填充砂土的取高值；由软质岩组成，填充黏性土的取低值。
　　2. 半胶结的碎石土按密实的同类土提高 10%~30%。
　　3. 松散的碎石土在天然河床中很少遇见，需特别注意鉴定。
　　4. 漂石、块石参照卵石、碎石取值并适当提高。

3）砂土地基可根据土的密实度和水位情况按表 8-4 确定其承载力特征值 f_{a0}。

表 8-4　砂土地基承载力特征值 f_{a0} （单位：kPa）

土　名	湿　度	密实程度			
		密　实	中　密	稍　密	松　散
砾砂、粗砂	与湿度无关	550	430	370	200
中砂	与湿度无关	450	370	330	150
细砂	水上	350	270	230	100
	水下	300	210	190	—
粉砂	水上	300	210	190	—
	水下	200	110	90	—

4）粉土地基可根据土的天然孔隙比 e 和天然含水率 w（%）按表 8-5 确定其承载力特征值 f_{a0}。

表 8-5　粉土地基承载力特征值 f_{a0}　（单位：kPa）

e	w（%）					
	10	15	20	25	30	35
0.5	400	380	355	—	—	—
0.6	300	290	280	270	—	—
0.7	250	235	225	215	205	—
0.8	200	190	180	170	165	—
0.9	160	150	145	140	130	125

5）老黏性土地基可根据压缩模量 E_s 按表 8-6 确定其地基承载力特征值 f_{a0}。

表 8-6　老黏性土地基承载力特征值 f_{a0}

E_s/MPa	10	15	20	25	30	35	40
f_{a0}/kPa	380	430	470	510	550	580	620

注：当老黏性土 E_s<10MPa 时，地基承载力特征值 f_{a0} 按一般黏性土（表 8-7）确定。

6）一般黏性土可根据液性指数 I_L 和天然孔隙比 e 按表 8-7 确定其地基承载力特征值 f_{a0}。

表 8-7　一般黏性土地基承载力特征值 f_{a0}　（单位：kPa）

e	I_L												
	0	0.1	0.2	0.3	0.4	0.5	0.6	0.7	0.8	0.9	1.0	1.1	1.2
0.5	450	440	430	420	400	380	350	310	270	240	220	—	—
0.6	420	410	400	380	360	340	310	280	250	220	200	180	—
0.7	400	370	350	330	310	290	270	240	220	190	170	160	150
0.8	380	330	300	280	260	240	230	210	180	160	150	140	130
0.9	320	280	260	240	220	210	190	180	160	140	130	120	100
1.0	250	230	220	210	190	170	160	150	140	120	110		
1.1	—	—	160	150	140	130	120	110	100	90			

注：1. 土中含有粒径大于 2mm 的颗粒质量超过总质量 30% 以上的，f_{a0} 可适当提高。
　　2. 当 e<0.5 时，取 e=0.5；当 I_L<0 时，取 I_L=0。此外，超过表列范围的一般黏性土，f_{a0}=57.22$E_s^{0.57}$。
　　3. 一般黏性土的地基承载力特征值 f_{a0} 的取值大于 300kPa 时，应有原位测试数据作依据。

7）新近沉积黏性土地基可根据液性指数 I_L 和天然孔隙比 e 按表 8-8 确定其地基承载力特征值 f_{a0}。

表 8-8　新近沉积黏性土地基承载力特征值 f_{a0}　　　　　（单位：kPa）

e	I_L		
	≤ 0.25	0.75	1.25
≤ 0.8	140	120	100
0.9	130	110	90
1.0	120	100	80
1.1	110	90	—

二、地基承载力特征值的修正

1. 基底尺寸与埋深的修正

地基承载力不仅与地基土的性质和状态有关，而且与基础底面尺寸和埋置深度有关。因此，当基底宽度 $b>2m$，基础埋置深度 $h>3m$，且 $h/b ≤ 4$ 时，地基的承载力特征值应进行修正，修正后的地基承载力特征值 f_a 可按式（8-2）计算，当基础位于水中不透水地层以上时，f_a 可按平均常水位至一般冲刷线的水深按 10kPa/m 提高。

$$f_a = f_{a0} + k_1 \gamma_1 (b-2) + k_2 \gamma_2 (h-3) \tag{8-2}$$

式中　f_{a0}——前述查表所得地基承载力特征值（kPa）；

b——基础底面的最小边宽或直径（m），当 $b>10m$ 时，取 $b=10m$ 计算；当 $b<2m$ 时，取 $b=2m$；

h——基础底面的埋置深度（m），自天然地面起算，有水流冲刷时自一般冲刷线起算；当 $h<3m$ 时，取 $h=3m$；当 $h/b>4$ 时，取 $h=4b$；

k_1、k_2——基础宽度、深度的修正系数，根据基底持力层土的类别查表 8-9 确定；

γ_1——基底持力层上的天然密度（kN/m^3）；若持力层在水面以下且为透水性质，应取浮密度；

γ_2——基底以上土层的加权平均密度（kN/m^3）；换算时若持力层在水面以下，且不透水时，不论基底以上土的透水性质如何，一律取饱和密度；当透水时，水中部分土层则应取浮密度。

表 8-9 基础宽度、深度修正系数 k_1、k_2

系数	黏性土				粉土	砂土									碎石土			
	老黏性土	一般黏性土		新近沉积黏性土	—	粉砂		细砂		中砂		砾砂、粗砂		碎石、圆砾、角砾		卵石		
		$I_L \geqslant 0.5$	$I_L < 0.5$		—	中密	密实	中密	密实	中密	密实	中密	密实	中密	密实	中密	密实	
k_1	0	0	0	0	0	1.0	1.2	1.5	2.0	2.0	3.0	3.0	4.0	3.0	4.0	3.0	4.0	
k_2	2.5	1.5	2.5	1.0	1.5	2.0	2.5	3.0	4.0	4.0	5.5	5.0	6.0	5.0	6.0	6.0	10.0	

注：1. 对稍密和松散状态的砂、碎石土，k_1、k_2 值可采用表列中密值的 50%。
　　2. 强风化和全风化的岩石，可参照所风化成的相应土类取值；其他状态下的岩石不修正。

2. 软土地基承载力特征值的修正

软土地基承载力特征值 f_{a0} 应由载荷试验或其他原位测试取得。载荷试验和原位测试确有困难时，对于中小桥、涵洞基底未经处理的软土地基，修正后的地基承载力特征值 f_a 可采用以下两种方法确定：

① 根据原状土天然含水率 w，按表 8-10 确定软土地基承载力特征值 f_{a0}，然后按式（8-3）计算修正后的地基承载力特征值 f_a：

$$f_a = f_{a0} + \gamma_2 h \tag{8-3}$$

式中　γ_2、h 的意义同式（8-2）。

表 8-10 软土地基承载力特征值 f_{a0}

天然含水率 w（%）	36	40	45	50	55	65	75
f_{a0}/kPa	100	90	80	70	60	50	40

② 根据原状土强度指标确定修正后的软土地基承载力特征值 f_a：

$$f_a = \frac{5.14}{m} k_p C_u + \gamma_2 h \tag{8-4}$$

$$k_p = \left(1 + 0.2\frac{b}{l}\right)\left(1 - \frac{0.4H}{blC_u}\right) \tag{8-5}$$

式中　m——抗力修正系数，可根据软土灵敏度及基础长宽比等因素选用 1.5~2.5；

　　　　C_u——地基土不排水抗剪强度标准值（kPa）；

　　　　k_p——系数；

　　　　H——由作用（标准值）引起的水平力（kN）；

　　　　b——基础宽度（m），有偏心作用时，取 $b-2e_b$；

　　　　l——垂直于 b 边的基础长度（m），有偏心作用时，取 $l-2e_l$；

　　e_b、e_l——偏心作用在宽度和长度方向的偏心距。

经排水固结方法处理的软土地基，其承载力特征值 f_{a0} 应通过载荷试验或其他原位测试方法确定；经复合地基方法处理的软土地基，其承载力特征值应通过载荷试验确定；然后按式（8-3）计算修正后的软土地基承载力特征值 f_a。

巩固训练

1. 复习本任务内容。

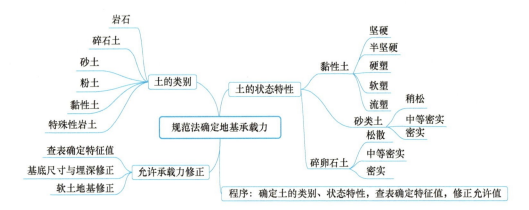

2. 扫描二维码，完成在线测试。

项目8
任务二测试

钻孔灌注桩检测

钻孔灌注桩是公路桥梁常用的基础形式，先采用人工或机械钻孔（一般用泥浆护壁），然后下钢筋笼，再浇筑水下混凝土，具有桩径大、桩身长、承载能力高等优点；但由于地下施工、水下施工，质量难以保证。

钻孔灌注桩检测主要有四个方面：①施工前的检验，即原材料检验、配合比检验、施工机具检验等；②施工过程检验，即孔形孔径检测、泥浆性能检测等；③基桩完整性检验，主要采用低应变反射波法、超声波法和钻孔取芯法；④基桩承载力检测，即静荷载试验和动力试验（高应变法）。基桩检测的方法见表 9-1。

表 9-1　基桩检测方法一览

检 测 方 法		检测目的及内容
成孔质量检测		检测混凝土灌注桩成孔的孔径、孔深、桩孔倾斜度及沉淀厚度
单桩竖向抗压静载试验		确定单桩竖向抗压极限承载力；评判竖向抗压承载力是否满足设计要求；通过桩身内力测试，测定桩侧及桩端阻力
单桩竖向抗拔静载试验		确定单桩竖向抗拔极限承载力；评判竖向抗拔承载力是否满足设计要求；通过桩身内力测试，测定抗拔桩的桩侧阻力
单桩水平静载试验		确定单桩水平临界荷载和极限承载力，推定土抗力参数；评判水平承载力或水平位移是否满足设计要求；通过桩身内力测试，测定桩身弯矩
高应变法		分析桩侧和桩端土的阻力，推算单桩轴向抗压极限承载力；检测桩身缺陷及位置，评判桩身完整性类别；沉桩过程监控
低应变反射波法		检测桩身缺陷及位置，评判桩身完整性类别
超声波法	折射法	检测灌注桩中声测管之间混凝土的均匀性，以及桩身缺陷和位置，评判桩身完整性类别
	透射法	检测灌注桩钻芯孔周围混凝土的均匀性，以及桩身缺陷和位置，辅助评判桩身完整性类别
钻孔取芯法		检测灌注桩的桩长、桩身混凝土强度、桩底沉淀厚度、桩身缺陷及位置，评判桩身完整性类别；评判桩端持力层岩土的性状

公路建设行业职业道德是从业人员在长期的实践中形成的职场文化，是从业人员与社会逐步衔接的标志与体现。公路建设行业职业道德要把社会主义核心价值观的基本要求与道德实践结合起来，引导从业人员以爱岗敬业、诚实守信、办事公道、奉献社会为中心思想的职业道德观。

随着现代社会分工的发展和专业化程度的增强，市场竞争日趋激烈，整个社会对从业人员职业观念、职业态度、职业技能、职业纪律和职业作风的要求越来越高，要大力倡导以爱国守法、明礼诚信、团结友善、勤俭自强、敬业奉献为主要内容的职业道德规范。

成孔质量检测——泥浆性能检测

📖 [学习目标] --------------------------------

1. 熟悉成孔检测项目及检测方法。

2. 能进行泥浆性能三大指标（相对密度、含砂率和黏度）的检测；能进行试验数据处理分析和质量评定，并编制报告。

成孔质量检测的主要项目有桩位偏差检测、桩位倾斜度检查、孔径和垂直度检测、桩底沉淀土厚度检测、泥浆性能检测等。

1）桩位偏差是指成桩后的位置与设计位置的差距。成桩后要对实际桩位进行复测，用全站仪测量桩的中心位置，看其是否满足设计规定和相应规范对桩位中心位置偏差的要求。

2）桩的孔径和垂直度检测是成孔质量检测的两项重要内容，目前有钢筋笼检测法、伞形孔径仪检测法和声波检测法三种方法，这三种方法也可同时检测孔径和垂直度。

3）桩底沉淀土厚度极大地影响桩端承载力的发挥，因此在施工过程中必须严格控制桩底沉淀土的厚度，工程中常用的检测方法有垂球法、电阻率法和电容法。

成孔质量检测的依据是《检评标准》，钻（挖）孔灌注桩成孔质量标准见表 9-2。

表 9-2　钻（挖）孔灌注桩成孔质量标准

项次	检 查 项 目			规定值或允许偏差	检查方法和频率
1	混凝土强度 /MPa			在合格标准内	按《公路工程质量检验评定标准　第一册　土建工程》（JTG F80/1—2017）附录 D 检查
2	桩位 /mm	群桩		≤ 100	全站仪：每个桩测中心坐标
		排架桩	允许值	≤ 50	
			极值	≤ 100	
3	孔深 /m			≥设计值	测绳：测量每个桩
4	孔径 /mm			≥设计值	探孔器或超声波成孔检测仪：测量每个桩
5	钻孔倾斜度 /mm			≤ 1%S，且 ≤ 500	钻杆垂线法或超声波成孔检测仪：测量每个桩

（续）

项次	检 查 项 目	规定值或允许偏差	检查方法和频率
6	沉淀厚度 /mm	满足设计要求	沉淀盒或测渣仪：测量每个桩
7	桩身完整性	满足设计要求；设计未要求时，每个桩不低于 Ⅱ 类	满足设计要求；设计未要求时，采用低应变反射波法或超声波法检测每个桩

注：S 为桩长，计算规定值或允许偏差时以 mm 为单位。

在岩土地层钻孔过程中，一般要采取护壁措施。泥浆作为钻探的冲洗液，除了起护壁作用外，还具有携带岩土钻渣、冷却钻头、堵漏等功能，泥浆性能的好坏直接影响钻进效率和生产安全。

钻孔泥浆一般由水、黏土（或膨润土）和添加剂按适当配合比配制而成。直径大于 2.0m 的大直径钻孔灌注桩对泥浆的要求较高，泥浆的选择应根据钻孔的工程地质情况、孔位、钻机性能、泥浆材料条件等确定。在地质复杂、覆盖层较厚、护筒下沉不到岩层的情况下，宜使用丙烯酰胺（PHP）泥浆，此泥浆的特点是不分散、低固相、高黏度。

根据《桥施规》，清孔后，泥浆的相对密度宜控制在 1.03~1.10，对冲击成孔的桩可适当提高泥浆的相对密度，但不宜超过 1.15，黏度宜为 17~20Pa·s，含砂率宜小于 2%，胶体率宜大于 98%。孔底沉淀厚度应不大于设计的规定；设计未规定时，对桩径小于或等于 1.5m 的摩擦桩宜不大于 200mm，对桩径大于 1.5m 或桩长大于 40m 以及土质较差的摩擦桩宜不大于 300mm，对支承桩宜不大于 50mm。

施工现场检测的泥浆三大指标为相对密度、黏度和含砂率。

泥浆相对密度检测

一、相对密度 ρ_x

泥浆的相对密度是指泥浆与 4℃时同体积水的质量之比，可用泥浆相对密度计测定（图 9-1）。

图 9-1　泥浆相对密度计

（1）校正仪器　先在泥浆杯中装满清水，盖好杯盖，使多余清水从盖上小孔溢出，擦干泥浆杯周围的水珠，把游动砝码移到刻度 1 位置（横梁上的"1-2"位置），如水平管中水泡位于中间，则仪器是准确的；如水平管中水泡不在中间，则可在配重管内取出或加入重物来调整。

（2）泥浆相对密度检测　倒出泥浆杯中清水并擦干净；将待测泥浆注入杯中，盖好杯盖，让多余泥浆溢出，擦净泥浆杯周围的泥浆；移动游动砝码使横梁呈水平状态（水平管中水泡位于中间）。游动砝码左侧所示刻度即为泥浆的相对密度。

如工地无上述仪器，可用一个水杯替代，先称其质量，设为 m_1；再装满清水称其质量为 m_2；再倒去清水，装满泥浆并擦去杯周溢出的泥浆，称其质量为 m_3，则

$$\rho_x=（m_3-m_1）/（m_2-m_1） \tag{9-1}$$

二、黏度 η

泥浆黏度检测

黏度是指液体或混合液体在运动时各分子或颗粒之间产生的内摩擦阻力，一般用标准漏斗黏度计测定，如图 9-2 所示。测定时，用两端开口的量杯分别量取 200mL 和 500mL 泥浆，通过滤网滤去砂砾大颗粒后，将 700mL泥浆均注入漏斗；然后使泥浆从漏斗流出，流满 500mL 量杯所需时间（s）即为所测泥浆的黏度。

校正方法：漏斗中注入 700mL 清水，流出 500mL，所需时间应是 15s，其偏差如超过 ±1s，测量泥浆时应校正。例如清水流出时间为 17s，泥浆流出时间为 20s，则 $\eta=20s+$（15–17）s=18s。

三、含砂率

含砂率检测

含砂率是指泥浆内所含的砂和黏土颗粒的体积百分比，一般用含砂率计测定，所用仪器有 1000mL、500mL 和 250mL 三种规格，常用的是 250mL含砂率计（图 9-3）。

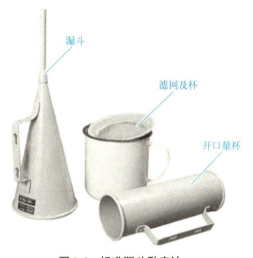

图 9-2　标准漏斗黏度计

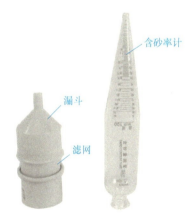

图 9-3　含砂率计

测定时，把调制好的泥浆 100mL 倒进含砂率计，加清水至 250mL，将仪器口塞紧，摇动 1min，使泥浆与水混合均匀；将混合泥浆倒入 0.074mm 滤网，让砂留在滤网上，并用清水冲洗仪器和滤网，将余砂留在滤网上；将滤网反置，用清水将砂冲洗入含砂率计中，直到清水加满至 250mL；再将仪器竖直静放 3min，仪器下端沉淀物的体积（由仪器上刻度示出）即为含砂率。

四、胶体率

胶体率是指泥浆静止后，其中呈悬浮状态的黏土颗粒与水分离的程度，以百分比表示，反映泥浆中土粒保持悬浮状态的性能。测定时，将 100mL 的泥浆放入干净的量杯中，用玻璃板盖上，静置 24h 后，量杯上部的泥浆澄清为透明的水，量杯底部存有沉淀物。假如测出透明水的体积为 5mL，则

$$胶体率 = \frac{100-5}{100} \times 100\% = 95\% \tag{9-2}$$

五、失水量和泥皮厚度

失水量（mL/30min）是指泥浆在钻孔内受内外水头压力差的作用，在一定时间内渗入地层的水量，一般用滤纸法测定。测定时，用一张 120mm×120mm 的滤纸置于水平玻璃板上，中央画一个直径 30mm 的圆圈，将 2mL 的泥浆滴于圆圈中心；30min 后，量算湿润圆圈的平均半径，减去泥浆坍平成泥饼的平均半径（mm）即为失水量。在滤纸上量出泥饼厚度即为泥皮厚度。泥皮越平坦、越薄，则泥浆质量越高，泥皮一般不宜厚于 3mm。

巩固训练

1. 复习本任务内容。

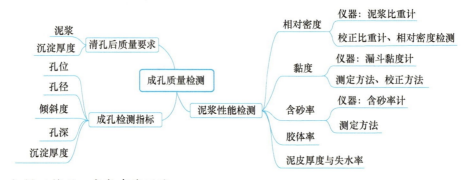

2. 扫描二维码，完成在线测试。

项目 9
任务一测试

3. 任务单：根据《桥施规》检测泥浆性能，填写泥浆性能试验检测记录表，见表 9-3。

表9-3　泥浆性能试验检测记录表

检测单位名称：　　　　　　　　　　　　　　　　　　　　　　　记录编号：

工程名称						
工程部位／用途						
样品信息						
试验检测日期				试验条件		
检测依据				判定依据		
主要仪器设备名称及编号						
钻孔方法				地层情况		
相对密度	顶部		中部		底部	平均值

黏度	部位	泥浆流满500mL量杯时间/s		黏度修正值	黏度/s	
					单值	平均值
	顶部					
	中部					
	底部					

含砂率	部位	含砂率计体积/mL		仪器下端沉淀物体积/mL	含砂率（%）	
					单值	平均值
	顶部					
	中部					
	底部					

胶体率	部位	100mL泥浆静置24h后上部水的体积/mL		100mL泥浆静置24h后下部沉淀物的体积/mL	胶体率（%）	
					单值	平均值
	顶部					
	中部					
	底部					

失水量及泥皮厚度	湿润圆圈的平均半径/mm		泥饼平均半径/mm	
	失水量/（mL/30min）	泥饼厚度/mm		泥皮厚度/mm

附加声明：

检测：　　　　　记录：　　　　　　复核：　　　　　日期：　　年　　月　　日

153

任务二

声波透射法检测基桩完整性

📋 [学习目标]

1. 熟悉声波透射法检测基桩完整性的原理,掌握检测相关仪器与设备的组成、检测流程及数据分析方法。

2. 能采用超声波仪检测基桩完整性,分析数据、波形,判断基桩缺陷,能进行试验数据处理分析和质量评定,并编制报告。

钻孔灌注桩桩身完整性检测依照《基桩检测》进行,检测方法有低应变反射波法、声波透射法和钻孔取芯法三种。

1)低应变反射波法具有仪器轻便、操作简单、检测速度快、成本低等特点,可检测桩身缺陷及缺陷的位置,判定桩身完整性类别,但检测深度有限,在桩基础工程质量普查中应用较广泛。

2)声波透射法需预埋声测管,测试操作较复杂,可检测灌注桩桩身缺陷及缺陷的位置,可有效判定桩身完整性类别。

经上述两种方法检测后,对桩身缺陷仍存在疑虑时,可用钻孔取芯法进行验证。

3)钻孔取芯法设备较笨重、操作复杂、成本高,但检验成果直观可靠。它可以检测桩长、桩身混凝土强度、桩底沉渣厚度,鉴别桩底岩土性状,准确地判定桩身完整性类别。基桩完整性分类见表9-4。

表9-4 基桩完整性分类

类　别	分 类 原 则
Ⅰ类桩	桩身完整
Ⅱ类桩	桩身有轻微缺陷,不会影响桩身结构承载力的正常发挥
Ⅲ类桩	桩身有明显缺陷,对桩身结构承载力有影响
Ⅳ类桩	桩身有严重缺陷,应进行工程处理

一、声波透射法基本原理

声波透射法是指在基桩预埋的声测管之间发射并接收超声波，通过实测超声波在混凝土介质中的传播时间、频率，以及振幅衰减、波形畸变等声学参数的变化，对桩身完整性进行检测，如图 9-4 所示。

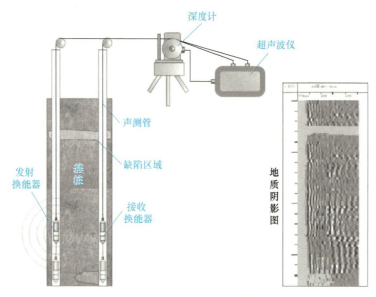

图 9-4　声波透射法基本原理

声波透射法检测基桩完整性具有以下优点：

1）检测细致，结果准确可靠。

2）不受桩长、桩径限制。

3）无盲区，声测管理到什么部位就检测到什么部位，包括检测桩顶低强区和桩底沉渣厚度等参数。

4）无须桩顶露出地面即可检测，方便施工。

5）可估算混凝土强度。

因此，声波透射法虽需预埋声测管，费用较高，但仍然得到广泛采用，特别是桥梁、高层建筑的大型、特大型灌注桩的检测。

混凝土检测中常用的声学参数为声速（波速）、振幅、频率以及波形（图 9-5）。

1. 声速 v

声速是指超声波在混凝土中传播的速度，是混凝土超声检测中的一个主要参数。混凝土的声速与混凝土的弹性性质、内部结构（孔隙、材料组成）有关。材料的弹性模量越高，内部越致密，其声速也越高，而混凝土的强度与其弹性模量、孔隙率（密实性）有密切关系。因此，混凝土的强度越高，其声速也越高；若混

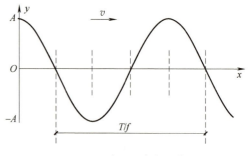

图 9-5　波形及参数示意

凝土内部有缺陷（空洞、蜂窝），则该处的声速将比正常部位要低；当超声波穿过裂缝传播时，所测得的声速也有所降低。

2. 振幅 A

振幅通常是指首波即第一个半波的前半波的幅值。在发出的超声波强度一定的情况下，接收到的振幅值的大小反映了超声波在混凝土中衰减的情况，而超声波的衰减情况又反映了混凝土的黏塑性能；衰减的大小即振幅的高低也能在一定程度上反映混凝土的强度。对于内部有缺陷或裂缝的混凝土，缺陷、裂缝使超声波反射或绕射，振幅也将明显减小，因此振幅值也是判断缺陷与裂缝的重要指标。由于振幅值的大小还取决于仪器设备的性能、所处的状态、耦合状况以及测距的大小，所以很难有统一的度量标准，目前只是用于在同条件（同一仪器、同一状态、同一测距）下进行相对比较。

3. 频率 f

在声波透射法检测中，由于电脉冲激发出的声脉冲信号是复频超声脉冲波，它包含了一系列不同频率成分的余弦波分量。这种含有各种频率成分的超声波在传播过程中，高频成分首先衰减（被吸收、散射），因此可以把混凝土看作是一种类似高频滤波器的介质：超声波越往前传播，其所包含的高频分量越少，则波的主频率也逐渐下降。主频率下降的多少除了与传播距离有关外，还取决于混凝土本身的性质（质量、强度）和内部是否存在缺陷、裂缝等，因此测量超声波通过混凝土后频率的变化可以判断混凝土质量和内部的缺陷、裂缝等情况。和振幅一样，接收波主频率的绝对值大小不仅取决于被测混凝土的性质和内部情况，也和所用仪器设备、传播距离有关，目前只能用于在同条件下进行相对比较。

4. 波形

波形是指在屏幕上显示的接收波波形。当超声波在传播过程中碰到混凝土内部的缺陷、裂缝或异物时，由于超声波的绕射、反射和传播路径的复杂化，直达波、反射波、绕射波等各类波相继到达接收换能器，它们的频率和相位各不相同，这些波的叠加会使波形畸变。因此，对接收波波形的研究分析有助于对混凝土内部质量及缺陷的判断。鉴于波形的变化受各种因素的影响，目前对波形的研究只能进行一般性质的观察、记录。

二、检测仪器与设备

检测仪器与设备包括超声波仪（接收放大器、数据采集和处理存储器）、换能器和深度计等，如图 9-6 所示。

1. 超声波仪

超声波仪分为数字式超声波仪与模拟式超声波仪两大类，目前常用的是数字式超声波仪。超声波仪应符合下列规定：

1）接收放大器的频带宽度为 5~200kHz，增益分辨率不低于 0.1dB，噪声有效值不大于 10μV；仪器动态范围不小于 100dB，测量允许误差小于 1dB。

2）声时测量范围大于 2000μs，声时分辨率优于 1μs，声时测量误差优于 2%。

3）数据采集和处理存储器的模 - 数转换不低于 8bit，采样频率不小于 10MHz，最大采样长度不小于 8kB。

2. 换能器

凡能实现电能和声能相互转换的换能器称为电声换能器，简称换能器。

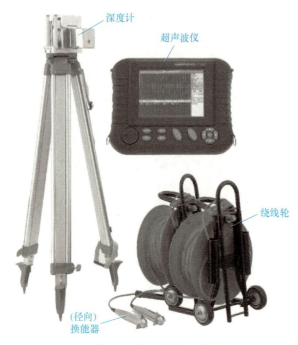

图 9-6　超声波检测系统

1）换能器的种类。换能器按其发射和接收的声波类型分为纵波换能器、横波换能器和表面波换能器，声波透射法检测主要使用纵波换能器。纵波换能器按其辐射面和振动方式分为平面换能器和径向换能器。平面换能器（图 9-7）的辐射面是平面，发射和接收平面波，用于结构表面上的测量，以润滑脂等膏体作耦合剂；径向换能器（图 9-8）利用压电体的径向振动发射和接收柱面波，用于在钻孔和管中测量，通常以水作耦合剂。

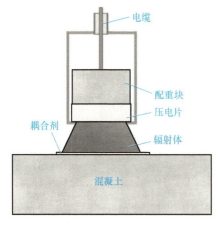

图 9-7　平面换能器

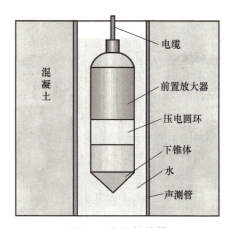

图 9-8　径向换能器

2）径向换能器应符合下列规定：
① 径向水平面无指向性。

② 谐振频率宜大于 25kHz。

③ 在 1MPa 水压下能正常工作。

④ 发射 / 接收换能器的导线均应有长度标注，其标注允许偏差不应大于 10mm（导线外皮材料为树脂的，长时间使用后会收缩，可用深度计对导线长度进行标定）。

⑤ 接收换能器宜带有前置放大器，频带宽度宜为 5~60kHz。

⑥ 单孔检测采用"一发双收"一体型换能器，其发射换能器到接收换能器的最近距离不应小于 300mm，两接收换能器的间距宜为 200mm。

3. 深度计

深度计为计数滑轮，内置角度传感器。滑轮半径为 r，则导线绕滑轮转动的弧长 $l=r\theta$，当导线提升或下降一定高度（一般设定为 100mm 或 200mm）时，超声波仪自动采集声速和振幅等数据，以及相应的深度位置。

三、声测管埋设

声测管是声波透射法测桩时换能器的上下通道，预先埋设在灌注桩内。声测管的选用及安装质量直接影响到测桩效果。声测管的埋设应符合下列规定：

1）当桩径小于 1000mm 时，应埋设两根管；当桩径大于或等于 1000mm 且小于或等于 1600mm 时，应埋设三根管；当桩径大于 1600mm 且小于 2500mm 时，应埋设四根管；当桩径大于或等于 2500mm 时，应增加声测管的数量，如图 9-9 所示。

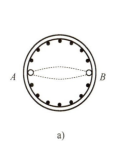 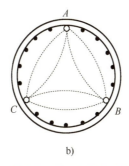 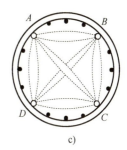

图 9-9　声测管埋设示意

a）双管　b）三管　c）四管

2）声测管应采用金属管，壁厚不应小于 2mm，其内径应比换能器外径大至少 15mm，金属管宜采用螺纹连接或套管焊接等工艺，且不渗漏，如图 9-10 所示。

3）声测管应牢固焊接或绑扎在钢筋笼的内侧，应均匀布置，且互相平行、定位准确，并埋设至桩底，管口宜高出混凝土顶高程 100mm，如图 9-11 所示。

4）声测管管底应封闭，管口应加盖。管底、管口及各连接部位应密封。

四、现场检测

在检测开始前或检测过程中应避免强的电流、磁场或与检测信号频率相当的其他振动的干扰。

超声波法检测桩的缺陷——现场检测流程

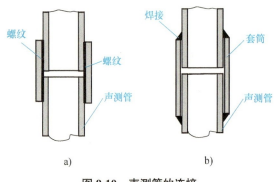

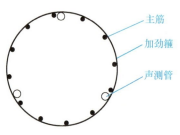

图9-10 声测管的连接

a）螺纹连接 b）套管焊接

图9-11 声测管安装示意

1. 检测前的准备工作

（1）检测时间 被检桩的混凝土强度不得低于设计强度的70%且不得小于15MPa，龄期不应少于7d。公路桥梁基坑内有多根桩，检测前应要求委托方提供每一根桩的浇筑时间，进场检测的时间取决于最晚浇筑的那根桩。

（2）声测管灌水 检测前先移去管顶盖子，注意所有声测管的管口高程应一致。正式检测前，宜采用通孔器在每个声测管中试走一遍，以确保声测管畅通，如发现堵塞，应尽量疏通。

注意，灌到声测管中的水应是清水，因为浑水灌进声测管后，其中悬浮的细小颗粒会加剧超声波的衰减，影响测试效果。

（3）声测管编号及检测顺序 声波透射法检测基桩经常会发现某个声测剖面有缺陷，这时需要确定缺陷所在的方位，以便复测或钻芯验证时确定出现问题的声测剖面，因此需要按一定规则对声测管进行编号。

声测管的布置以路线前进方向的顶点为起始点，按顺时针旋转方向进行编号和分组，每两根编为一组。施工后若没有声测管对准路线的前进方向，则应绘制声测管布置的方位示意图，以最接近路线前进方向的声测管为起始点，按图9-12对声测管及声测剖面进行编号。

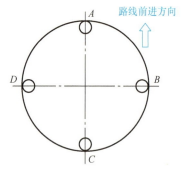

图9-12 声测管编号示意

（4）声时修正 声波透射法检测灌注桩的混凝土质量时，由超声波仪测得的声时t_i，除包括在混凝土中的传播时间t外，还包括系统延迟时间t_0、超声波在管壁中的传播时间t_t及超声波在管内水中的传播时间t_w。因此，应进行声时修正，将这三个时间（有些生产厂家将这三个时间统称为零声时或声时初读数）减去，得到超声波在混凝土中实际的传播时间。

1）系统延迟时间t_0。系统延迟时间是指超声波在超声波仪、换能器、电缆的电路及介质上的传输、延迟及转换时间，系统延迟时间取决于超声波仪、换能器、电缆，三者确定后，t_0就是一个定值，三者中的任何一个改变，则t_0相应地改变。

t_0的标定方法有线性回归法和长短测距法，前者精度较高，但后者的精度也能满足检测要求。

2）超声波在管壁中的传播时间 t_t。如图 9-13 所示，处于左侧充满水的声测管中的发射换能器，发出的超声波传播路径如下：先穿过发射换能器与左侧声测管内壁之间的水层，再穿过左侧声测管管壁；之后穿过两个声测管之间的混凝土，到达右侧声测管；穿过右侧声测管管壁后，继续穿过右侧声测管内壁与接收换能器之间的水层，最后到达接收换能器。一般情况下，发射/接收换能器的外径以及两个声测管的内外径均相等，则超声波在管壁中的传播时间为

$$t_t = \frac{D-d}{v_t} \tag{9-3}$$

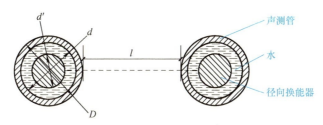

图 9-13　管壁及水中的传播时间计算

式中　t_t——超声波在管壁中的传播时间（μs）；

　　　D——声测管外径（mm）；

　　　d——声测管内径（mm）；

　　　v_t——超声波在钢中的传播速度（km/s），一般取 6.0km/s（须换算）。

3）超声波在管内水中的传播时间 t_w。超声波在管内水中的传播时间为

$$t_w = \frac{d-d'}{v_w} \tag{9-4}$$

式中　t_w——超声波在水中的传播时间（μs）；

　　　d'——径向换能器外径（mm）；

　　　v_w——超声波在水中的传播速度（km/s），一般取 1.483km/s（须换算）。

4）超声波在混凝土中实际传播时间 t 按下式修正：

$$t = t_i - t_0 - t_w - t_t \tag{9-5}$$

声时既可以在检测时修正，也可以在数据分析时修正。

（5）桩长测量与刻度标定

1）桩长测量：将桩顶标高设为"0.00"，用钢卷尺测量管顶标高，再用带刻度的换能器电缆测量桩长。

2）刻度标定：当设备使用一段时间后更换部分设备，或者环境温度变化较大时，电缆刻度会有一定误差，此时就需要进行标定。自动测桩仪提升装置的距离标定方法如下：将信号电缆提升一定高度（比如 50m），计算超声波仪上显示的高度差，把两个数据输入超声波仪内，仪器自动完成标定。

2. 现场检测

通常将发射换能器及接收换能器分别置于两根声测管的管底，从下往上检测。

（1）参数设置　设置超声波仪的各项参数，采样间隔一般设置为 0.4μs，大直径桩可适

当增加采样间隔。在对同一根桩的检测过程中，声波发射电压应保持不变，小直径桩可设为500V，大直径桩可设为1000V。

利用普通超声波仪手动检测时，测点间距不宜大于250mm。若采用自动测桩仪，测点间距一般设为100mm。

（2）正常部位的测试　提升过程中，应注意发射换能器与接收换能器以相同标高同步上升，累计相对高差不应大于20mm，并随时校正。若桩的质量较均匀，无异常，则测值变化不大，测试过程中不需要干预。

注意：仪器自动将第一个大于判读线的波设为首波，因此，真正的首波必须大于自动判读线，否则会丢波误判（图9-14）。

（3）异常部位的测试　若在测试过程中遇到异常，则声时会变大，仪器屏幕上的波形会向右移动，振幅变小，软件自动找首波会出现困难（图9-15）。这时，应放慢提升速度，必要时停止提升；应加大延迟时间，使得波形往左移动；应放大波形信号，以便软件能自动找寻首波，必要时由人工确定首波。

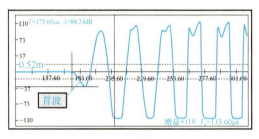

图9-14　正常部位波形

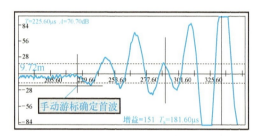

图9-15　异常部位波形

对于声时值和振幅值出现异常的部位，应采用水平加密及交叉斜测（换能器高差一般为50cm）作进一步检测（图9-16）。

五、数据分析与质量判定

1. 声时与声测管管距修正

（1）声时修正　按照前面所述的"声时修正"的方法得到系统延迟时间 t_0、超声波在管壁中的传播时间 t_t、超声波在管内水中的传播时间 t_w 后，修正声时 t。

（2）声测管管距修正　进行测桩时，在桩顶测量两根声测管之间的净距离作为整个声测剖面所有测点的管距，如果两根声测管不平行，局部出现偏斜，则超声波在混凝土中的传播距离与桩顶测量的管距是不同的，由此计算的声速就会偏大或偏小，按概率法来判断缺陷就失去了基础。因此，需进行管距修正。

2. 缺陷分析方法

图9-16　检测过程

混凝土缺陷检测的最终目的是了解缺陷的位置、范围及质量下降的程度，这需要通过测量得到的声学参数来分析判断。缺陷分析方法可归结为异常测点判断、异常范围判断和异常程度判断三个层次。

（1）异常测点判断　异常测点的判断可以采用概率法、振幅判据法进行，并辅以 PSD 判据法。

1）声速临界值计算。先计算参与统计的声速平均值 v_m 和标准差 S，然后按下式计算声速临界值 v_L：

$$v_L = v_m - 2S \qquad (9\text{-}6)$$

将测值按大小顺序排列，即 $v_1 \geqslant v_2 \geqslant v_3 \cdots v_{n-1} \geqslant v_n \geqslant v_{n+1} \cdots$，将排在后面明显偏小的数据视为可疑值，例如 $v_{n+1} \cdots$，先予舍弃，以剩下的其他数据按式（9-6）进行计算，得到试算的临界值 v_L'。这时，可能出现两种情况：

① 若 $v_n < v_L'$，则将 v_n 也舍弃掉，以其余的数据重新进行统计计算、判断，以此类推，直到剩余数据中最小的一个值大于或等于 v_L' 为止，则将此最小值定为正式临界值 v_L，最小值以后的数据可判为异常点。

② 若 $v_n \geqslant v_L'$，则将 v_{n+1} 也纳入统计资料中，将其以后的资料舍弃，重新进行统计计算、判断，以此类推，直到最后纳入的数据小于 v_L' 为止，则将此试算的临界值定为正式临界值 v_L，最后纳入的数据及其以后的数据可判为异常点。

2）PSD 判据法。PSD 判据法又称斜率法，为声时 - 深度曲线相邻两点之间的斜率与声时差值之积，按下式计算：

$$PSD = K \cdot \Delta t \qquad (9\text{-}7)$$
$$K = \frac{t_i - t_{i-1}}{z_i - z_{i-1}}$$
$$\Delta t = t_i - t_{i-1}$$

式中　t_i——第 i 个测点的声时值（μs）；

　　　t_{i-1}——第 $i-1$ 个测点的声时值（μs）；

　　　z_i——第 i 个测点深度（mm）；

　　　z_{i-1}——第 $i-1$ 个测点深度（mm）。

一般情况下，声时值由正常变为异常以及由异常变为正常时，PSD 值都会突然增大，两者之间的测点为异常测点（不包括由异常变为正常的测点）。一般以声速、波幅以及 PSD 数据对声学参数进行分析。

综合判断：首先以声速值进行概率法统计判断，找出低于临界值的异常测点，再分析振幅大小的变化，辅以 PSD 判据法将那些声速、振幅低于临界值，且 PSD 值变化明显的测点定为异常测点。

（2）异常范围判断——阴影重叠法　阴影重叠法判断异常范围的方法如下：在声测剖面图上画出全部测线，正常测线用实线表示，异常测线用虚线表示；异常测线形成的区域称为阴影区，阴影区包括对测阴影区与斜测阴影区。由于异常测线往往只是部分穿过缺陷，因此阴影区中的缺陷也只是局部的，但单独的阴影区是可能的缺陷区域，还不是真正的缺陷区域。将所有阴影区叠加，图 9-17 中的虚线的交集称为缺陷阴影区，即为真正的缺陷范围。

图 9-17~ 图 9-20 为四种常见缺陷阴影重叠法的分析示意图，图中正常测线用实线表示，异常测线用虚线表示。

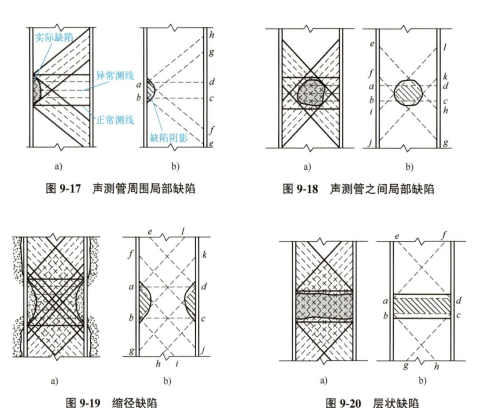

图 9-17　声测管周围局部缺陷　　　　　图 9-18　声测管之间局部缺陷

图 9-19　缩径缺陷　　　　　　　　　　图 9-20　层状缺陷

（3）异常程度判断　声波透射法检测的异常程度判断采用计算机层析成像技术（CT技术）。CT技术是指在不破坏物体结构的前提下，根据在物体周边获得的声速一维投影数据，通过计算机数学运算重建物体特定层面上的二维图像，并依据一系列的二维图像重构该物体的三维图像。声波透射法检测采用的是超声波，CT相应地称为超声波CT。

3. 桩身完整性判别

如果声波透射法检测发现异常测点，应采用阴影重叠法确定缺陷范围，根据缺陷范围及缺陷对桩身结构承载力的影响，按表9-5判定桩身完整性的类别。

表 9-5　声波透射法桩身完整性判定

类　　别	测点的声参量和波形特征
I	① 所有测点声学参数正常，接收波形正常 ② 个别测点的多个声参量轻微异常，但此类测点较离散，接收波形基本正常或个别测点的波形轻微畸变 ③ 多个测点的个别声参量轻微异常，其他声参量正常，但空间分布范围较小，接收波形基本正常或个别测点的波形轻微畸变
II	① 一个或多个剖面上多个测点的多个声参量轻微异常，在深度和径向区间形成较小的区域，多个测点接收的波形存在明显畸变；其中个别测点的声速低于下限值 ② 一个或多个剖面上多个测点的个别声参量明显异常，其他声参量轻微异常，在深度和径向区间形成较小的区域，多个测点的接收波形存在明显畸变，其中个别测点的声速低于下限值

（续）

类　别	测点的声参量和波形特征
Ⅲ	① 某一深度范围内，一个或多个剖面上多个测点的多个声参量明显异常，在深度或径向区间形成较大的区域，多个测点接收的波形存在严重畸变或个别测点无法检测到首波，其中多个测点的声速低于下限值 ② 一个或多个剖面上多个测点的个别声参量异常严重，其他声参量明显异常，在深度或径向区间形成较大的区域，多个测点接收的波形存在严重畸变或个别测点无法检测到首波，其中多个测点的声速低于下限值
Ⅳ	某一深度范围内，多个剖面上的多个测点的个别或多个声参量异常严重，在深度或径向区间形成很大的区域，波形严重畸变或无法检测到首波，较多测点的声速低于下限值

六、工程实例

某公路工程桥墩采用钻孔灌注桩，桩长 30m，桩径 1.8m。埋设 3 根声测管，形成 3 个声测剖面，编号为 1-2、2-3、1-3，测点间距为 25cm。声波透射法检测单桩检测报告单见表 9-6，图 9-21 为声波透射法检测声学参数 - 深度曲线。

表 9-6　声波透射法检测单桩检测报告单

施工日期	（略）		测 试 仪 器	（略）	
桩型	钻孔灌注桩	设计强度等级	C20	设计桩径 /mm	1800
设计桩顶标高 /m	+1.45	设计桩端标高 /m	−28.55	实测桩顶标高 /m	+1.45
测管平面布置示意图：（略）	组号＼测试结果		$v_m/$（km/s）	A_m/dB	$v_D/$（km/s）	A_D/dB
	1-2		3.70	101.5	3.51	95.5
	1-3		3.78	98.4	3.47	92.4
	2-3		4.01	99.8	3.82	93.8

检测结果：距桩顶 28.25~30.0m 的三个声测剖面信号均异常，其余部位桩身质量正常；推断为桩底沉渣，属Ⅲ类桩

由图 9-21 可知，经概率法判断，3 个声测剖面桩底的 8 个测点（距桩顶 28.25~30.0m），声速、振幅均小于临界值，PSD 值异常，判断为异常测点。由于异常测点位于桩底，无法使用阴影重叠法作进一步分析，根据以往经验，推断为桩底沉渣。

由图 9-21 还可知，1-3 剖面桩头有部分测点的振幅小于临界值，但是声速正常，故判为正常测点；2-3 剖面"13.5"处的 PSD 值突增为 37.0，但声速、振幅均大于临界值，故判为正常测点，这也说明 PSD 值仅能作为辅助分析手段。

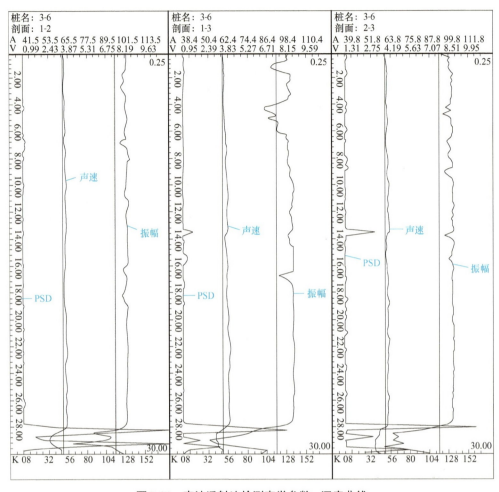

图 9-21　声波透射法检测声学参数 - 深度曲线

巩固训练

1. 复习本任务内容。

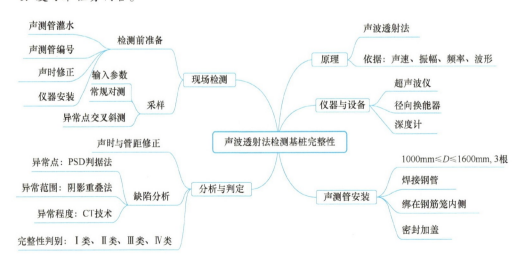

2. 扫描二维码，完成在线测试。

项目 9
任务二测试

3. 任务单：根据《基桩检测》采用声波透射法检测基桩完整性，填写基桩完整性试验检测报告（超声波法），见表9-7。

表 9-7　基桩完整性试验检测报告（超声波法）

检测单位名称（专用章）：　　　　　　　　　　　　　　　　　　　　报告编号：

施工 / 委托单位			工程名称				
工程部位 / 用途							
样品信息							
检测依据			判定依据				
主要仪器设备名称及编号							
桩号		桩型			设计强度等级		
施工日期			检测日期				
设计桩顶标高 /m		设计桩底标高 /m			设计桩长 /m		
设计桩径 /mm		实测桩顶标高 /m			实测桩长 /m		

测管平面布置示意图：	测试结果　组号	$V_m/(km/s)$	A_m/dB	$V_D/(km/s)$	A_D/dB

检测结论：

附加声明：

检测：　　　　　　审核：　　　　　　批准：　　　　　　日期：　　年　　月　　日

低应变反射波法检测基桩完整性

1. 熟悉低应变反射波法检测基桩完整性的原理，掌握检测相关仪器与设备的组成、检测流程及数据分析和桩身完整性判定方法。

2. 能采用低应变反射波法检测基桩完整性，能进行试验数据处理分析和质量评定，并编制报告。

低应变反射波法是基桩完整性检测中的常用方法，它是借助一维弹性波动理论对实测桩顶速度或加速度响应信号的时域、频域特征来分析判定被检桩的桩身完整性，可检测桩身存在缺陷的部位及其影响程度、桩端与持力层的结合状况。

一、低应变反射波法基本原理

低应变反射波法是指在桩身顶部进行竖向激振产生弹性波，弹性波沿着桩身向下传播，当桩身存在明显的波阻抗差异界面（如裂缝、断桩和严重离析等）或桩身截面面积有明显变化（如缩径或扩径）的部位，将产生反射波，经接收放大，通过分析实测曲线的特征，以判断桩身完整性。

低应变反射波法检测技术是以一维弹性波动理论（桩的长度远大于直径且入射波波长 λ 大于桩的直径）为基础的，桩的广义波阻抗是其横截面面积、材料密度和弹性模量的函数：

$$Z = EA/c = \rho cA \tag{9-8}$$

式中　Z——桩的广义波阻抗（N·s/m）；

　　　c——桩的弹性波速度（m/s）；

　　　A——桩的横截面面积（m²）；

　　　E——桩的弹性模量（N/m²）；

　　　ρ——桩的质量密度（kg/m³）；

　　　ρc——桩的波阻抗或波阻抗率［kg/（m²·s）］。

当桩顶受到激励后，则压缩波以波速 c 沿桩身向下传播，遇到桩身波阻抗变化的界面时，压缩入射波（I）在波阻抗界面处产生反射波（R）和透射波（T），根据能量守恒，$I=R+T$，则入射波波速为 v_I，反射波波速为 v_R，透射波波速为 v_T，如图 9-22 所示。

令桩身质量完整性系数 $\beta=Z_2/Z_1$，反射系数为 α，则有

$$\alpha = \frac{R}{T} = \frac{v_R}{v_T} = \frac{Z_2 v_R}{Z_2 v_T} = \frac{Z_1 - Z_2}{Z_1 + Z_2} = \frac{1 - Z_2/Z_1}{1 + Z_2/Z_1} = \frac{1 - \beta}{1 + \beta} \tag{9-9}$$

1）若 $\beta=1$，$Z_1=Z_2$ 时 $\alpha=0$，说明界面无阻抗差异，即没有反射波。

2）若 $\beta<1$，$Z_1>Z_2$ 时 $\alpha>0$，说明界面阻抗变小，出现与入射波同相的反射波。

3）若 $\beta>1$，$Z_1<Z_2$ 时 $\alpha<0$，说明界面阻抗变大，出现与入射波反相的反射波。

根据以上三种反射波与入射波相位的关系，可判别某一波阻抗界面的性质，这是低应变反射波法检测基桩完整性的理论依据。表 9-8 是根据上述理论绘制出的与桩身阻抗变化相对应的反射波特征曲线。

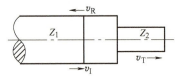

图 9-22　在波阻抗界面发生变化时的应力波

表 9-8　与桩身阻抗变化相对应的反射波特征曲线

缺　陷	典型曲线	曲线特征
完整		① 短桩：桩底反射波与入射波频率相近，振幅略小 ② 长桩：桩底反射振幅小，频率低 ③ 摩擦桩的桩底反射波与入射波同相位，端承桩的桩底反射波与入射波反相位
扩径		① 曲线不规则，可见桩间反射，扩径第一反射子波与入射波反相位；后续反射子波与入射波同相位，反射子波的振幅与扩径尺寸正相关 ② 可见桩底反射
缩径		① 曲线不规则，可见桩间反射，缩径第一反射子波与入射波同相位；后续反射子波与入射波反向位。反射子波的振幅大小与缩径尺寸正相关 ② 一般可见桩底反射
离析		① 曲线不规则，一般见不到桩底反射 ② 离析的第一反射子波与入射波同相位，幅值根据离析程度呈正相关，但频率明显降低 ③ 中、浅部严重离析，可见到多次反射子波
断裂		① 浅部断裂（<2m）由于受钢筋和下部桩影响，反映为锯齿状子波叠加在低频背景上的脉冲子波，峰-峰为 Δf ② 中、浅部断裂为一个多次反射子波等距出现，振幅和频率逐次下降 ③ 深部断裂似桩底反射曲线，但所计算的波速远大于正常波速 ④ 一般见不到桩底反射
夹泥空洞、微裂		① 曲线不规则，一般可见桩底反射 ② 缺陷的第一反射子波与入射波同相位，后续反射子波与入射波反相位 ③ 子波的幅值与缺陷的程度呈正相关
桩底沉渣		桩底存在沉渣，桩底反射波与入射波同相位，其幅值大小与沉渣的厚度呈正相关

二、仪器与设备

低应变反射波法检测基桩完整性的仪器与设备由基桩动测仪、传感器和激振设备组成（图 9-23）。

1. 信号采集及处理仪

检测仪器的主要技术性能指标不应低于《基桩动测仪》（JG/T 518—2017）中规定的 2 级标准要求，具有连续采集、快速自动存储、显示实测信号和处理分析信号的功能。信号采集系统应符合下列规定：

1）数据采集和处理器模 / 数（A/D）转换器的位数不宜低于 16bit。

2）采样间隔宜为 5~50μs。

3）单通道采样点不宜少于 1024 点。

4）动态范围宜大于 60dB，可调、线性度良好，其频响范围应满足 10Hz~5kHz。

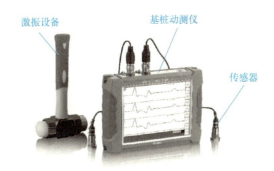

图 9-23　常见信号采集仪及处理仪

2. 传感器

选择传感器（图 9-24）时可选用量程范围宽、谐振频率较高、阻尼特性好、频率相应范围宽、灵敏度较好的传感器。

目前，基桩检测所使用的传感器主要是压电式加速度传感器（图 9-24a），它灵敏度高、频率范围宽、线性范围大，能够较为准确地判定桩身的缺陷位置，无论从频响还是输出特性方面均有较大的优点，适合于低应变反射波法测桩。而磁电式速度传感器（图 9-24b）由于生产工艺等方面的原因，其高频响应受到限制，检测时传感器的安装刚度会导致强烈的谐振，使传感器的可测范围变窄而影响检测效果。

a)　　　　　　　　　　　　　　　　b)

图 9-24　常见传感器

3. 激振设备

激振设备一般采用锤激振源。由于激振设备（图9-25）的质量与桩相比很小，按两弹性杆碰撞理论，在对桩进行锤击时更接近刚性壁碰撞条件，施加于桩顶的力脉冲持续时间主要受锤重、锤头材料硬度或锤垫材料硬度及其厚度的影响，锤越重，锤头或锤垫材料越软，力脉冲作用时间越长，反之越短。锤头材料根据硬度不同依次为：钢、铝、尼龙、硬塑料、聚四氟乙烯、硬橡胶等；锤垫一般用1~2mm厚的薄层加筋或不加筋橡胶带，试验时可根据脉冲宽度增减厚度，使用比较灵活。

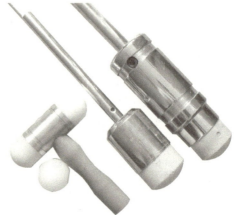

图9-25 常见激振设备

锤激振源对基桩检测信号的影响如下：

（1）锤激能量 锤激能量的大小取决于锤的质量和下落速度。对大直径长桩，应选择质量大的锤或力棒，以产生主频率低、能量大的激励信号，获得较清晰的桩底反射信号，但这时桩身的微小缺陷会被掩盖。

（2）锤头材料 锤头材料越硬，产生的高频脉冲波越有利于提高桩身缺陷的分辨率，但高频信号衰减快，不容易探测桩身的深部缺陷；锤头材料越软，产生的低频脉冲波衰减越慢，越有利于获得桩底的反射信号，但降低了桩身缺陷的分辨率。

（3）脉冲宽度 小钢锤的脉冲宽度约为0.6ms，尼龙锤约为2.0ms，橡胶锤约为4.0ms。激振脉冲宽度越大，越有利于探测桩身的深部缺陷，但当波长大于缺陷尺寸时，由于波的绕射作用，桩身内的小缺陷不容易识别，从而降低了分辨率；激振脉冲宽度越小，应力波频率越高，波长越短，越有利于对桩身小缺陷的分辨，但在桩的浅部不能满足一维弹性杆件的平截面假定条件，会出现接收信号波形的畸变。

低应变法检测桩的缺陷

三、检测过程

低应变反射波法检测现场测试如图9-26所示。

图9-26 低应变反射波法检测现场测试

1. 检测前准备工作

1）检测时间。被检桩混凝土强度不得低于设计强度的 70% 且不得小于 15MPa，龄期不应少于 7d。预制桩的检测应在相邻桩施工完成后再进行。

2）设备选择。根据现场情况，应合理选择合适的激振设备和传感器，并确认整个测试系统处于正常的工作状态。

3）桩头处理。要求被检桩顶面的混凝土质量、截面尺寸与桩身设计条件基本相同，因此灌注桩应凿去桩顶浮浆或松散、破损部分，并露出坚硬的混凝土表面；桩顶表面应平整干净且无积水；应将敲击点和响应测量传感器安装点部位磨平（图 9-27），多次锤击信号重复性较差时，多与敲击或安装部位不平整有关。妨碍正常测试的桩顶外露主筋应割掉。

4）应测量并记录桩头截面尺寸。

2. 传感器安装和测点、激振点布置

1）传感器应安装在桩头平整面上，对灌注桩应安装在新鲜混凝土面上，并应与桩顶面垂直；应确保传感器黏结稳固、耦合良好。耦合剂可采用矿脂、凡士林和牙膏等。

2）对混凝土灌注桩，激振点宜选择在桩中心，传感器宜安装在距桩中心 2/3 半径处，且距离桩的主筋不小于 50mm；当桩径小于 1000mm 时，不宜少于 2 个测点；当桩径大于或等于 1000mm 时应设置 3~4 个测点；测点宜以桩心为中心对称布置（图 9-28）。

图 9-27 磨平测点和激振点

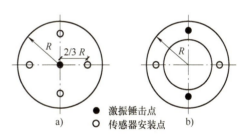

图 9-28 传感器安装点、激振点布置示意

a）实心桩 b）空心桩

● 激振锤击点
○ 传感器安装点

3）对混凝土预制桩，当边长或桩径小于 600mm 时，不宜少于 2 个测点；当边长或桩径大于或等于 600mm 时，不宜少于 3 个测点。

4）对预应力混凝土管桩，激振点、检测点和桩中心连线形成的夹角宜为 90°，且不应少于 2 个测点（图 9-28）。

3. 激振设备操作

1）激振锤和激振参数宜通过现场对比试验选定。短桩或浅部缺陷桩的检测宜采用轻锤短脉冲激振；长桩、大直径桩或深部缺陷桩的检测宜采用重锤宽脉冲激振，也可采用不同的锤垫来调整激振脉冲宽度。

2）采用力棒激振时，应自由下落；采用力锤敲击时，应使其作用力方向与桩顶面垂直。

4. 仪器参数设置

1）时域信号记录的时间段长度应不小于 $2L/c$ 时刻后延 5ms，频域信号分析的频率范围上限应不小于 2000Hz。

2）设定桩长应为被检桩顶至桩底的实际施工长度。

3）采样间隔应根据桩长合理选择，采样点数不宜少于 1024 点。

采样时间 T，又称为采样长度，是一次采样 N 个点数据所需的时间，可表示为 $T=N \cdot \Delta t$。采样间隔 Δt 是对信号离散采样时，每采一点所需的时间，可表示为 $\Delta t=1/f_s$。频域里两相邻数据的频率间隔可表示为

$$\Delta f = \frac{1}{T} = \frac{1}{N \cdot \Delta t} \tag{9-10}$$

由上可知，采样频率越高，采样间隔越小，时域分辨率越高，而频域分辨率越低；反之亦然。这是因为 Δt 与 Δf 是互为倒数关系。

5. 采样

1）各测点的重复检测次数不应少于 3 次，且检测波形具有良好的一致性。

2）信号幅值要适度，波形要光滑，无飞边、振荡出现，信号曲线最终归零。

3）当检测环境存在干扰时，宜采用信号叠加增强技术进行重复激振，提高信噪比；当信号一致性较差时，应分析原因，排除人为和检测仪器等干扰因素，重新检测或增加检测点数量。

四、数据分析与桩身完整性判定

1. 桩身波速平均值 c_m 的确定

当桩长已知、桩底反射信号明确时，应选取相同条件下（地质条件、设计桩型、成桩工艺相同）的不少于 5 根 I 类桩的桩身波速值计算桩身波速平均值。

2. 时域分析

计算桩身缺陷的位置时，如果因为桩身有缺陷而测不到桩底的信号，则可根据本地区、本工程同类型桩的波速平均值，按下式计算桩身缺陷的位置：

$$x = \frac{1}{2000} \cdot \Delta t_x \cdot c \tag{9-11}$$

式中 x——桩身缺陷至传感器安装点的距离（m）；

Δt_x——速度波第一峰与缺陷反射波波峰之间的时间差（ms）；

c——受检桩的桩身波速（m/s），无法确定时可用 c_m 值代替。

3. 频域分析

尽管现场检测时的时域信号能较真实地反映桩身情况，但许多实测曲线不可避免地夹杂着许多干扰信号，这给时域分析带来困难，因此对测试信号进行频域分析是必要的。

由缺陷桩形成的相邻共振峰频差 Δf_x 和缺陷位置 x 的关系为

$$x = \frac{c}{2\Delta f_x} \tag{9-12}$$

缺陷桩的幅频特性曲线如图 9-29 所示，$\Delta f'$ 为桩底位置，Δf 为缺陷位置。

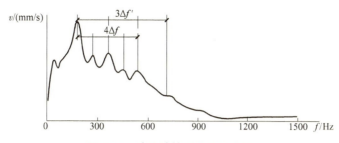

图 9-29　缺陷桩的幅频特性曲线

4. 桩身完整性判定

在实际检测中，以时域分析为主、频域分析为辅，并结合岩土工程勘察资料、桩型、施工记录和波形特征等因素进行综合分析评判，见表 9-9。

表 9-9　桩身完整性判定

类别	时域信号特征	频域信号特征
Ⅰ	$2L/c$ 时刻前无缺陷反射波，有桩底反射波信号	可见规律的等间距桩底谐振峰，其相邻频差 $\Delta f \approx c/2L$
Ⅱ	$2L/c$ 时刻前有局部轻微缺陷反射波，有桩底反射	桩底谐振峰基本等间距，其相邻频差 $\Delta f \approx c/2L$；局部轻微缺陷产生的谐振峰与桩底谐振峰之间的频差 $\Delta f > c/2L$
Ⅲ	$2L/c$ 时刻前有明显的缺陷反射波，桩底反射信号不明显，其他特征介于Ⅱ类和Ⅳ类之间	
Ⅳ	$2L/c$ 时刻前有严重的缺陷反射波，或因桩身严重缺陷使波形呈多次大振幅反射，无桩底反射信号	严重缺陷的峰-峰值排列基本等间距，相邻频差 $\Delta f > c/2L$，无桩底谐振峰；或因桩身浅部严重缺陷而只出现单一谐振峰

5. 时域分析与频域分析的互相验证

通常，人们只对时域曲线进行积分、滤波、指数放大等信号处理后，即可将桩身存在的各种缺陷充分展示出来，从而判断桩身完整性问题。但有时桩身有多个缺陷，加之各种干扰信号，时域曲线变得非常复杂，这时就需要进行信号的频域分析，将干扰信号滤去后，找出桩身的缺陷反射信息，再判定桩身完整性。而时域分析、频域分析可作为低应变反射波法分析时的互相验证与补充，两者有以下优缺点：

1）多数情况下的时域分析、频域分析结果能很好地统一和相互验证，但时域分析和频域分析的精度互相矛盾，采样频率越高，时域分析的分辨率越高，而频域分析的分辨率越低；反之亦然。对缺陷位置和桩长来说，还是以时域分析计算为准。

2）非桩土系统引起的干扰振荡较严重时，时域局限性较大，应以频域分析为主体。

3）桩身存在多个等间距缺陷时，时域分析难以区分深部缺陷与浅部缺陷的多次反射，频域分析的基频和频差可对其加以甄别。

4）有些桩底的反射信号不明显，频谱中有较明显的整桩基频和频差。

5）涉及离析、缩径、裂隙等缺陷性状的区分时，时域分析、频域分析的相互印证有时特别重要，离析处的谐振峰多见低缓形式，而裂隙的谐振峰较尖锐。

6）桩身完整性分析中出现下列情况时，应结合其他检测方法综合评判：

巩固训练

1. 复习本任务内容。

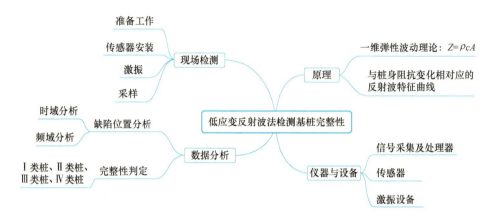

2. 扫描二维码，完成在线测试。

项目9
任务三测试

3. 任务单：根据《基桩检测》采用低应变反射波法检测基桩完整性，填写基桩完整性试验检测记录表（低应变反射波法），见表9-15。

表 9-15　基桩完整性试验检测记录表（低应变反射波法）

实验室名称：　　　　　　　　　　　　　　　　　　　　　　　　　报告编号：

委托 / 施工单位				委托编号			
工程名称				样品编号			
工程部位 / 用途				试验依据			
样品描述				判定依据			
主要仪器设备及编号							

桩号	施工日期	测试日期	桩径 /mm	计算桩长 / m	桩端反射情况	缺陷反射波情况	声速 / （m/s）	桩身完整性类别判定

检测结论：

备注：

试验：　　　审核：　　　签发：　　　　　　　　　日期：　　年　月　日

项目 10 ▷▷▷▷

桥梁检测与评定

因桥梁规模、技术状况、运营环境及所处公路等级的不同，各级公路桥梁的养护需求和养护资源亦有所不同。对桥梁检查等级进行分级，细化桥梁的养护要求，适应不同的养护需求，实行差异化的养护检查频率，起到合理配置养护资源的作用。

公路桥梁养护检查等级应分为Ⅰ级、Ⅱ级、Ⅲ级，分级标准应符合下列规定：

1）单孔跨径大于150m的特大桥、特别重要桥梁的养护检查等级为Ⅰ级。

2）单孔跨径小于或等于150m的特大桥、大桥以及高速公路或一级、二级公路上的中桥、小桥的养护检查等级为Ⅱ级。

3）三级、四级公路上的中桥、小桥的养护检查等级为Ⅲ级。

4）技术状况评定为三类的大、中、小桥应提高一级进行检查。

5）技术状况评定为四类的桥梁在加固维修前应按Ⅰ级进行检查。

桥梁检查后应进行技术状况评定，四类和五类应进行承载能力评定，必要时，还应进行桥梁荷载试验。

💡 拓展小知识 ▷

2021年底，我国有公路桥梁91.28万座、6628.55万延米，其中特大桥梁6444座、1162.97万延米，大桥119935座、3277.77万延米，先后在长江、黄河、珠江、海上建成一批大跨径、深水基础的桥梁，如苏通长江公路大桥、港珠澳大桥等，使我国在长大跨径悬索桥、斜拉桥、拱桥和连续刚构桥建设方面跨入世界先进行列。我国桥梁数量众多，对相关专业人员的需求是巨大的，我们要努力学好专业知识，在工作岗位上大展宏图。

桥梁检测与评定方法

📋 [学习目标]

　　熟悉桥梁检查的方法与程序，熟悉桥梁技术状况检查与评定的方法，熟悉桥梁材质状况与状态参数检测及评定的内容，熟悉桥梁承载能力检测与评定的流程。

一、桥梁检查

　　根据《公路桥涵养护规范》（JTG 5120—2021），桥梁检查分为初始检查、日常巡查、经常检查、定期检查、特殊检查五种。

　　1. 初始检查

　　初始检查是新建或改建桥梁交付使用后，对桥梁结构及其附属构件的技术状况进行的首次全面检测，其成果是后期桥梁检查和评定工作的基准。初始检查宜与交工验收同时进行，最迟不得超过交付使用后1年。

　　初始检查内容中包含桥梁总体尺寸、主要承重构件尺寸、材质强度、钢筋保护层厚度等检测内容；养护检查等级为Ⅰ级的桥梁，通过动、静载试验测定相关参数；有水中基础，养护检查等级为Ⅰ、Ⅱ级的桥梁，应进行水下检测。

　　在桥梁没有明显腐蚀、锈蚀、损伤或经历改造的情况下，上述参数不会发生能影响结构评定的变化，因此在后期的定期检查和特殊检查中可以直接沿用上述参数在初始检查时得到的数据，避免检查工作的重复，节约养护资源。

　　2. 日常巡查

　　日常巡查以乘车目测为主，是对桥面及其以上部分的桥梁构件、结构异常变位和桥梁安全保护区的日常巡视。

　　养护检查等级为Ⅰ级、Ⅱ级的桥梁，日常巡查每天不应少于1次；对有特殊照明需求（功能性及装饰性照明、航空航道指示灯等）的桥梁，应适当开展夜间巡查。养护检查等级为Ⅲ级的桥梁，日常巡查每周不应少于1次。遇地震、地质灾害或极端气象时应增加检查频率。

　　当主梁或下部结构发生异常的横桥向变形或变位时，伸缩缝处的护栏、栏杆、标线等会有明显的错位、错台等情况出现，日常巡查时需要重视。

3. 经常检查

经常检查是指抵近桥涵结构，采用目测结合辅助工具（如望远镜、照相机、摄像机，以及扳手、铲子、锉刀等）对桥面系、上部结构、下部结构和附属设施的表观状况进行的周期性检查。检测频率：养护检查等级为Ⅰ级时取 1 月 / 次，Ⅱ级时取 2 月 / 次，Ⅲ级时取 3 月 / 次。

经常检查针对目测所及的所有桥梁构件的外观和使用功能，重点检查控制截面、重要部位的裂缝是否有发展及发展情况。

4. 定期检查

定期检查是对桥涵总体技术状况进行的周期性检查及技术状况评定。养护检查等级为Ⅰ级的桥梁，定期检查周期不得超过 1 年；养护检查等级为Ⅱ级、Ⅲ级的桥梁，定期检查周期不得超过 3 年。

定期检查需要辅以必要的测量仪器，如望远镜、照相机、探测工具，并通过桥梁检测车、搭设临时支架等方式接近各部件，仔细检查其缺损情况。定期检查中发现的各种缺损应在现场将其范围、分布特征、严重程度及检测日期标记清楚。对三~五类桥梁及有严重缺损的构件，应做影像记录，并附病害状况说明，详见《公路桥涵养护规范》（JTG 5120—2021），并应符合下列规定：

1）现场校核桥梁基本数据，填写或补充完善"桥梁基本状况卡片"。

2）现场填写"桥梁定期检查记录表"，记录各部件缺损状况并绘制主要病害分布图。

3）对桥梁永久观测点进行复核，对桥面高程及线形、变位等检测指标进行量测。

4）判断病害原因及影响范围。

5）进行技术状况评定，提出养护建议。

5. 特殊检查

特殊检查是对桥梁承载能力、抗灾能力、耐久性能、水中基础技术状况进行的一项或多项检查与评定，以及对定期检查中难以判明病害成因及病害程度的桥梁进行的检查，需要进行特殊检查的桥梁主要包括：

1）定期检查中难以判明构件损伤原因及程度的桥梁。

2）拟通过加固手段提高荷载等级的桥梁。

3）需要判明水中基础技术状况的桥梁。

4）遭受洪水、流冰、滑坡、地震、风灾、火灾、撞击影响的桥梁，因超重车辆通过或其他异常情况影响造成损伤的桥梁。

特殊检查应根据检测目的、病害情况和病害性质，采用仪器设备进行现场测试和其他辅助试验，针对桥梁现状进行检算分析，形成评定结论，提出建议措施。

桥梁检查与处治流程如图 10-1 所示。

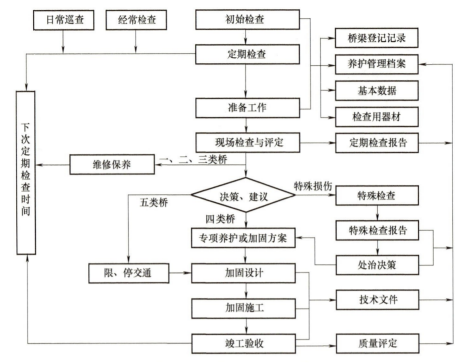

图 10-1 桥梁检查与处治流程

二、桥梁技术状况评定

以梁式桥上部结构为例，根据《桥评标准》中梁式桥上部构件的评定标准分类（表 10-1），对结构构件的缺损状况逐一进行详细检查。

表 10-1 梁式桥上部构件评定标准分类

部位	部 件		技术状况分类
梁式桥上部结构	混凝土梁式桥		1. 蜂窝、麻面；2. 剥落、掉角；3. 空洞、孔洞；4. 混凝土保护层厚度；5. 钢筋锈蚀；6. 混凝土碳化；7. 混凝土强度；8. 跨中挠度；9. 结构位移；10. 预应力构件损伤；11. 简支梁（板）桥、刚架桥裂缝；12. 连续梁桥、连续刚构桥、悬臂梁桥、T形刚构桥裂缝
	钢梁桥		1. 涂层劣化；2. 锈蚀；3. 焊缝开裂；4. 铆钉（螺栓）损失；5. 构件裂缝；6. 跨中挠度；7. 构件变形；8. 结构位移
	支座	橡胶支座	1. 板式支座老化变质、开裂；2. 板式支座缺陷；3. 板式支座位置串动、脱空或剪切超限；4. 盆式支座组件损坏；5. 聚四氟乙烯滑板磨损；6. 盆式支座位移、转角超限
		钢支座	1. 钢支座组件或功能缺陷；2. 钢支座位移、转角超限；3. 钢支座部件磨损、裂缝

例如，某桥边梁混凝土出现大范围剥落（图 10-2），累计面积为构件面积的 15%，单处面积最大处达 1.6m²。对照剥落、掉角评定标准（表 10-2），满足"累计面积≥构件面积的 10%，或单处面积≥1.0m²"，则该缺陷评定标度为"4"。

表 10-2　剥落、掉角评定标准

标度	评定标准	
	定性描述	定量描述
1	完好，无剥落、掉角	—
2	局部混凝土剥落或掉角	累计面积≤构件面积的5%，或单处面积≤ 0.5m²
3	较大范围混凝土剥落或掉角	累计面积＞构件面积的5%且＜构件面积的10%，或单处面积＞0.5m²且＜1.0m²
4	大范围混凝土剥落或掉角	累计面积≥构件面积的10%，或单处面积≥ 1.0m²

对各构件检测指标（一类～五类）的评定，是整个技术状况评定工作的关键和基础；然后依次计算构件、部件、部位（上部结构、下部结构、桥面系）的技术状况；最后根据部位的技术状况计算全桥的技术状况，详细过程可参见《桥评标准》。

桥梁技术状况等级分类。依据桥梁定期检查资料，通过对桥梁各部件技术状况的综合评定，确定桥梁的技术状况等级，提出各类桥梁的养护措施。全桥总体技术状况等级评估，可采用考虑桥梁各部

图 10-2　桥边梁混凝土剥落

件权重的综合评估方法，也可按照重要部件的最差缺损状况进行评估，或对照桥梁技术状况标准（表 10-3）进行评估。

表 10-3　桥梁技术状况标准

分类	一类	二类	三类	四类	五类
D_r	[95，100]	[80，95)	[60，80)	[40，60)	[0，40)
状态	完好、良好	较好	较差	差	危险
技术状况描述	功能完好	对使用功能无影响	尚能维持正常使用功能	严重影响桥梁使用功能，或影响承载能力，不能保证正常使用	不能正常使用，危及桥梁安全，桥梁处于危险状态
处治对策	正常养护	小修保养	中修	大修、加固、改建	加固、改建、重建

三、桥梁材质状况与状态参数检测

桥梁材质状况与状态参数检测是对桥梁的结构及部件的材料质量和工作性能方面所存在的缺损状况进行详细的检测、试验、判断的过程，是对桥梁的专门检验，属于桥梁诊断的范畴。

根据《公路桥梁承载能力检测评定规程》（JTG/T J21—2011），桥梁材质状况与状态

参数检测的项目有桥梁几何形态参数检测评定、桥梁恒载变异状况调查评估、桥梁材质强度检测评定、混凝土桥梁钢筋锈蚀电位检测评定、混凝土桥梁氯离子含量检测评定、混凝土桥梁电阻率检测评定、混凝土桥梁碳化状况检测评定、混凝土桥梁钢筋保护层厚度检测评定、桥梁结构自振频率检测评定、拉吊索索力检测评定、桥梁基础与地基检测评定共11项。

其中，桥梁材质强度检测评定包括钢材强度检测和混凝土强度检测，由于钢材检测费用高，对结构有一定破坏，现已很少采用，因此桥梁材质强度检测评定主要是混凝土强度检测。

四、桥梁承载能力评定

当现有桥梁的技术状况较差（四类、五类）或需桥梁改造时，应进行承载能力检测与评定。在用桥梁的承载能力评定包括承载能力极限状态和正常使用极限状态两个方面内容。承载能力极限状态针对的是结构或构件的截面强度和稳定性，正常使用极限状态主要针对的是结构或构件的刚度和抗裂性。对于在用桥梁，应从结构或构件的强度、刚度、抗裂性和稳定性四个方面进行承载能力评定。

以配筋混凝土桥梁承载能力极限状态评定为例，引入桥梁检算系数、承载能力恶化系数、截面折减系数和活载修正系数分别对极限状态方程中的结构抗力效应和荷载效应进行修正，并通过比较来判定结构或构件的承载能力状况。桥梁承载能力检测、评定与加固工作流程如图 10-3 所示。

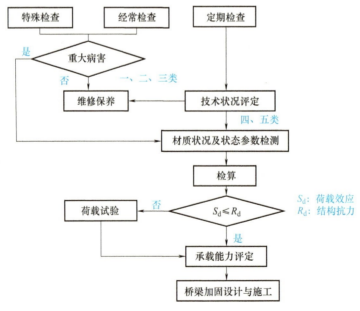

图 10-3　桥梁承载能力检测、评定与加固工作流程

巩固训练

1. 复习本任务内容。

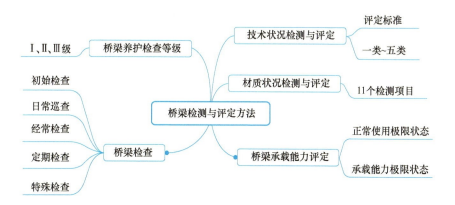

2. 扫描二维码，完成在线测试。

项目 10
任务一测试

任务二 ≫≫≫
结构外观缺损检查

📋 [学习目标]

1. 熟悉结构外观缺损检查的方法，熟悉裂缝长度和宽度检查。
2. 能进行裂缝长度、宽度检查，并填写检测报告。

一、结构外观缺损检查

结构外观缺损检查主要以人的目测为主，辅以刻度放大镜检查、钢卷尺测量和锤击检查等手段，对结构物表面的损伤、病害等进行检查，重点检查圬工的蜂窝、剥落、破损、结构位移，以及各种裂缝，同时注意检查变截面处、加固修复处及防水层的情况。

对钢筋混凝土梁应重点检查宽度超过 0.25mm 的竖向裂缝，并注意检查有无斜向裂缝及顺主筋方向的纵向裂缝。对预应力钢筋混凝土梁要观测梁的上拱度变化，并注意检查有无不允许出现的垂直于主筋的竖向裂缝；若上部结构有严重裂缝时，应测量具体位置及尺寸，并绘制裂缝图。

检查时，应采用图表和文字描述等方式详细记录缺损的位置、范围和严重程度，根据《检评标准》的要求进行评判。

二、裂缝长度和宽度检查

桥梁结构在施工和使用过程中，常会出现各种不同形式的裂缝。对于砖、石、混凝土结构物来说，产生裂缝几乎是不可避免的。混凝土（或圬工结构）中裂缝的严重程度，可依据裂缝产生的原因，裂缝的长度、宽度及深度，以及裂缝是否随时间的延长而增加等因素来判断。有些裂缝对结构承载力有巨大影响，有些裂缝对结构的耐久性有影响，故裂缝检查显得特别重要。根据裂缝检查结果，先判断裂缝的类型（成因），再判断其长度、宽度是否超限（表10-4），最后得出是否需要维修或加固的结论。

表 10-4　裂缝限值

结构类别	裂缝部位			允许最大裂缝/mm	其他要求
钢筋混凝土梁	主筋附近竖向裂缝			0.25	—
	腹板斜向裂缝			0.30	—
	组合梁结合面			0.50	不允许贯通接合面
	横隔板与梁体端部			0.30	—
	支座垫石			0.50	—
预应力混凝土梁（全预应力、A 类）	梁体竖向裂缝			不允许	—
	梁体纵向裂缝			0.20	—
砖拱、石拱、混凝土拱	拱圈横向裂缝			0.30	裂缝高小于截面高的 1/2
	拱圈纵向裂缝			0.50	裂缝长小于跨径的 1/8
	拱波与拱肋结合处			0.20	—
墩（台）	墩（台）帽			0.30	不允许贯通墩身截面 1/2
	墩（台）身	经常受侵蚀性水影响	有筋	0.20	
			无筋	0.30	
		常年有水，但无侵蚀性水影响	有筋	0.25	
			无筋	0.35	
		干沟或季节性有水河流		0.40	
		有冻结作用部分		0.20	

注：表中所列除特指外适用于一般条件，对于潮湿地区或空气中含较多腐蚀性气体条件下的裂缝限值应要求严格一些。预应力混凝土梁是指全预应力或部分预应力 A 类结构。

1. 裂缝分类

1) 混凝土裂缝按产生的原因可分为结构裂缝和非结构裂缝两大类。

① 结构裂缝产生的原因有设计应力超限、配筋不当、预应力锚固不当、意外事故等。这种裂缝的出现，预示着结构承载力可能不足或存在其他严重问题。

② 非结构裂缝分为混凝土物理裂缝、化学膨胀裂缝、温度裂缝、塑性裂缝、变形裂缝等。

2)《桥评标准》以外观性状对裂缝进行分类。

① 位于构件上下表面的裂缝分为：网状裂缝、纵向裂缝、横向裂缝、斜向裂缝。

② 位于构件侧立面的裂缝分为：网状裂缝、竖向裂缝、斜向裂缝、水平裂缝。

裂缝长度和宽度检查

2. 裂缝长度、宽度检查

裂缝长度一般用钢卷尺直接测量，并用粉笔在裂缝附近描出裂缝走向；在裂缝末端画横线，标注裂缝的长度、宽度及检查日期，便于下次检查时观察裂缝扩展或延伸情况。

裂缝宽度的观测方法有目测法、裂缝宽度比对卡法、裂缝显微镜法、裂缝观测仪法、电子位移计（或应变计，可观测动态变化）法等。一般现场检查中可以采用目测法或裂缝宽度比对卡法来观察裂缝的形态并估计裂缝宽度，对关注的裂缝宽度可使用裂缝观测仪测定裂缝宽度（图10-4）。进行荷载试验时，可用电子位移计跨缝检测裂缝的变化（图10-5）。

图10-4 数字式裂缝观测仪

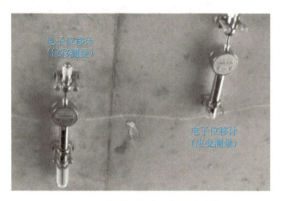

图10-5 电子位移计测定裂缝宽度

数字式裂缝观测仪通过镜头拍摄裂缝图像并放大显示在显示屏上，然后对裂缝图像进行图像处理和识别，仪器执行特定的算法程序自动判读裂缝宽度。数字式裂缝观测仪具备了摄取裂缝图像并自动判读、显示、记录和存储的功能，测试实时、快速、准确。较复杂的裂缝，有时需人工判读，即用触摸笔选中并拖动裂缝标志箭头或修改缝宽标志位置，使图像尺寸更接近真实宽度。

巩固训练

1. 复习本任务内容。

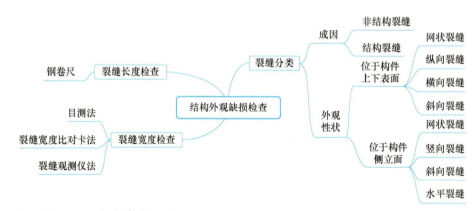

2. 扫描二维码，完成在线测试。

项目10
任务二测试

3. 对桥梁混凝土结构的裂缝进行检测，填写结构混凝土表观及内部缺陷试验检测记录表（裂缝长度及宽度），见表10-5。

表 10-5　结构混凝土表观及内部缺陷试验检测记录表（裂缝长度及宽度）

检测单位名称：　　　　　　　　　　　　　　　　　　　　　记录编号：

工程名称					
工程部位 / 用途					
样品信息					
试验检测日期			试验条件		
检测依据			判定依据		
主要仪器设备 名称及编号					
裂缝 编号	测试 时间	起点坐标 /m	止点坐标 /m	长度 /m	与水平方向 角度 / (°)	最大裂缝 宽度 /mm
裂缝图表描述						
附加声明：						

检测：　　　　记录：　　　　复核：　　　　　　　日期：　　年　　月　　日

混凝土结构内部缺陷无损检测

📋 [学习目标]

1. 熟悉超声波与冲击弹性波基本知识，熟悉超声波与冲击弹性波检测混凝土结构内部缺陷的方法。

2. 能采用超声波检测混凝土结构的裂缝深度和缺陷；能采用冲击弹性波检测混凝土的厚度、缺陷及裂缝深度，能进行试验数据处理分析和质量评定，并编制报告。

混凝土结构内部缺陷无损检测是指在不对结构造成破坏的条件下，通过测试与目标性能有直接或间接关系的参量，通过该参量来推定目标性能。从原理上讲，测试的参量与所求的目标性能之间相关性越好，混凝土结构内部缺陷无损检测结果的可靠性就越高。混凝土结构内部缺陷无损检测的主要方法见表 10-6。

表 10-6 混凝土结构内部缺陷无损检测的主要方法

类 别	代表检测方法	检测参量
机械波类	冲击弹性波法、超声波法、声波法	振幅、频率、相位、时间、速度
电磁波类	电磁诱导法、微波（探地雷达）法	振幅、频率、相位、时间、速度
	红外线法、可见光（激光）法	颜色、灰度、相干等
	X 射线法	射线的衰减
其他类	回弹法等	回弹值

混凝土结构内部缺陷无损检测常用冲击弹性波法和超声波法，二者都是利用锤击式或者压电式激振方式在测试对象内部或表面产生一个微小扰动，再利用接收装置接收该微小扰动，从而检测测试对象的内部状态。由于在激振方式以及接收信号的传感器结构上存在差异，冲击弹性波与超声波之间还是有一定的不同，见表 10-7。

表 10-7 冲击弹性波与超声波的比较

类 别	激振方式	能 量	频 率	波 长	分辨率	衰 减	测 距	分析方法
冲击弹性波	锤击	大	<1kHz	>1m	低	慢	长	频域法
超声波	压电	小	>20kHz	<10cm	高	快	短	时域法

一、超声波法检测混凝土裂缝深度

超声波的激振方式为压电式，频率高，分辨率高，常用时域分析法。超声波法适用于混凝土结构内部缺陷与表层损伤的检测，如混凝土内部空洞和不密实区的位置与范围，裂缝深度、表层损伤厚度，以及不同时间浇筑的混凝土结合面的质量等。

采用超声波法检测混凝土裂缝的深度时，裂缝中应没有积水和其他能够传声的夹杂物，且裂缝附近的混凝土应为匀质。深度不大于 500mm 的裂缝为浅裂缝，深度大于 500mm 的裂缝为深裂缝。

1. 浅裂缝检测

只有一个可测面，无法在侧面用对测法检测时，可用平测法检测裂缝的深度。检测时应在裂缝的被测部位以不同的测距按跨缝布置测点。测点布置应避开钢筋的影响。

（1）跨缝的声时测量　如图 10-6、图 10-7 所示，将 T、R 换能器分别置于以裂缝为对称轴的两侧，l_i 取 100mm、150mm、200mm 等时分别读取声时值 t_{ci}，同时观察首波相位的变化。

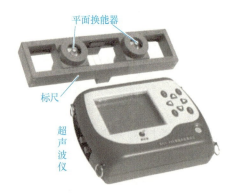

图 10-6　超声波仪（浅裂缝测试）

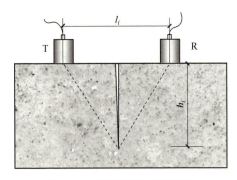

图 10-7　单面平测浅裂缝示意

（2）裂缝深度按下式计算：

$$h_i = \frac{l_i}{2}\sqrt{(t_{ci}v/l_i)^2-1} \tag{10-1}$$

$$h_m = \frac{1}{n}\sum_{i=1}^{n}h_i \tag{10-2}$$

式中　l_i——T、R 换能器之间的间距（mm）；

　　　h_i——以第 i 点计算的裂缝深度（mm）；

　　　t_{ci}——第 i 点跨缝平测时的声时值（μs）；

　　　h_m——各测点计算裂缝深度的平均值（mm）；

　　　n——测点数。

（3）裂缝深度的确定方法

1）跨缝测量中，当在某测距发现首波反相时，可用该测距及两个相邻测距的测量值按式（10-1）计算 h_i 值，取此三点 h_i 的平均值作为该裂缝的深度值。

2）跨缝测量中，如难以发现首波反相，则以不同测距按式（10-1）计算 h_i，以式（10-2）

计算平均值 h_m。将各测距的 l_i 与 h_m 作比较，剔除测距 l_i 中小于 h_m 和大于 $3h_m$ 的数据组，然后取余下 h_i 的平均值作为该裂缝的深度值。

2. 深裂缝检测

对于裂缝深度超过 500mm，在被检测混凝土允许在裂缝两侧钻测试孔的情形下，可采用钻孔对测法检测裂缝深度，如图 10-8 所示。采用径向换能器，仪器与检测方法可参考项目 9 任务二。

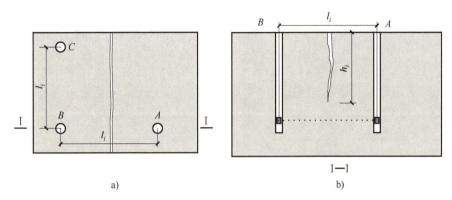

a)   b)

图 10-8 钻孔对测法检测裂缝深度示意

a）平面图（C 为比较孔）　b）I—I 剖面图

1）所钻测试孔应满足下列技术要求：

① 孔径应比所用换能器的直径大 5~10mm。

② 孔深应比被测裂缝的预计深度深 70mm，经测试如浅于裂缝深度，则应加大钻孔深度。

③ 对应的两个测孔应始终位于裂缝两侧，且其轴线保持平行。

④ 两个对应测试孔的间距宜为 2m，同一检测对象各对应测孔间距应保持相同。

⑤ 孔中的粉尘、碎屑应清理干净。

⑥ 如图 10-8a 所示，宜在裂缝一侧多钻一个孔距相同但较浅的孔 C，通过 B、C 两孔测试无裂缝混凝土的声学参数。

⑦ 横向测孔的轴线应具有一定倾斜角，不得平行于主筋。

2）裂缝深度检测应选用频率为 20~60kHz 的径向振动式换能器。

3）测试前首先向测孔注满清水，并检查是否有漏水现象，如果漏水较快，说明该测孔上裂缝相交，此孔不能用于测试。经检查测孔不漏水，可将 T、R 换能器分别置于裂缝同侧的 B、C 孔中，以相同高度等间距地同步向下移动，并读取相应的声时值和振幅值；再将两个换能器分别置于裂缝两侧对应的 A、B 测孔中，以同样方法同步移动两个换能器，逐点读取声时值、振幅值和换能器所处的深度。换能器每次移动的间距一般为 100~300mm，当初步查明裂缝的大致深度时，为便于准确判定裂缝深度，当换能器位于裂缝末端附近时，移动的间距应减小，如图 10-8b 所示。

4）若需确定裂缝末端的具体位置，可按图 10-9 所示的方法，将 T、R 换能器相差一个固定高度，然后上下同步移动，在保持每一个测点的测距相等、测线倾角一致的条件下，读取相应声时值的振幅值及两个换能器的位置。

5）裂缝深度及末端位置判定。裂缝深度判定主要以振幅值作为依据，将测得的振幅值 A 和相应的孔深 h 绘制成 h-A 坐标图，如图 10-10 所示。随着换能器位置的下移，振幅逐渐增大，当换能器下移至某一位置后，振幅达到最大时，该位置对应的深度便是该裂缝的深度值 h。

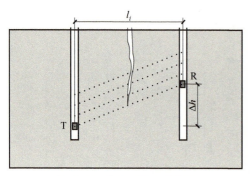

图 10-9　钻孔法测裂缝深度

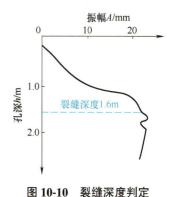

图 10-10　裂缝深度判定

二、超声波法检测混凝土缺陷

1. 不密实区和空洞检测

混凝土结构在施工过程中，因漏振、漏浆或石子架空在钢筋骨架上，均会导致混凝土内部形成蜂窝状不密实或空洞等隐蔽缺陷。检测时，宜先根据现场施工记录和外观质量情况，或者在结构的使用过程中出现了质量问题后，初步判定混凝土内部缺陷的大致位置，或采用大范围的粗测方法（大面积扫测）确定隐蔽缺陷的大致位置，然后再根据粗测情况对可疑区域进行细测。检测不密实区和空洞时，构件的被测部位应具有一对或两对相互平行的测试面，测试范围原则上应大于怀疑的区域，同时应在同条件的正常混凝土区域进行对比测试。一般情况下，对比测点数不宜少于 20 个。

（1）对测法　当结构被测部位具有两对平行表面时，可采用一对换能器，分别在两对互相平行的表面上进行对测。如图 10-11 所示，先在测区的两对平行表面上分别画出间距为 200~300mm 的网格，并逐点编号，定出对应测点的位置；然后将 T、R 换能器分别置于对应测点上，逐点读取相应的声时值 t_i、振幅值 A_i 和频率 f_i，并量取测试距离 l_i。

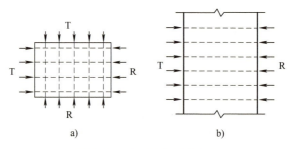

图 10-11　对测法换能器布置
a）平面图　b）立面图

（2）斜测法　当结构物的被测部位只有一对平行表面可供测试时，或被测部位处于结构的特殊位置时，可采用对测和斜测相结合的斜测法，换能器在对测法的基础上进行交叉斜测，测点布置如图 10-12 所示。

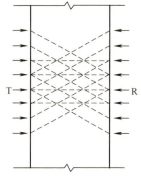

（3）钻孔法　对于大体积混凝土结构，由于其断面尺寸较大，如直接进行平面对测，接收到的脉冲信号会很微弱，甚至无法识别首波的起始位置，这不利于声学参数的读取和分析。为了缩短测试距离，提高检测灵敏度，可采用钻孔法。如图 10-13 所示，在测位钻出竖向的测试孔，钻孔直径宜比换能器直径大 5~10mm，钻孔间距宜为 2~3m，其深度可根据测试需要确定。检测时，可将两个径向振动式换能器分别置于两测孔中进行测试，或将一个径向振动式换能器与一个厚度振动式换能器分别置于测孔中和平行于测孔的侧面进行测试。根据需要，既可以将两个换能器置于同一高度，也可

图 10-12　斜测法测缺陷

以将二者保持一定的高度差同步上下移动。测试时逐点读取声时值、振幅值和频率，并记下孔中换能器的位置。

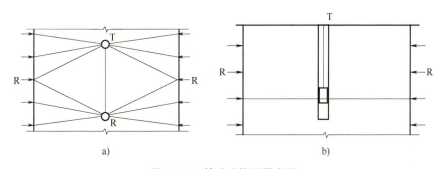

a)　　　　　　　　　　　　　　b)

图 10-13　钻孔法换能器布置

a）平面图　b）立面图

2. 混凝土结合面质量的检测

用超声波法检测混凝土结合面的质量时，应先查明结合面的位置及走向，明确被测部位及范围。若构件的被测部位具有声波垂直或斜穿结合面的测试条件，可采用对测法与斜测法进行检测，换能器的具体布置方法如图 10-14 所示。

1）测点布置注意事项：

① 使测试范围覆盖全部的结合面或有怀疑的部位。

② 各对 T-R_1（声波传播不经过结合面）和 T-R_2（声波传播经过结合面）换能器连线的倾斜角测距应相等。

③ 测点间距应根据被测结构结合面的外观质量确定，一般为 100~300mm，因为间距过大易造成缺陷漏检。

2）声时、振幅和主频率测量按布置好的测点分别测出各点的声时值、振幅值和主频率。

3）数据处理及判定：

① 将同一测位各点的声时值、振幅值和主频率分别进行平均值与均方差统计计算。

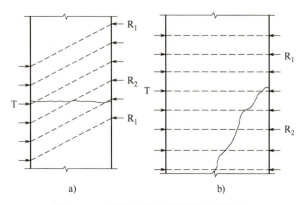

图 10-14　混凝土结合面质量检测示意

a）斜测法　b）对测法

② 当测点数无法满足统计法判断时，可将 T-R_2 的声时值、振幅值等声学参数与 T-R_1 进行比较，若 T-R_2 的声学参数比 T-R_1 显著变低，则该点可判为异常测点。

③ 当通过结合面的某些测点的数据被列为异常，并查明无其他因素影响时，可判定混凝土结合面在该部位结合不良。

3. 混凝土表面损伤层的检测

冻害、高温或化学腐蚀会引起混凝土表面损伤，检测表面损伤层厚度时，被测部位和测区的确定应满足下列要求：

1）根据构件的损伤情况和外观质量选取有代表性的部位布置测位。

2）构件被测部位表面应平整并处于自然干燥状态，且无接缝和饰面层。

3）检测时，为保证检测结果的可靠性，宜做局部破损验证。

用超声波法检测混凝土表面损伤层厚度的方法大致有两种：一是单面平测法，二是逐层穿透法。进行混凝土表面损伤层检测时，宜选用 30~50kHz 的低频厚度振动式换能器。

1）单面平测法。此法既可应用于仅有一个可测表面的结构，也可应用于损伤层位于两个对应面上的结构或构件。如图 10-15 所示，将发射换能器 T 置于测试面某一点保持不动，再将接收换能器 R 以测距 l_i=30mm、60mm、90mm……依次置于各点，读取相应的声时值 t_i。每个测位的测点数不得少于 6 个；当损伤层厚度较厚时，应适当增加测点数；当构件的损伤层厚度不均匀时，应适当增加测区数量。

2）逐层穿透法（钻孔法）。在损伤结构的一对平行表面上分别钻出一对不同深度的测试孔，孔径为 50mm 左右；然后用直径小于 50mm 的平面式换能器，分别在不同深度的一对测孔中进行测试，读取声时值和测试距离，并计算其声速值。或者在结构同一位置先测一次声速，然后凿开一定深度的测孔，在孔中测一次声速；再将测孔增加一定深度，再测声速，直至两次测得的声速之差小于 2% 或接近于最大值时为止，如图 10-16 所示。

4. 混凝土匀质性检验

1）结构混凝土的匀质性一般宜采用平面式换能器进行穿透对测法检测。检测时，要求被测结构应具备一对相互平行的测试表面，并保持平整、干净。先在两个测试面上分别画出等间距的网格，并编上对应的测点序号，网格的间距取决于结构的种类和测试要求，一般为 200~300mm。对于测距较小、质量要求较高的结构，测点间距宜小些；而对于大体积结构，测点间距可适当取大些。

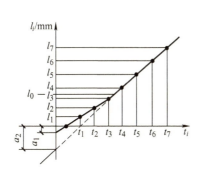

图 10-15　采用单面平测法检测
损伤层厚度

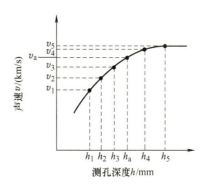

图 10-16　采用逐层穿透法检测
损伤层厚度的 v-h 曲线

2）应使 T、R 换能器在对应的一对测点上保持良好的耦合状态，逐点读取声时值 t_i。超声波测距的测量方法可根据构件的实际情况确定，如果各测点的测距完全一致，便可在构件的不同部位抽测几次，取其平均值作为该构件的超声测距值 l。当各测点的测距不尽相同（相差 ≥ 1%）时，应分别进行测量，有条件的最好采用专用工具逐点测量 l_i 值。

3）根据被测结构混凝土的"声速 v-强度 R"关系曲线，先计算出被测构件测区处测点的换算强度值 R_i，然后再计算出测区处测点换算强度的平均值 m_R、标准差 S_R 和离差系数（变异系数）C_V。

三、冲击弹性波法检测混凝土结构厚度（IE 法）

混凝土结构厚度检测——冲击弹性波法

冲击弹性波由激振锤或其他激振装置与测试对象发生冲击产生，其具有激振能量大、操作简单、便于进行频谱分析和能量分析等特点。冲击弹性波法可进行基桩完整性检测（低应变反射波法）、立柱长度检测、锚杆/锚索长度和灌浆密实度检测、混凝土抗压强度检测、混凝土厚度检测、混凝土缺陷检测、混凝土裂缝深度检测等。

1. 测试原理

利用激振锤在结构物表面敲击，形成瞬间应力脉冲，实体波（特别是 P 波）在传播过程中遇到缺陷或边界时，由于两种介质的声阻抗不同，实体波在这些界面上将发生反射，在表面与界面（缺陷与边界）之间发生多重反射，结果是形成瞬时的类谐振条件。

混凝土板等厚度较薄的结构，其激发信号与反射信号往往交织在一起，无法在时域上进行分离。因此，一般利用 FFT（快速傅里叶变换）、MEM（最大熵分析）等频谱分析方法对回波信号进行分离（图 10-17）。通过频谱分析方法可以算出一次反射的时间（即周期），据此可测出对象的厚度。频谱分析方法也称为 IE 法（冲击弹性波法）。

在图 10-17a 所示的混凝土板的测试中，由瞬时冲击产生的弹性波（P 波）在混凝土板的顶面与底面之间重复反射，如果接收传感器距离敲击点的位置足够近，则弹性波从混凝土板的顶面传到底面后经反射再返回顶面的行程为 2 倍的板厚（$2H$）。设弹性波在混凝土板内的传播速度为 v_p，则上述行程的传播时间（周期）Δt 为

$$\Delta t = 2H/v_p \tag{10-3}$$

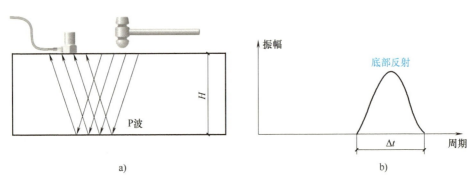

图 10-17　冲击弹性波法的原理

弹性波在混凝土板内的传播会引起质点发生振动，在均质无缺陷的混凝土板中，受介质材料的阻尼作用，质点振动的振幅会逐渐衰减，传感器接收到的振动信号中必然含有一个周期为 Δt 的卓越振动（图 10-17b），其频率 f 为周期 Δt 的倒数，结合式（10-3），即得厚度的基本公式：

$$H = \frac{v_p}{2f} \tag{10-4}$$

式中　H——混凝土板的厚度（m）；

　　　f——对应于混凝土板板底反射卓越振动的频率（Hz），又称为板厚频率；

　　　v_p——弹性波在混凝土板内的传播速度（m/s），又称为表观弹性波速度。

2. 波速 v_p 的确定

波速 v_p 的获取方法一般有以下两种：在同样的条件下标定（如对测试部位的芯样进行测定或对已知厚度的位置进行测定）和采用其他方法（如单面传播法、双面透过法）测定获取。如采用单面传播法测定得到的波速为 c_p，则 v_p 和 c_p 之间存在以下关系：

$$v_p = \beta c_p \tag{10-5}$$

其中，β 称为几何形状系数，与测试的位置、激振的波长、结构横截面的厚宽比 η 等有关。对于一般板式结构，$\beta=0.96$。

3. 测试设备

测试设备应具有以下技术要求：

1）应采用高频域压电式加速度传感器。

2）应有两个或以上的通道可同时采集。

3）采用的 A/D 转换设备的分辨率不应小于 12bit。分辨率为 12bit 时，每个通道的采样频率应在 500kHz 以上，即采样间隔不应大于 2μs；分辨率在 16bit 或以上时，每个通道的采样频率应在 250kHz 以上，即采样间隔不应大于 4μs。

4）采集系统须具有预触发功能，触发信号到达前应能采集不少于 100 个数据记录。

5）因为需要采用频谱分析，因此最好记录 10 个以上的往复波形。

6）应根据测试对象的厚度选用不同直径的激振锤。对象厚度越厚，采用的激振锤直径越大。

4. 测试步骤

1）检测表面应干燥并清除其上的污垢和碎屑。当表面不平整时，应使用钢锉、打磨石等工具进行处理。正在养护的混凝土不应布置测试点。

2）在混凝土结构表面选择接收传感器及敲击点的位置，注意避开混凝土表面的蜂窝、接缝、裂缝等缺陷位置。测线应与纵向钢筋、横向钢筋成 45° 布设，测点数不应少于 6 个。

3）将传感器固定在测试面上，激振锤的激振点到传感器的距离应小于被测混凝土板厚度的 2/5。

4）选用合适的激振锤激振，重复测试以确认测试波形的再现性。

5）根据式（10-4）计算每个测点的厚度 H_i，并计算代表值、平均值和均方差。

6）根据需要，可改变激振锤的参数进行测试，并对比检测结果的一致性。

5. 注意事项

（1）激振锤的选定　一般情况下，对于厚层混凝土，需要选用较大的激振锤以提高激发能量，对于薄层混凝土则相反。采用冲击弹性波法时，冲击弹性波的固有波长应当短于测试对象厚度的 2 倍。对于不同厚度的混凝土，可以参照表 10-8 选用激振锤。

表 10-8　混凝土厚度测定中激振锤的选择

对象厚度 /m	<0.1	0.1~0.2	0.2~0.4	0.4~0.8	>0.8
首选型号	D6	D10	D17	D30	激振锤型号根据混凝土实际厚度选取
备选型号	D10	D17	D30	D50	

（2）反射信号的识别　在混凝土表面激振并接收的信号中，一般包含以下频率成分：

1）敲击的冲击信号以及敲击引起的部分自由振动。

2）壁的振动（混凝土振动或弯曲振动）。

3）壁底部或缺陷处的反射信号（又叫纵波共振）。

其中，纵波共振频率即为冲击弹性波法分析的基础，其他则是引起误判的根源。因此，需要区分相应的成分。

（3）周围边界的影响　当混凝土面积不大，或测试位置与边界较近时，激振产生的弹性波在周围边界也会发生反射。产生的反射波通常以表面波为主，对壁厚的测试有不可忽略的影响。

此外，结构的周围约束条件会对混凝土振动产生较大的影响。如果周围约束较少，此时自由振动的幅值会大大增加，从而对冲击弹性波法的测试造成明显的干扰。

四、冲击弹性波法检测混凝土缺陷

混凝土结构中，由于施工、材料、外部条件等多种原因，会出现各种缺陷，如表面的蜂窝、麻面和脱空，内部的空洞、不密实以及施工冷缝等，这些缺陷对结构的承载力和耐久性均会有不同程度的影响。测试混凝土缺陷的方法有很多，从媒介来分，有超声波、冲击弹性波和微波（雷达）等。

混凝土结构缺陷检测——冲击弹性波法

当混凝土结构中存在厚度为 L 的脱空等缺陷时，可将其视作夹层，弹性波在该夹层界面上将会发生反射。由于空气的密度很小，弹性波的波速也低，因此其机械阻抗很低

（$Z=0.004$），所以弹性波对空气夹层非常敏感。弹性波在缺陷区将有不同程度的反射，其中脱空区域的反射率达 99.9%，如图 10-18 所示。

冲击弹性波法检测混凝土缺陷的原理、设备与冲击弹性波法检测混凝土结构厚度一致，缺陷反射点位置的确定方法有时域法（图 10-19）和频域法，详细原理见项目 9 任务三。

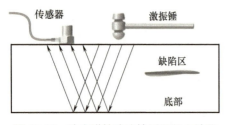

图 10-18 冲击弹性波法检测混凝土缺陷

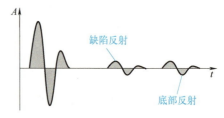

图 10-19 时域法

由于弹性波波长较长，而结构缺陷相对较浅，用时域法判定较为困难，一般采用频域法进行分析。弹性波在缺陷处产生的反射会出现新的频谱峰值，如图 10-20 所示，从扫描分析图（图 10-21）上可分析缺陷的位置。在厚度较薄的混凝土结构中，缺陷使得底部的反射时间延长。

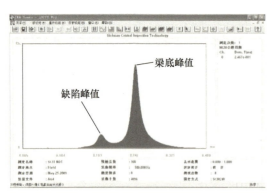

图 10-20 频谱峰值

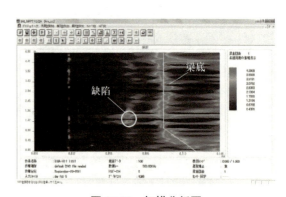

图 10-21 扫描分析图

五、相位反转法检测混凝土裂缝深度

钢筋混凝土结构的破坏往往从裂缝开始，裂缝深度信息对判断结构损伤程度、明确裂缝成因等有着重要意义。混凝土裂缝深度检测可采用超声波法、冲击弹性波法和钻芯法。

裂缝深度检测——
相位反转法

当激发的弹性波（包括声波、超声波）信号在混凝土内传播，穿过裂缝时，在裂缝端点处产生衍射，其衍射角与裂缝深度具有一定的几何关系。相位反转法正是基于该原理将激振点与接收点沿裂缝对称配置，从近到远逐步移动；当激振点与裂缝的距离与裂缝深度相近时，接收信号的初始相位会发生反转（图 10-22）。

相位反转法只需要移动激振锤或换能器，确定首波相位反转的临界点，就可以确定混凝土的裂缝深度，与其他裂缝深度测试方法相比，无须通过试算，检测过程简单直观。

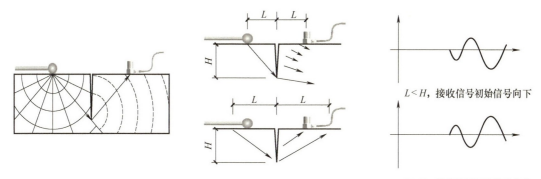

$L < H$，接收信号初始信号向下

$L > H$，接收信号初始信号向上

图 10-22　相位反转法检测混凝土裂缝深度的原理

巩固训练

1. 复习本任务内容。

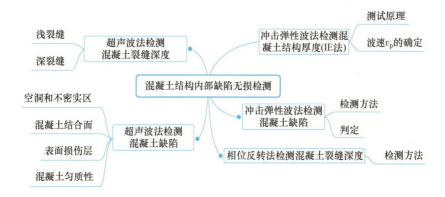

2. 扫描二维码，完成在线测试。

项目 10
任务三测试

3. 分别用超声波法检测混凝土裂缝深度、用冲击弹性波法检测混凝土结构的厚度和缺陷、用冲击弹性波法检测混凝土结构的厚度和裂缝，填写相应的试验检测记录表，分别见表 10-9~ 表 10-11。

表 10-9　结构混凝土表观及内部缺陷试验检测记录表（超声波法检测混凝土裂缝深度）

检测单位名称：　　　　　　　　　　　　　　　　　　　记录编号：

工程名称							
工程部位 / 用途							
样品信息							
试验检测日期				试验条件			
检测依据				判定依据			
主要仪器设备名称及编号							

裂缝深度 $h \leqslant 500$mm	裂缝编号	换能器内边缘间距（mm）及对应声时（μs）						
		l_1	l_2	l_3	l_4	l_5	l_6	l_7
		t_1	t_2	t_3	t_4	t_5	t_6	t_7

裂缝深度 $h>500$mm	裂缝编号	换能器从上至下的提升距离（mm）及对应波幅（dB）						
		l_1	l_2	l_3	l_4	l_5	l_6	l_7
		A_1	A_2	A_3	A_4	A_5	A_6	A_7

裂缝图表描述	

附加声明：

检测：　　　记录：　　　复核：　　　日期：　　年　　月　　日

表 10-10　结构混凝土表观及内部缺陷试验检测记录表
（冲击弹性波法检测混凝土结构的厚度和缺陷）

检测单位名称：　　　　　　　　　　　　　　　　　　　记录编号：

工程名称			
工程部位 / 用途			
样品信息			
试验检测日期		试验条件	
检测依据		判定依据	
主要仪器设备 名称及编号			
波速标定值 /（km/s）			
厚度测试结果 /mm			
缺陷测试	编号	缺陷长度测试结果 /mm	
	第＿＿测线		
	第＿＿测线		
缺陷位置 示意图			
附加声明：			

检测：　　　　记录：　　　　　复核：　　　　　　日期：　　　年　　　月　　　日

表 10-11 结构混凝土表观及内部缺陷试验检测记录表
（冲击弹性波法检测混凝土结构的厚度和裂缝）

检测单位名称：　　　　　　　　　　　　　　　　　　　　记录编号：

工程名称			
工程部位 / 用途			
样品信息			
试验检测日期		试验条件	
检测依据		判定依据	
主要仪器设备名称及编号			
波速标定值 /（km/s）			
厚度测试结果 /mm			
裂缝测试	编号	裂缝深度测试结果 /mm	
	第____测线		
	第____测线		
裂缝位置示意图			
附加声明：			

检测：　　　　记录：　　　　复核：　　　　日期：　　年　　月　　日

混凝土强度检测与评定

混凝土测试强度的技术按其对混凝土结构的影响程度分为部分破损法和非破损法（无损检测）。原则上不采取破损检测，但在其他方法不能准确评定结构（构件）或承重构件主要受力部位的混凝土强度时，应采用钻芯法或钻芯法结合其他方法综合评定。在结构上钻（截）取试件时，应尽量选择承重构件的次要部位或次要承重构件，并应采取有效措施确保结构安全。钻（截）取试件后，应及时进行修复或加固处理。混凝土强度检测与评定常用方法见表 11-1。

表 11-1　混凝土强度检测与评定常用方法

方　法	测试内容	适用范围	优　点	缺　点
回弹法	测定混凝土表面硬度	检测混凝土的抗压强度、均质性	测试简单、快速，被测物的形状、尺寸一般不受限制	测试部位仅限于混凝土表面，同一测试部位不能再次测试
冲击弹性波法	测定超声波的传播速度、振幅和频率	检测混凝土的强度、厚度、内部缺陷、裂缝等	能量大、波长较长，传播距离远	时域分析精度不高，可采用频域分析
超声法	测定超声波的传播速度、振幅和频率	检测混凝土的抗压强度及内部缺陷	被测构件的形状与尺寸不限，同一处可反复测试	探头的探测频率较高时，声波衰减大，精度相对较差
超声回弹综合法	测定混凝土表面硬度值和超声波的传播速度	检测混凝土抗压强度	测试相对简单，精度比单一的回弹法或超声波法更高	比单一的回弹法或超声法更费时间
钻芯法	从混凝土中钻取一定尺寸的芯样	检测混凝土的抗压强度、劈裂强度、内部缺陷	对混凝土有一定损伤，检测后应进行修补	设备笨重，成本较高，对混凝土有损伤，需修补
拔出法	预埋或后装于混凝土中的锚固件，测试拔出力	检测混凝土的抗压强度	测试精度较高	对混凝土有一定损伤，检测后需进行修补

采用上述方法检测桥梁结构的混凝土强度，应对其检测结果进行评定。《公路

桥梁承载能力检测评定规程》（JTG/T J21—2011）规定，应依据混凝土桥梁结构或构件的实测强度推定值或测区平均换算强度值，按式（11-1）、式（11-2）计算其推定强度匀质系数 K_{bt}，或平均强度匀质系数 K_{bm}，并按表 11-2 的规定确定混凝土强度评定标准。

1）推定强度匀质系数 K_{bt}：

$$K_{bt} = \frac{R_{it}}{R} \tag{11-1}$$

式中　R_{it}——混凝土实测强度推定值；

　　　R——混凝土设计强度等级。

2）平均强度匀质系数 K_{bm}：

$$K_{bm} = \frac{R_{im}}{R} \tag{11-2}$$

式中　R_{im}——混凝土测区平均换算强度值。

表 11-2　桥梁混凝土强度评定标准

K_{bt}	K_{bm}	强 度 状 况	评 定 标 准
≥ 0.95	≥ 1.00	良好	1
(0.95, 0.90]	(1.00, 0.95]	较好	2
(0.90, 0.80]	(0.95, 0.90]	较差	3
(0.80, 0.70]	(0.90, 0.85]	差	4
<0.70	<0.85	危险	5

职业榜样

　　林鸣（1957—），中国交通建设股份有限公司总工程师，曾担任港珠澳大桥岛隧工程项目总经理、总工程师，率领数千建设大军奔赴珠江口伶仃洋，走上攀登世界工程技术高峰的创新之路。林鸣于 2014 年 4 月 21 日荣获"2014 年感动交通十大年度人物"称号；2015 年 4 月 28 日被中共中央、国务院授予 2015 年"全国劳动模范"荣誉称号；2021 年 11 月 18 日当选为中国工程院院士。

回弹法测试混凝土抗压强度

　　1. 掌握回弹仪的技术要求、检定条件、率定试验的规定、保养方法，掌握回弹值测定内容，掌握测强曲线应用知识，会进行混凝土强度计算。

　　2. 能采用回弹仪检测混凝土抗压强度，能进行测区回弹值的计算与修正，能进行试验数据处理分析和质量评定，并编制报告。

　　混凝土的回弹值是用回弹仪在混凝土表面测得后，经碳化深度修正后得到的回弹值，无量纲，适用规范是《回弹法》。

　　回弹法适用于普通混凝土抗压强度（以下简称混凝土强度）的检测，其优点有：

1）回弹仪构造简单，价廉。

2）测试简便，测试费用低。

3）检测灵活、迅速。

4）检测中不破坏被测构件。

5）可以基本反映结构混凝土抗压强度的变化规律。

　　下列情况下，不宜用回弹法检测结构混凝土的强度：

1）遭受冻害、化学腐蚀、火灾、高温损伤的混凝土。

2）被测构件厚度小于 10cm。

3）结构表面温度低于 −4℃或高于 60℃。

4）其他表层与内部质量有明显差异或内部存在缺陷的混凝土结构或构件。

一、回弹仪

1. 回弹仪的构造与工作原理

　　回弹仪的类型比较多，有重型、中型、轻型和特轻型，一般工程中使用最多的是中型回弹仪。我国自 20 世纪 50 年代中期开始相继投入生产指针直读式回弹仪、自记式回弹仪、数字式回弹仪，其中以指针直读式回弹仪应用最广泛，其构造如图 11-1 所示。

仪器工作时，随着对回弹仪的施压，弹击杆（11）缓慢向机壳内推进，弹击拉簧（14）被拉伸，使连接弹击拉簧的弹击锤（7）获得恒定的冲击能量 e；当仪器在水平状态工作时，其冲击能量 e 为 2.207J（标准规定弹击拉簧的刚度为 785.0N/m），弹击拉簧工作时的拉伸长度为 0.075m。

当挂钩（3）与调零螺钉（2）互相挤压时，弹击锤脱钩，于是弹击锤的冲击面与弹击杆的后端平面相碰撞；此时，弹击锤释放出来的能量借助弹击杆传递给混凝土构件，混凝土弹性反应的能量又通过弹击杆传递给弹击锤，使弹击锤获得回弹的能量向后弹回（图 11-2）。回弹值 R 为弹击锤回弹的距离 x 和弹击锤脱钩前距弹击杆后端平面的距离 l 之比［式（11-3）］，它由仪器外壳上的刻度尺（15）示出，有

$$R = \frac{x}{l} = \sqrt{\frac{e_x}{e}} \qquad (11\text{-}3)$$

式中 e_x——弹击锤被弹回到 x 位置时所具有的势能；

e——标准冲击能量，即弹击锤被拉到冲击前 l 位置时所具有的势能。

2. 回弹仪技术要求

回弹仪必须具有制造厂的产品合格证及检定单位的检定合格证，并应在回弹仪的明显位置上具有下列标志：名称、型号、制造厂名（或商标）、出厂编号、出厂日期和中国计量器具制造许可证标志"CMC"及许可证证号等。中型回弹仪应符合下列标准状态的要求：

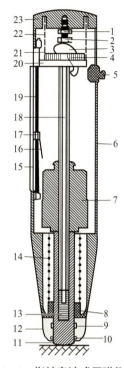

图 11-1 指针直读式回弹仪构造
1—紧固螺母 2—调零螺钉 3—挂钩
4—挂钩销子 5—按钮 6—机壳
7—弹击锤 8—拉簧座 9—卡环
10—密封毡圈 11—弹击杆 12—盖帽
13—缓冲弹簧 14—弹击拉簧
15—刻度尺 16—指针片 17—指针块
18—中心导杆 19—指针轴
20—导向法兰 21—挂钩压簧
22—压簧 23—尾盖

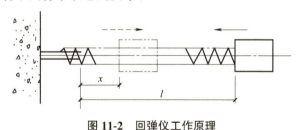

图 11-2 回弹仪工作原理

1）水平弹击时，弹击锤脱钩的瞬间，回弹仪的标准能量应为 2.207J。

2）弹击锤与弹击杆碰撞的瞬间，弹击拉簧应处于自由状态，此时弹击锤的起跳点应相应于指针指示刻度尺上的"0"处。

3）在洛氏硬度为（60±2）HRC 的钢砧上，回弹仪的率定值应为 80±2。

4）回弹仪使用时的环境温度应为 -4~40℃。

3. 回弹仪的检定条件

回弹仪的检定周期为半年，当回弹仪具有下列情况之一时，应由法定计量检定机构按

《回弹仪检定规程》（JJG 817—2011）进行检定：

1）新回弹仪启用前。

2）超过检定有效期限（半年）。

3）数字式回弹仪数字显示的回弹值与指针直读的示值相差大于1。

4）经保养后，在钢砧上的率定值不合格。

5）遭受严重撞击或其他损害。

回弹仪的率定

4. 回弹仪率定试验的规定

回弹仪在使用前后，均应在钢砧上进行率定试验，试验应符合下列规定：

1）率定试验应在室温为5~35℃的条件下进行。

2）钢砧表面应干燥、清洁，并应稳固地平放在刚度较大的物体上。

3）回弹值应取连续向下弹击三次的稳定回弹结果的平均值。

4）率定试验应分四个方向进行，且每个方向在弹击前，弹击杆应旋转90°。每个方向的回弹平均值均应为80±2。

5）回弹仪率定试验所用钢砧的钢芯硬度和表面状态会随弹击次数的增加而变化，故钢砧应每2年送授权计量检定机构进行检定或校准。

5. 回弹仪的保养

1）回弹仪有下列情况之一时，应进行常规保养：

① 弹击超过2000次。

② 对检测值有怀疑时。

③ 在钢砧上的率定值不合格。

2）回弹仪的保养应按下列步骤进行：

① 先将弹击锤脱钩，取出机芯；然后卸下弹击杆，取出里面的缓冲弹簧，并取出弹击锤、弹击拉簧和拉簧座。

② 清洁机芯的各零（部）件，并应重点清理中心导杆、弹击锤和弹击杆的内孔及冲击面。清理后，应在中心导杆上涂抹薄层钟表油，其他零（部）件不得抹油。

③ 清理机壳内壁，卸下刻度尺，检查指针片和指针块，刻度尺的摩擦力应为0.5~0.8N。

④ 对于数字式回弹仪，还应按产品要求的维护程序进行维护。

⑤ 保养时，不得旋转尾盖上已定位紧固的调零螺钉，不得自制或更换零（部）件。

⑥ 保养后应进行率定试验。

3）回弹仪使用完毕，应使弹击杆伸出机壳，并应清除弹击杆、杆前端球面以及刻度尺表面和外壳上的污垢、尘土。

4）回弹仪不用时，应将弹击杆压入机壳内，经弹击后按下按钮，锁住机芯，然后装入仪器箱。仪器箱应平放在干燥阴凉处。当数字式回弹仪长期不用时，应取出电池。

二、回弹值测定

1. 资料准备

需进行非破损法测试的结构或构件，在检测前，应具备下列有关资料：

1）工程名称、设计单位名称、施工单位名称。

2）构件的名称、数量，以及混凝土的类型、强度等级。

3）水泥安定性数据，外加剂、掺合料的品种，混凝土配合比等。

4）施工模板情况，混凝土浇筑、养护情况及浇筑日期等。

5）必要的设计图纸和施工记录。

6）检测原因。

2. 测区布置

检测单个构件时，需要布置测区，因为测区是进行测试的单元。测区应标有清晰的编号，并宜在记录纸上绘制测区布置示意图并描述外观质量情况。测区布置应符合下列规定：

1）对于一般构件，测区数不宜少于 10 个。当受检构件数量大于 30 个且不需提供单个构件推定强度，或受检构件某一方向尺寸不大于 4.5m 且另一方向尺寸不大于 0.3m 时，每个构件的测区数量可适当减少，但不应少于 5 个。

2）相邻两测区的间距不应大于 2m，测区离构件端部或施工缝边缘的距离不宜大于 0.5m，且不宜小于 0.2m。

3）测区宜选在能使回弹仪处于水平方向的混凝土浇筑侧面位置。当不能满足这一要求时，也可选在使回弹仪处于非水平方向的混凝土浇筑表面或底面位置。

4）测区宜布置在构件的两个对称的可测面上；当不能布置在对称的可测面上时，也可布置在同一可测面上，且应均匀分布。在构件的重要部位及薄弱部位应布置测区，并应避开预埋件。

5）测区的面积不宜大于 0.04m²。

6）测区表面应为混凝土原浆面，并应清洁、平整，不应有疏松层、浮浆、油垢、涂层以及蜂窝、麻面。

7）对于弹击时会产生颤动的薄壁、小型构件，应进行固定。

对于混凝土生产工艺、强度等级相同，原材料、配合比、养护条件基本一致且龄期相近的一批同类构件的检测，应采用批量检测。

按批量进行检测时，应随机抽取构件，抽检数量不宜少于同批构件总数的 30% 且不宜少于 10 件。当检验批构件数量大于 30 个时，抽样构件数量可适当调整，并不得少于国家现行有关标准规定的最少抽样数量。

结构或构件上的测区应注明编号，并记录测区所处的位置和外观质量情况。

梁、柱、墙测区布置示意图如图 11-3 所示。

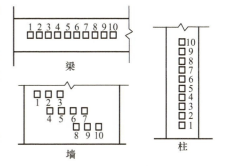

图 11-3 梁、柱、墙测区布置示意

3. 回弹值的测定

用回弹仪测试时，宜使仪器处于水平方向测试混凝土浇筑的侧面，该情况下测试修正值为 0。如不能满足这一要求，也可在非水平状态下测试或测试混凝土的浇筑顶面或底面（图 11-4），但其回弹值应进行角度与浇筑面修正。泵送混凝土测区应选择在浇筑侧面位置。

回弹值测定

测量回弹值时，回弹仪的轴线应始终垂直于混凝土检测面，并应缓慢施压、准确读数、快速复位。回弹仪测试现场如图 11-5 所示。

每一测区应读取 16 个回弹值，每一测点的回弹值读数应精确至 1。测点宜在测区范围内均匀分布，相邻两测点的净距离不宜小于 20mm；测点距外露钢筋、预埋件的距离不宜小于 30mm；测点不应在气孔或外露石子上，同一测点应只弹击一次。

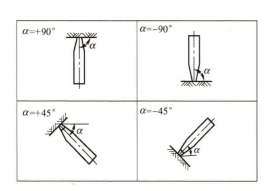

图 11-4　回弹仪测试角度示意

图 11-5　回弹仪测试现场

4. 混凝土碳化深度的测定

回弹值测量完毕后，应在有代表性的测区上测量混凝土的碳化深度值，测点数不应少于构件测区数的 30%，应取其平均值作为该构件每个测区的碳化深度值。当碳化深度值极差大于 2.0mm 时，应在每一测区分别测量碳化深度值。

混凝土碳化深度测定

碳化深度值的测量应符合下列规定：

1）可采用工具在测区表面形成直径约 15mm 的孔洞，其深度应大于混凝土的碳化深度。

2）应清除孔洞中的粉末和碎屑，且不得用水擦洗。

3）应采用浓度为 1%~2% 的酚酞酒精溶液滴在孔洞内壁的边缘处，当已碳化与未碳化的界线变清晰时，应采用碳化深度测量仪测量已碳化与未碳化混凝土交界面到混凝土表面的垂直距离，并应测量 3 次，每次读数应精确至 0.25mm。

4）应取三次测量的平均值作为检测结果，并应精确至 0.5mm。

三、测区回弹值计算及修正

1. 测区回弹值的计算

当用回弹仪在水平方向检测混凝土浇筑侧面时，应从每一测区的 16 个回弹值中剔除其中 3 个最大值和 3 个最小值，取余下的 10 个回弹值的平均值作为该测区的平均回弹值，取一位小数。计算式为

$$R_{\mathrm{m}} = \frac{\sum\limits_{i=1}^{10} R_i}{10} \tag{11-4}$$

式中　R_{m}——测区平均回弹值，计算至 0.1；

　　　R_i——第 i 个测点的回弹值。

2. 测试角度修正

当用回弹仪在非水平方向检测混凝土浇筑侧面时，应将测得的数据按下式进行修正，计算非水平方向检测的修正回弹值。

$$R_\mathrm{m}=R_{\mathrm{m}\alpha}+R_{\mathrm{a}\alpha} \tag{11-5}$$

式中　$R_{\mathrm{m}\alpha}$——经非水平方向检测时测区的平均回弹值；

　　　$R_{\mathrm{a}\alpha}$——回弹仪实测的测区平均回弹值（非水平方向检测时的回弹值修正值），可查《回弹法》附录 C。

3. 测试面修正

当用回弹仪在水平方向检测混凝土浇筑表面或浇筑底面时，测区的回弹值分别按下述计算式进行修正：

$$R_\mathrm{m}=R_\mathrm{m}^\mathrm{t}+R_\mathrm{a}^\mathrm{t} \tag{11-6}$$

$$R_\mathrm{m}=R_\mathrm{m}^\mathrm{b}+R_\mathrm{a}^\mathrm{b} \tag{11-7}$$

式中　R_m^t、R_m^b——在水平方向检测混凝土浇筑表面、浇筑底面时，测区的平均回弹值，精确至 0.1；

　　　R_a^t、R_a^b——混凝土浇筑表面、浇筑底面回弹值修正值，可查《回弹法》附录 D。

如果测试仪器既非水平方向又非混凝土浇筑侧面，则应先对回弹值进行角度修正，然后进行浇筑面修正。

四、测强曲线应用

1）混凝土强度换算值可采用下列测强曲线计算：

① 统一测强曲线：由全国有代表性的材料、成型工艺制作的混凝土试件，通过试验建立的测强曲线。

② 地区测强曲线：由本地区常用的材料、成型工艺制作的混凝土试件，通过试验建立的测强曲线。

③ 专用测强曲线：由与构件混凝土相同的材料、成型工艺制作的混凝土试件，通过试验建立的测强曲线。

有条件的地区和部门，应制定本地区的测强曲线或专用测强曲线。检测单位宜按专用测强曲线、地区测强曲线、统一测强曲线的顺序选用测强曲线。

2）符合下列条件的非泵送混凝土，测区强度应按《回弹法》附录 A 进行强度换算：

① 混凝土采用的水泥、砂石、外加剂、掺合料、拌合用水符合国家现行有关标准。

② 采用普通成型工艺。

③ 采用符合国家标准规定的模板。

④ 蒸汽养护出池经自然养护 7d 以上，且混凝土表层为干燥状态。

⑤ 自然养护且龄期为 14~1000d。

⑥ 抗压强度为 10.0~60.0MPa。

3）泵送混凝土，测区强度可按《回弹法》附录 B 的曲线方程计算或按附录 B 的规定进行强度换算。

当检测条件与 2）、3）适用的条件差异较大时，可采用在构件上钻取的混凝土芯样或同条件试块对测区混凝土强度换算值进行修正。对同一强度等级的混凝土进行修正时，芯样数量不应少于 6 个，公称直径宜为 100mm，高径比应为 1。芯样应在测区内钻取，每个芯样应只加工一个试件。同条件试块修正时，试块数量不应少于 6 个。试块边长应为 150mm。修正方法详见《回弹法》。

4）当有下列情况之一时，测区混凝土强度不得按《回弹法》附录 A 或附录 B 进行强度换算：

① 非泵送混凝土粗集料最大公称粒径大于 60mm，泵送混凝土粗集料最大公称粒径大于 31.5mm。

② 特种成型工艺制作的混凝土。

③ 检测部位曲率半径小于 250mm。

④ 潮湿或浸水混凝土。

五、混凝土强度计算

结构或构件的第 i 个测区混凝土强度换算值，可按所求得的平均回弹值（R_m）及平均碳化深度值（d_m）由《回弹法》附录 A（泵送混凝土查附录 B）查表得出（表中未注明的测区混凝土强度换算值为小于 10MPa 或大于 60MPa 的离散值）。当有地区测强曲线或专用测强曲线时，混凝土强度换算值应按地区测强曲线或专用测强曲线换算得出。

1）结构或构件的测区混凝土强度平均值可根据各测区的混凝土强度换算值计算。当测区数为 10 个及以上时，应计算强度标准差。平均值及标准差应按下列公式计算：

$$m_{f^c_{cu}} = \frac{\sum_{i=1}^{n} f^c_{cu,i}}{n} \qquad (11-8)$$

$$S_{f^c_{cu}} = \sqrt{\frac{\sum_{i=1}^{n} (f^c_{cu,i})^2 - n(m_{f^c_{cu}})^2}{n-1}} \qquad (11-9)$$

式中 $m_{f^c_{cu}}$——结构或构件测区混凝土强度换算值的平均值（MPa），精确至 0.1MPa；

n——对于单个检测的构件，取一个构件的测区数；对批量检测的构件，取被抽检构件测区数之和；

$S_{f^c_{cu}}$——结构或构件测区混凝土强度换算值的标准差（MPa），精确至 0.01MPa。

2）结构或构件的混凝土强度推定值（$f_{cu,e}$）应按下列公式确定：

① 当该结构或构件的测区数少于 10 个时：

$$f_{cu,e} = f^c_{cu,min} \qquad (11-10)$$

式中 $f^c_{cu,min}$——构件中最小的测区混凝土强度换算值。

② 当该结构或构件的测区强度值中出现小于 10.0MPa 的数据时：

$$f_{cu,e} < 10.0MPa \qquad (11-11)$$

③ 当该结构或构件测区数不少于 10 个或按批量检测时，应按下列公式计算：

$$f_{cu,e} = m_{f^c_{cu}} - 1.645 S_{f^c_{cu}} \qquad (11-12)$$

④ 当按批量检测时，应按下式计算：

$$f_{cu,e} = m_{f^c_{cu}} - k S_{f^c_{cu}} \qquad (11-13)$$

式中 k——推定系数，宜取 1.645；当需要推定强度区间时，可按国家现行标准的规定取值。

注意：结构或构件的混凝土强度推定值是指相应于强度换算值总体分布中保证率不低于 95% 的结构或构件中的混凝土抗压强度值。

3）对按批量检测的构件，当该批构件混凝土的强度标准差出现下列情况之一时，则该批构件应全部按单个构件进行检测。

① 当该批构件混凝土强度平均值小于 25MPa、$S_{f^c_{cu}}$ 大于 4.5MPa 时。

② 当该批构件混凝土强度平均值不小于 25MPa 且不大于 60MPa、$S_{f^c_{cu}}$ 大于 5.5MPa 时。

巩固训练

1. 复习本任务内容。

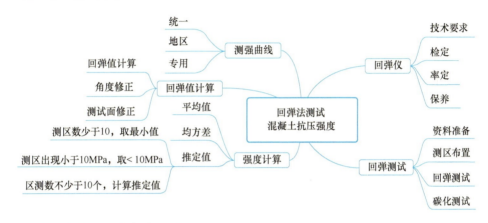

2. 扫描二维码，完成在线测试。

项目 11
任务一测试

3. 任务单：根据《回弹法》采用回弹仪检测混凝土抗压区强度，填写回弹法检测混凝土抗压强度试验检测记录表（表 11-3）。

表 11-3　回弹法检测混凝土抗压强度试验检测记录表

第　页　共　页

检测部位		设计强度		混凝土类别			检测日期					

构件名称	测试编号	回弹值 R_i																R_m	角度修正值	角度修正后	浇筑面修正值	浇筑面修正后	平均碳化深度/mm	测区强度/MPa
		1	2	3	4	5	6	7	8	9	10	11	12	13	14	15	16							
	1																							
	2																							
	3																							
	4																							
	5																							
	6																							
	7																							
	8																							
	9																							
	10																							

浇筑日期

强度统计/MPa　$n=$　$m_{f_{cu}}=$　$S_{f_{cu}}=$　$f^c_{cu,min}=$　$f_{cu,e}=$

测试角度/(°)：水平　向上　向下

检测面状态（表面）：表面　侧面　底面

回弹仪　编号：　率定值：

备注：

复核：　　计算：　　测试：

223

超声回弹综合法检测混凝土强度

📋 **[学习目标]**

1. 熟悉超声回弹综合法的适用范围，熟悉超声回弹综合法检测混凝土强度的测区布置与测试方法、测强曲线制定与强度推算方法。

2. 能运用超声回弹综合法检测混凝土强度，能进行强度推算与修正，能进行试验数据处理分析和质量评定，并编制报告。

超声回弹综合法，又称为超声波回弹法，是指采用超声波仪和回弹仪，在结构混凝土同一测区分别测量声时值和回弹值，然后利用已建立的测强公式推算该测区的混凝土强度。与单一的回弹法或超声波法相比，超声回弹综合法具有受混凝土龄期和含水率影响小、测试精度高、适用范围广、能够较全面地反映结构混凝土的实际质量等优点，适用于普通混凝土抗压强度的检测；不适用于因冻害、化学侵蚀、火灾、高温等作用后已造成表面疏松、剥落的混凝土抗压强度的检测。超声回弹综合法检测混凝土强度的适用规范是《超声回弹法》。

一、设备要求

超声回弹综合法检测混凝土强度技术，实质上就是超声波法和回弹法两种单一方法的综合。有关回弹仪的技术要求、检测方法及规定与项目11任务一基本相同；混凝土结构用超声波仪由超声波仪和平面换能器组成，如图11-6所示。

超声波仪宜为数字式，且应满足下列要求：

1）可对接收的超声波波形进行数字化采集和存储。

2）应具有波形显示清晰、稳定的示波装置。

3）应具备手动游标测读和自动测读两种声参量测读功能，且自动测读时可以标记出声时、幅度

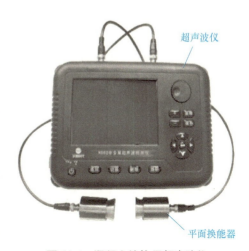

图11-6　混凝土结构用超声波仪

超声波仪

平面换能器

的测读位置。

4）应具备对各测点的波形和测读的声参量进行存储的功能。

超声波仪要求声时测量范围为 0.1~999.9μs，声时分辨率为 0.1μs；换能器的标称频率宜在 50~100kHz 范围内。

超声波仪的性能指标要求和工作条件，仪器的检定、校准、保养可参考《超声回弹法》。

二、资料准备与测区布置

超声回弹综合法的资料准备参考项目 11 任务一。

超声回弹综合法的测区布置除了满足项目 11 任务一的要求外，还应满足以下要求：

1）测区尺寸宜为 200mm×200mm；采用平测时宜为 400mm×400mm。

2）结构或构件上的测区应编号，并记录测区位置和外观质量情况。

3）对结构或构件的每一个测区，应先进行回弹测试，后进行超声波测试。

三、回弹测试及回弹值计算

1）进行回弹测试时，回弹仪的轴线应始终保持垂直于混凝土检测面，要缓慢施压、准确读数、快速复位。宜首先选择混凝土浇筑方向的侧面进行水平方向测试。如不具备进行浇筑方向侧面水平测试的条件，可采用非水平状态进行测试，或测试混凝土浇筑的表面或底面。

2）测点宜在测区范围内均匀布置，且不得布置在气孔或外露石子上。相邻两测点的间距不宜小于 20mm；测点距构件边缘、外露钢筋或预埋件的距离不宜小于 30mm。

3）进行超声对测或角测时，回弹测试应在构件测区内超声波的发射面和接收面各测读 5 个回弹值。进行超声平测时，回弹测试应在超声波的发射测点和接收测点之间测读 10 个回弹值。每一测点的回弹值，测读精确度至 1，且同一测点只允许弹击一次。

4）测区回弹代表值应从该测区的 10 个回弹值中剔除 1 个最大值和 1 个最小值，用剩余的 8 个有效回弹值按下列公式计算：

$$R = \frac{1}{8}\sum_{i=1}^{8} R_i \qquad (11\text{-}14)$$

式中　R——测区回弹代表值，精确至 0.1；

　　　R_i——第 i 个测点的有效回弹值。

5）非水平状态下测量的回弹值和在混凝土表面或底面测得的回弹值，参考《超声回弹法》附录 B 和附录 C 进行修正。

四、超声波测试及声速值计算

1. 超声波测区布置

超声波测点应布置在回弹测试的同一测区内，每一测区布置 3 个测点。换能器的布置方式分为对测、角测和平测三种，宜优先采用对测。当被测构件不具备对测条件时，可采用角测或平测。

2. 参数设定

不同厂家的仪器有不同的参数设定方法，超声波仪参数的一般设置如下：

1）输入工程名称及构件名称等相关信息；选择构件集料类型及测强曲线。

2）选择换能器布置方式，分为对测、角测、平测三种；选择测试面，当测试方式选择为平测时，测试面分为顶面、底面和侧面三种。应进行测试面系数 λ 的修正。

3）测量接收换能器与发射换能器之间的测试距离，并输入超声波仪。

4）t_0 的测定与输入。

5）采样周期（采样时间间隔）设置，即设置采集两个相邻采样点波形数据的时间间隔（默认值为 0.4μs）。

6）设置发射换能器的发射电压，一般为 500V，测试构件体量较大的可设 1000V。

超声回弹综合法检测
混凝土抗压强度

3. 换能器的安装与采样

1）先在测点上涂少许耦合剂（如润滑脂、矿脂等），再将发射换能器与接收换能器分别耦合在测区同一测点的对应位置上（对测时，要求发射换能器与接收换能器在同一轴线上）。

2）开始采样时，调整波形显示区，要求首波振幅要超出首波控制线。

3）保存测试结果。

仪器使用完毕后，应及时做好清理工作，换能器应擦拭干净单独存放。换能器的耦合面应避免磨损。

4. 注意事项

1）应在混凝土超声波仪上配置满足要求的换能器和高频电缆。

2）换能器辐射面应与混凝土测试面耦合。

3）应先测定声时初读数 t_0，再进行声时测量，读数应精确至 0.1μs。

4）超声测距（l）测量应精确至 1mm，且测量误差为 ±1%。

5）检测过程中如更换换能器或高频电缆，应重新测定声时初读数 t_0。

6）声速计算值应精确至 0.01km/s。

5. 声速值的计算

（1）对测　当在混凝土浇筑方向的侧面对测时（图 11-7），每个测区布置 3 个测点。声速代表值应按下式计算：

$$v_d = \frac{1}{3} \sum_{i=1}^{3} \frac{l_i}{t_i - t_0} \tag{11-15}$$

式中　v_d——混凝土中声速代表值（km/s）；

l_i——第 i 个测点的超声测距（mm）；

t_i——第 i 个测点的声时读数（μs）；

t_0——声时初读数（μs）。

当在混凝土浇筑的表面或底面对测时，测区声速代表值应按下式修正：

$$v_a = \beta \cdot v_d$$

式中　v_a——修正后的测区混凝土中声速代表值（km/s）；

β——超声测试面的声速修正系数，取 1.034。

（2）角测　当结构或构件被测部位只有两个相邻表面可供检测时，可采用角测的方式测定混凝土中的声速。每个测区布置 3 个测点，并与相应测试面对应的 3 个测点的测距保持基本一致。布置超声角测点时，换能器中心与构件边缘的距离 l_1、l_2 不宜小于 300mm（图 11-8）。

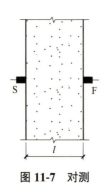

图 11-7　对测
F—发射换能器　S—接收换能器

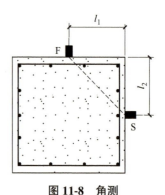

图 11-8　角测
F—发射换能器　S—接收换能器

角测时，第 i 个测点的超声测距 l_i 应按下列公式计算：

$$l_i = \sqrt{l_{1i}^2 + l_{2i}^2} \qquad (11\text{-}16)$$

式中　l_{1i}、l_{2i}——角测时第 i 个测点换能器与构件边缘的距离（mm）。

角测时，混凝土中声速代表值 v_j 应按下列公式计算：

$$v_j = \frac{1}{3} \sum_{i=1}^{3} \frac{l_i}{t_i - t_0} \qquad (11\text{-}17)$$

（3）平测　当结构或构件被测部位只有一个表面可供检测时，可采用平测的方式测定混凝土中声速。每个测区应布置一排超声测点，发射换能器和接收换能器的连线与附近钢筋轴线宜呈 40°~50°，平测示意图如图 11-9 所示。应以两个换能器的内边距 l 分别为 200mm、250mm、300mm、350mm、400mm、450mm、500mm 进行平测，逐点测读相应的声时值 t，并用回归分析法求出下列直线方程：

$$l = a + ct \qquad (11\text{-}18)$$

式中　c——平测测区混凝土中声速代表值（v_p）。

应选取有代表性且具有对测条件的构件，把平测测区混凝土中的声速代表值 v_p 修正为对测测区混凝土中的声速代表值 v_d。在该构件上采用对测方式得到

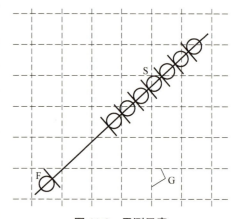

图 11-9　平测示意
F—发射换能器　S—接收换能器　G—钢筋轴线

对测测区混凝土中的声速代表值 v_d，采用平测方式得到平测时有代表性构件混凝土中的平测声速 v_{pp}，将上述两值按下列公式计算平测声速修正系数 λ：

$$\lambda = v_d / v_{pp} \qquad (11\text{-}19)$$

经平测修正后的测区混凝土中声速代表值应按下列公式计算：

$$v_a = \lambda \cdot v_p \qquad (11\text{-}20)$$

式中　v_d——对测测区混凝土中声速代表值（km/s）；

v_{pp}——平测时有代表性构件混凝土中的平测声速（km/s）；

λ——平测声速修正系数；

v_a——修正后的测区混凝土中声速代表值（km/s）；

v_p——平测测区混凝土中声速代表值（km/s）。

五、测强曲线制定

1）全国统一测区混凝土抗压强度换算可按下列公式计算：

$$f^c_{cu,i}=0.0286v_{ai}^{1.999}R_{ai}^{1.155} \tag{11-21}$$

式中　$f^c_{cu,i}$——第 i 个测区的混凝土抗压强度换算值（MPa），精确至 0.1MPa；

R_{ai}——第 i 个测区修正后的测区回弹代表值；

v_{ai}——第 i 个测区修正后的测区声速代表值。

2）当无专用测强曲线或地区测强曲线时，按统一测强曲线验证后，既可按《超声回弹法》附录 F 规定的测区混凝土抗压强度换算表换算，也可按式（11-21）计算。

3）专用测强曲线或地区测强曲线应按《超声回弹法》附录 G 的规定制定。

六、混凝土抗压强度推算

1）超声回弹综合法强度推算适用范围：

① 混凝土采用的水泥、砂石、外加剂、掺合料、拌合用水符合国家现行有关标准的规定。

② 自然养护或蒸汽养护后经自然养护 7d 以上，且混凝土表层为干燥状态。

③ 龄期 7~2000d。

④ 混凝土抗压强度 10~70MPa。

2）结构或构件中第 i 个测区的混凝土抗压强度换算值可采用专用测强曲线、地区测强曲线或统一测强曲线计算。

3）当结构或构件所采用的材料及其龄期与制定测强曲线时所采用的材料及其龄期有较大差异时，可在构件上钻取混凝土芯样或制作同条件的立方体试件对测区混凝土抗压强度换算值进行修正，其数量不得少于 6 个。

4）结构或构件混凝土抗压强度推定值 $f_{cu,e}$ 应按下列规定确定：

① 当结构或构件的测区抗压强度换算值中出现小于 10.0MPa 的值时，该构件的混凝土抗压强度推定值 $f_{cu,e}$ 取小于 10MPa。

② 当结构或构件中测区数少于 10 个时，应按式（11-10）计算。

③ 当结构或构件中测区数不少于 10 个或按批量检测时，应按式（11-8）、式（11-9）、式（11-12）计算。

5）对按批量检测的构件，当一批构件的测区混凝土抗压强度标准差出现下列情况之一时，该批构件应全部重新按单个构件进行检测：

① 一批构件的混凝土抗压强度平均值 $m_{f^c_{cu}}$<25.0MPa，标准差 $S_{f^c_{cu}}$>4.5MPa。

② 一批构件的混凝土抗压强度平均值 $m_{f^c_{cu}}$ = 25.0~50.0MPa，标准差 $S_{f^c_{cu}}$>5.5MPa。

③ 一批构件的混凝土抗压强度平均值 $m_{f^c_{cu}}$>25.0MPa，标准差 $S_{f^c_{cu}}$>6.5MPa。

巩固训练

1. 复习本任务内容。

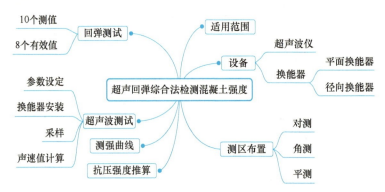

2. 扫描二维码，完成在线测试。

项目11
任务二测试

3. 任务单：根据《超声回弹法》采用超声回弹综合法检测混凝土强度，填写混凝土强度试验检测记录表（超声回弹综合法），见表11-4。

表 11-4　混凝土强度试验检测记录表（超声回弹综合法）

实验室名称：　　　　　　　　　　　　　　　　　　　　报告编号：

委托/施工单位		委托编号	
工程名称		样品编号	
工程部位/用途		试验依据	
样品描述		判定依据	
主要仪器设备及编号			

检测部位	回弹测试面	回弹测试角度	回弹值								测区回弹代表值	修正后测区回弹代表值/MPa	超声测试方式	修正后的声速值/（km/s）	设计强度等级/MPa	综合法推算测区混凝土换算强度/MPa	测区示意图
			1	2	3	4	5	6	7	8							
测区																	

	强度换算平均值/MPa	
标准差	混凝土抗压强度推定值/MPa	

检测结论：

备注：

试验：　　　　　审核：　　　　　签发：　　　　　日期：　　　年　　月　　日

任务三

钻芯法检测混凝土强度

📋 **[学习目标]**

　　1. 熟悉钻芯法的适用范围，掌握钻芯机的组成，掌握钻芯与试验的方法，掌握混凝土抗压强度推定值的确定方法。

　　2. 能用钻芯法检测混凝土强度，能进行试验数据处理分析和质量评定，并编制报告。

　　采用钻芯法时，从结构或构件中钻取圆柱状试件进行试验，最后得到在检测龄期的混凝土强度。钻芯法可检测混凝土的抗压强度、抗折强度、劈裂强度，还可用于检测混凝土的裂缝、接缝、分层、孔洞及离析等缺陷，具有直观、精度高等特点，但有以下局限性：

　　1）钻芯时对结构造成局部损伤，因而对钻芯位置的选择及钻芯数量等均受到一定限制，而且它所代表的区域也是有限的。

　　2）钻芯机及芯样加工配套机具与非破损测试仪器相比，比较笨重、移动不方便、测试成本较高。

　　3）钻芯后的孔洞要修补，尤其是钻断钢筋时，增加了修补工作的困难。

一、检测器具

　　钻芯法的设备主要有：钻芯机（图11-10）、钻头、锯切机、钻样补平装置（或研磨机）和磁感仪等。

　　1）用于钻取芯样、芯样加工和测量的检测设备与仪器均应有产品合格证，计量器具经检定或校准，并应在有效期内使用。

　　2）钻芯机（图11-10）应具有足够的刚度，操作应灵活，固定和移动应方便，并应有水冷却系统。

　　3）钻取芯样时宜采用人造金刚石薄壁钻头。钻头胎体不得有裂缝、缺边、少角、倾斜及喇叭口变形。

紧固螺钉
支撑杆
堵盖
电动机
进给手柄
变速器
升降齿条
立柱
钻头
行走轮
膨胀螺栓
底座
支撑螺钉

图 11-10　钻芯机构造示意

4）锯切芯样时使用的锯切机和磨平芯样的磨平机，应具有冷却系统和牢固夹紧芯样的装置；配套使用的人造金刚石圆锯片应有足够的刚度；锯切芯样宜使用双刀锯切机。

5）用于芯样端面加工的补平装置，应保证芯样的端面平整，并应保证芯样端面与芯样轴线垂直。

6）探测钢筋位置的钢筋探测仪应适用于现场操作，最大探测深度不应小于 60mm，探测位置偏差不宜大于 3mm。

二、钻芯前的准备

1）采用钻芯法检测结构混凝土强度前，宜具备下列资料：

①工程名称，以及设计单位、施工单位、监理单位和建设单位的名称。

②结构或构件的种类、外形、尺寸及数量。

③混凝土设计强度等级。

④混凝土的浇筑日期、配合比通知和强度试验报告。

⑤结构或构件的质量状况及施工记录。

⑥有关的结构设计图和施工图。

2）取芯位置的选择：

①结构或构件受力较小的部位。

②混凝土强度具有代表性的部位。

③便于钻芯机安放与操作的部位。

④宜采用钢筋探测仪测试或用局部剔凿的方法避开主筋、预埋件和管线的位置。

⑤在构件上钻取多个芯样时，芯样宜取自不同部位。

在一个混凝土构件中由于施工条件、养护情况及不同位置的影响，各部分的强度并不是均匀一致的。在选择钻芯位置时应考虑上述因素，使取芯位置混凝土的强度具有代表性。如有条件时，应首先对结构混凝土进行超声波法测试或超声波回弹法测试，然后根据检测目的与要求来确定钻芯位置。

三、钻芯与试验

1. 芯样钻取

混凝土芯样的钻取是钻芯法的首要环节，是技术性很强的工作。芯样质量的好坏、钻头和钻机的使用寿命以及工作效率，都与操作者的熟练程度和经验有关。因此，熟练的操作技术、合理调节各部位装置，将会获得较好的钻取效果。

1）先将钻芯机安放稳固。在钻芯过程中，如固定不稳，钻芯机容易发生晃动和位移，不仅影响钻芯机和钻头的使用寿命，而且很容易发生卡钻或芯样折断事故。

2）在没有安装钻头之前，应先通电检查主轴旋转方向是否正确。如果先安装钻头后通电试验，一旦方向相反则主轴与接头变成退扣旋转，容易把钻头甩掉而造成事故。

3）安装好钻头，接通水源，起动电动机。

4）操作进给手柄，使钻头缓慢接触混凝土表面。当混凝土表面不平时，下钻应特别小心，待钻头入槽稳定后，方可适当加压进钻。钻取芯样时应控制进钻的速度，不宜采用较高的进钻速度，否则会加大芯样的损伤。

在进钻过程中应保持冷却水的畅通，水流量宜为 3~5L/min，出口水温不宜过高。冷却水的作用：一是防止钻头温度过高烧毁；二是及时排除钻孔中产生的大量混凝土碎屑，以利于钻头不断切削新的工作面和减少钻头的磨损。水流量的大小与进钻速度和钻头直径成正比，以碎屑能快速排出而又不四处飞溅为宜。当钻头钻至芯样要求的长度后，退钻至混凝土表面 20~30mm 时停电停水，然后将钻头全部退出混凝土表面。如停电停水过早，则容易发生卡钻现象，尤其在深孔作业时更应特别注意。

5）移开钻芯机后，用带弧度的钢钎插入圆形槽并用锤敲击，此时由于力矩的作用使芯样在底部与结构断离，然后将芯样取出。取出的芯样应及时编号，并检查外观质量情况，做好记录后妥善保管，以备割成标准尺寸的芯样试件。

6）芯样应进行标记，防止芯样位置出现混乱，对结构构件混凝土强度的评定造成影响。当所取芯样的高度和质量不能满足要求时，则应重新钻取芯样。

7）芯样应采取保护措施，避免在运输和贮存中损坏。

8）钻芯后留下的孔洞应及时进行修补，以保证结构的工作性能。

9）钻芯操作应遵守国家有关安全生产和劳动保护的规定，取芯机操作人员心需穿戴绝缘鞋及其他防护用品。

2. 芯样的加工

1）抗压芯样试件的高径比（H/d）宜为 1；劈裂芯样试件的高径比宜为 2，且任何情况下不应小于 1；抗折芯样试件的高径比宜为 3.5。

2）芯样试件内不宜含有钢筋，但可有一根直径不大于 10mm 的钢筋，且钢筋应与芯样试件的轴线基本垂直并离开端面 10mm 以上；劈裂芯样在劈裂破坏面内不应含有钢筋；抗折芯样试件内不应有纵向钢筋。

3）锯切后的芯样应按下列规定进行端面处理：

① 抗压芯样的端面处理，既可采取在磨平机上磨平端面的处理方法，也可采用硫黄胶泥或环氧胶泥补平，补平层厚度不宜大于 2mm。抗压强度低于 30MPa 的芯样试件，不宜采用磨平端面的处理方法；抗压强度高于 60MPa 的芯样试件，不宜采用硫黄胶泥或环氧胶泥

补平的处理方法。

② 劈裂芯样试件和抗折芯样试件的端面处理，宜采取在磨平机上磨平端面的处理方法。

3. 芯样技术要求

1）在试验前，应按下列规定测量芯样试件尺寸（图 11-11）：

① 平均直径应用游标卡尺在芯样的上部、中部和下部相互垂直的两个位置上共测量 6 次，取测量的算术平均值作为芯样的直径，精确至 0.5mm。

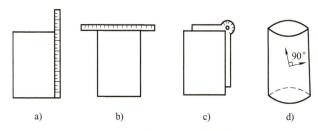

图 11-11 芯样尺寸测量示意
a）测高度 b）测平整度 c）测垂直度 d）测平均直径

② 芯样试件高度用钢卷尺或钢直尺进行测量，精确至 1.0mm。

③ 垂直度用游标量角器测量芯样试件两个端面与母线的夹角，取最大值作为芯样试件的垂直度，精确至 0.1°。

④ 平整度用钢直尺或角尺紧靠在芯样试件的端面（线）上，一面转动钢直尺，一面用塞尺测量钢直尺与芯样试件端面（线）之间的缝隙，取最大值作为芯样试件的平整度。也可采用其他专用设备测量。

2）芯样试件尺寸偏差及外观质量超过下列数值时，相应的芯样试件不宜进行试验：

① 芯样试件的实际高径比小于要求高径比的 0.95 或大于 1.05 时。

② 芯样试件端面与轴线的垂直度偏差大于 1°。

③ 抗压芯样试件端面的平整度偏差在 100mm 长度内大于 0.1mm，劈裂试件和抗折试件的承压线的平整度偏差在 100mm 长度内大于 0.25mm。

④ 沿芯样试件高度的任一直径与平均直径相差大于 1.5mm。

⑤ 芯样有较大缺陷。

4. 抗压强度试验

芯样的试验有抗压强度试验、劈裂强度试验和抗折试验，以下为抗压强度试验。

1）抗压芯样试件宜使用直径为 100mm 的芯样，且其直径不宜小于集料粒径的 3 倍；也可采用小直径芯样，但其直径不应小于 70mm 且不得小于集料最大粒径的 2 倍。

2）芯样试件应在自然干燥的状态下进行试验。当结构工作条件比较潮湿、需要确定潮湿状态下混凝土的强度时，芯样试件宜在（20±5）℃的清水中浸泡 40~48h，从水中取出后立即进行试验。

3）芯样试件的抗压强度试验的操作应符合《混凝土物理力学性能试验方法标准》（GB/T 50081—2019）中对立方体试块抗压强度试验的规定。

四、芯样抗压强度计算

芯样试件的混凝土抗压强度可按下式计算：

$$f_{cu, cor}=\beta_c F_c /A \tag{11-22}$$

式中　$f_{cu, cor}$——芯样试件的混凝土抗压强度值（MPa）；

　　　F_c——芯样试件的抗压强度试验测得的最大压力（N）；

　　　A——芯样试件抗压截面面积（mm^2）；

　　　β_c——芯样试件强度换算系数，取 1.0；当有可靠试验依据时，也可根据混凝土原材料和施工工艺情况通过试验确定。

五、混凝土抗压强度推定值

1）用钻芯法确定检验批的混凝土强度推定值时，取样应遵守下列规定：

① 芯样试件的数量应根据检验批的容量确定。直径 100mm 的芯样试件的最小样本量不宜少于 15 个，小直径芯样试件的最小样本量不宜少于 20 个。

② 芯样应从检验批的结构构件中随机抽取，每个芯样应取自一个构件或结构的局部部位，且取芯位置应符合《钻芯法》第 4.0.2 条的要求。

2）检验批混凝土强度的推定值应按下列方法确定：

① 检验批的混凝土强度推定值应计算推定区间，推定区间的上限值和下限值按下列公式计算：

上限值　　　　　$$f_{cu, e1}=f_{cu, cor, m}-k_1 S_{cor} \tag{11-23}$$

下限值　　　　　$$f_{cu, e2}=f_{cu, cor, m}-k_2 S_{cor} \tag{11-24}$$

平均值　　　　　$$f_{cu, cor, m}=\dfrac{\displaystyle\sum_{i=1}^{n} f_{cu, cor, i}}{n} \tag{11-25}$$

标准差　　　　　$$S_{cor}=\sqrt{\dfrac{\displaystyle\sum_{i=1}^{n}(f_{cu, cor, i})-f_{cu, cor, m}}{n-1}} \tag{11-26}$$

式中　$f_{cu, cor, m}$——芯样试件的混凝土抗压强度平均值（MPa），精确至 0.1MPa；

　　　$f_{cu, cor, i}$——单个芯样试件的混凝土抗压强度值（MPa），精确至 0.1MPa；

　　　$f_{cu, e1}$——混凝土抗压强度上限值（MPa），精确至 0.1MPa；

　　　$f_{cu, e2}$——混凝土抗压强度下限值（MPa），精确至 0.1MPa；

　　　k_1、k_2——推定区间上限值系数和下限值系数，按《钻芯法》附录 A 查得；

　　　S_{cor}——芯样试件强度样本的标准差（MPa），精确至 0.01MPa。

② $f_{cu, e1}$ 和 $f_{cu, e2}$ 所构成的推定区间的置信度宜为 0.90，$f_{cu, e1}$ 与 $f_{cu, e2}$ 之间的差值不宜大于 5.0MPa 和 $0.10 f_{cu, cor, m}$ 两者的较大值。不具备本条件时，不宜进行批量推定。

③ 宜以 $f_{cu, e1}$ 作为检验批混凝土强度的推定值。

3）用钻芯法确定检验批混凝土抗压强度推定值时，可剔除芯样试件抗压强度样本中的异常值。

4）用钻芯法确定单个构件混凝土抗压强度推定值时，芯样试件的数量不应少于 3 个；钻芯对构件的工作性能影响较大的小尺寸构件，芯样试件的数量不得少于 2 个。单个构件的混凝土抗压强度推定值应按最小值确定。

5）用钻芯法确定构件混凝土抗压强度代表值时，芯样试件的数量宜为 3 个，应取芯样试件的抗压强度值的平均值作为构件混凝土的抗压强度代表值。

六、钻芯修正

1）对间接测强方法进行钻芯修正时，宜采用修正量的方法，也可采用其他形式的修正方法。

2）当采用修正量的方法时，芯样试件的数量和取芯位置应符合下列要求：

① 直径100mm芯样的数量不应少于6个，小直径芯样的试件数量不宜少于9个。

② 当采用的间接测强方法为无损检测方法时，钻芯位置应与间接测强方法相应的测区重合。

③ 当采用的间接测强方法对结构构件有损伤时，钻芯位置应布置在相应的测区附近。

3）钻芯修正后的换算强度可按下列公式计算：

$$f^c_{cu,i0} = f^c_{cu,i} + \Delta f \tag{11-27}$$

$$\Delta f = f_{cu,cor,m} - f^c_{cu,mj} \tag{11-28}$$

式中 $f^c_{cu,i0}$——修正后的换算强度（MPa）；

$f^c_{cu,i}$——修正前的换算强度（MPa）；

Δf——修正量（MPa）；

$f^c_{cu,mj}$——所用间接测强方法对应芯样测区的换算强度的算术平均值（MPa）。

巩固训练

1. 复习本任务内容。

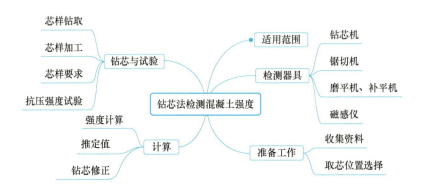

2. 扫描二维码，完成在线测试。

项目11
任务三测试

3. 任务单：根据《钻芯法》采用钻芯法检测混凝土强度，填写混凝土抗压强度试验检测记录表（钻芯法），见表11-5。

表 11-5　混凝土抗压强度试验检测记录表（钻芯法）

实验室名称：

报告编号：

委托 / 施工单位		委托编号	
工程名称		样品编号	
工程部位 / 用途		试验依据	
样品描述		判定依据	
主要仪器设备及编号			

编号	龄期 /d	设计强度等级 /MPa	试件平均高度 / mm	试件平均直径 / mm	抗压截面面积 /mm²	样品状态		破坏荷载 /kN	抗压强度 /MPa	备注
						位置	高径比			

检测结论：

备注：

试验：　　　　　　审核：　　　　　　签发：　　　　　　日期：　　　年　　月　　日

239

混凝土内钢筋检测

钢筋混凝土结构中，钢筋锈蚀使钢筋体积膨胀，导致混凝土开裂、剥离，水和有害物质入侵，又加剧了锈蚀过程。同时，钢筋锈蚀造成钢筋有效面积的减小，影响承载能力。因此，应对钢筋的锈蚀程度（采用半电池电位法）进行检测，如果钢筋的锈蚀标度在 3 类、4 类、5 类时，还应检测混凝土中氯离子含量、钢筋保护层厚度、混凝土碳化深度、混凝土电阻率等。

职业小贴士

创新是指人们为了发展的需要，运用已知的信息，不断突破常规，发展或产生某种新颖、独特的有社会价值或个人价值的新事物、新思想的活动。开拓创新须要创造意识和科学思维，要有坚定的信心和意志。

我国科技人员经过刻苦攻关，研发出了混凝土超声波仪、低应变反射波仪、冲击弹性波仪等设备，以及频谱分析法、CT 成像法等分析方法，为混凝土结构无损检测提供了技术保障。

任务一 ▶▶▶
钢筋锈蚀电位检测

钢筋锈蚀检测

📝 [学习目标]

1. 熟悉钢筋锈蚀的原因及危害、半电池电位法的原理，掌握钢筋锈蚀仪的组成，掌握检测方法及检测结果评判等内容。

2. 能进行钢筋锈蚀电位检测，能进行试验数据处理分析和质量评定，并编制报告。

钢筋锈蚀是一个电化学过程，其起始与发展取决于许多复杂的因素，以混凝土碳化为例：

混凝土中，$Ca(OH)_2$ 一部分溶解于液相中，使混凝土的 pH 在 13~14 之间；另一部分则沉淀于混凝土的微孔中。处于强碱环境中的钢筋，其表面生成致密氧化膜，使钢筋处于钝化状态，同时混凝土对钢筋也起着物理保护作用。

混凝土通常具有连续贯通的毛细孔隙，起初这些毛细孔隙被水泥水化过程中产生的自由水和固体 $Ca(OH)_2$ 所填塞；但是，暴露在空气中的混凝土随着时间的推移，会逐渐释放一部分自由水；在干燥过程中，混凝土中的水分挥发，其原来占有的孔隙空间就会被空气所填补，通常空气中包含着大量的 CO_2 和酸性气体，它们能与混凝土中的碱性成分发生化学反应，大气中的 CO_2、SO_2、SO_3 能中和混凝土中的 $Ca(OH)_2$，如：

$$CO_2 + Ca(OH)_2 \longrightarrow CaCO_3 + H_2O \tag{12-1}$$

碳化使得混凝土的 pH 降低，当 pH 小于 11 时，这时混凝土中钢筋表面的致密氧化膜就被破坏。一旦钢筋表面的氧化膜发生局部破坏或变得不完整，则氧化膜的破坏处就会形成阳极，而周围氧化膜完好的部位形成阴极，从而形成了若干个"微电池"。虽然有些"微电池"处于抑制状态，但在一定条件下可以被激化，从而使其处于活化状态发生氧化还原反应，最终生成 Fe_2O_3，造成钢筋的锈蚀。

宏观上，混凝土和握裹其中的钢筋形成"半电池"，通过检测处于活化状态的钢筋锈蚀部位的"半电池"的电位，可判断当前混凝土内的钢筋锈蚀活化程度。本任务使用半电池电位法进行钢筋锈蚀电位检测。

一、半电池电位法原理

半电池电位法是利用混凝土中钢筋锈蚀的电化学反应引起的电位变化来测试钢筋锈蚀状

态的一种方法，通过测试钢筋混凝土半电池电极与位于混凝土表面的铜/硫酸铜参考电极之间电位差的大小，用于评估混凝土结构及构件中钢筋的锈蚀状况，不适用于带涂层的钢筋以及混凝土已饱水和接近饱水的构件中钢筋的检测。钢筋的实际锈蚀状况宜采用直接法进行验证。当需要对混凝土中钢筋进行耐久性评估时，可检测混凝土的电阻率，并应结合半电池电位法检测结果进行综合评估。

钢筋锈蚀状况的检测范围应为主要承重构件或承重构件的主要受力部位，或根据一般检查结果有迹象表明钢筋可能存在锈蚀的部位。该检测用于估测施工现场和实验室中硬化混凝土的无镀层钢筋的半电池电位；该检测与这些钢筋的尺寸和埋在混凝土中的深度无关，可以在混凝土构件使用寿命中的任何时期使用。

二、仪器设备

半电池电位法钢筋锈蚀检测仪（图 12-1）由电压计（主机）、铜/硫酸铜半电池和导线构成。

1）电压计应具有采集、显示和存储数据的功能，满量程不宜小于 1000mV。在满量程范围内的测试允许误差应为 ±3%。

2）铜/硫酸铜半电池（图 12-2）的多孔塞电连接垫应预先浸湿，使多孔塞和混凝土构件表面形成电通路。

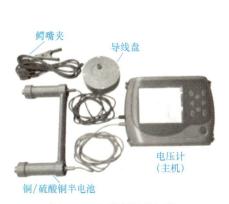

图 12-1　钢筋锈蚀检测仪

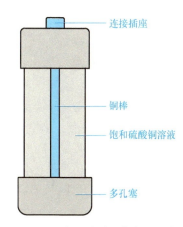

图 12-2　铜/硫酸铜半电池示意

3）饱和硫酸铜溶液应采用分析纯硫酸铜试剂晶体溶解于蒸馏水中制备，应使透明刚性管的底部积有少量未溶解的硫酸铜结晶体，溶液应清澈且饱和。硫酸铜溶液配置满 6 个月时宜给予更换，更换后宜采用甘汞电极进行校准。在室温（22±1）℃时，铜/硫酸铜电极与甘汞电极之间的电位差应为（68±10）mV。

4）用于连接电压计与混凝土中钢筋的导线宜为铜导线，其总长度不宜超过 150m，截面面积宜大于 0.75mm²，在使用长度内因电阻干扰所产生的测试回路电压降不应大于 0.1mV。

半电池电位法钢筋锈蚀检测仪在使用后，应及时清洗刚性管、铜棒和多孔塞，并应密闭盖好多孔塞；铜棒可采用稀释的盐酸溶液轻轻擦洗，并用蒸馏水清洗干净。不得用钢毛刷擦洗铜棒及刚性管。

三、测试方法

1. 测区的选择与测点布置

在混凝土结构及构件上可布置若干测区，测区面积不宜大于 5m×5m，并按确定的位置进行编号。每个测区应采用行、列布置测点，依据被测结构及构件的尺寸，宜按 100mm×100mm~500mm×500mm 的范围划分网格，网格的节点应为电位测点。每个结构或构件的半电池电位法测点数不应少于 30 个。

2. 混凝土表面处理

当测区混凝土有绝缘涂层介质隔离时，应清除绝缘涂层介质。测点处混凝土表面应平整、清洁。不平整、不清洁的应采用砂轮或钢丝刷打磨，并应将粉尘等杂物清除。

3. 导线与钢筋的连接（图 12-3）

1）采用电磁感应法钢筋探测仪检测钢筋的分布情况，并应在适当位置剔凿出钢筋。

2）导线一端应接于电压计的负输入端，另一端应接于混凝土中的钢筋。

3）连接处的钢筋表面应除锈或清除污物，以保证导线与钢筋有效连接；测区内的钢筋必须与连接点的钢筋形成电通路。

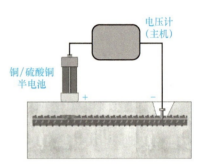

图 12-3 测试系统连接方法

4. 导线与铜/硫酸铜半电池的连接

连接前应检查各种接口，接口接触应良好；导线一端应连接到铜/硫酸铜半电池接线插座上，另一端应连接到电压计的正输入端。

5. 测量值的采集

1）测区混凝土应预先充分浸湿。可在饮用水中加入 2% 的液态洗涤剂配置成导电溶液，然后在测区混凝土表面喷洒，半电池的多孔塞电连接垫与混凝土表面测点应有良好的耦合。

2）应按测区编号，将铜/硫酸铜半电池依次放在各电位测点上，检测并记录各测点的电位值。在同一测点，用同一只铜/硫酸铜半电池重复 2 次测得该点的电位差值，其值应小于 10mV；在同一测点，用两只不同的铜/硫酸铜半电池重复 2 次测得该点的电位差值，其值应小于 20mV。

3）检测时，应及时清除电连接垫表面的吸附物，铜/硫酸铜半电池多孔塞与混凝土表面应形成电通路。

4）在水平方向和垂直方向上检测时，应保证铜/硫酸铜半电池刚性管中的饱和硫酸铜溶液同时与多孔塞和铜棒保持完全接触。

5）检测时应避免外界各种因素产生的电流影响。

6）测量并记录环境温度。当检测环境温度在（22±5）℃之外时，应按《混凝土中钢筋检测技术标准》（JGJ/T 152—2019）对测点的电位值进行温度修正。

四、检测结果评判

1）在对已处理的数据（已进行温度修正）进行评判以前，按惯例将这些数据加上负号，绘制等电位图，然后进行评判。推荐的实测数据评判标准见表 12-1。

表 12-1　混凝土中钢筋锈蚀电位的评判标准

类　　别	电位水平 /mV	钢 筋 状 态
1	−200~0	无锈蚀活动性或锈蚀活动性不确定
2	−300~−200	有锈蚀活动性，但锈蚀状态不确定，可能是坑蚀
3	−400~−300	有锈蚀活动性，发生锈蚀的概率大于 90%
4	−500~−400	有锈蚀活动性，严重锈蚀的可能性极大
5	<−500	构件存在锈蚀开裂区域
备注	1. 表中的电位水平为采用铜 - 硫酸铜半电池电极时的测量值 2. 混凝土湿度对测量值有明显影响，测量时构件应为自然状态，否则不能使用此评判标准	

2）本测试方法存在各种影响因素，混凝土含水率对测量值的影响较大，为提高现场评定钢筋状态的可靠度，一般要进行现场比较性试验。

3）现场比较性试验通常按已暴露钢筋的锈蚀程度不同，在它们的周围分别测出相应的锈蚀电位；然后比较这些钢筋的锈蚀程度和相应测量值的对应关系，以提高评判的可靠度。

巩固训练

1. 复习本任务内容。

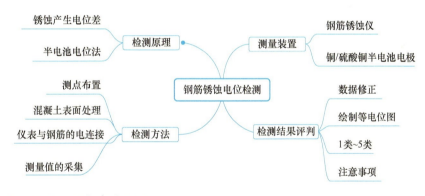

2. 扫描二维码，完成在线测试。

项目 12
任务一测试

3. 任务单：根据《混凝土中钢筋检测技术标准》（JGJ/T 152—2019）采用半电池电位法检测钢筋锈蚀；根据《公路桥梁承载能力检测评定规程》（JTG/T J21—2011）判定锈蚀程度，填写半电池电位法检测钢筋锈蚀试验检测记录表（表 12-2）。

实验室名称　　　　　　　　　　　　　　　　　　　　　　　　　　　　记录编号：

表 12-2　半电池电位法检测钢筋锈蚀试验检测记录表

工程部位/用途		委托/任务编号	
试验依据		评定标准	
试验条件		样品描述	
主要仪器设备及编号		试验日期	

电位水平/mV

测区	测点	1	2	3	4	5	6	7	8	9	10	11	12	13	14	15	16	17	18	19	20	环境温度/℃
	1																					
	2																					
	3																					
	4																					
	5																					
评定																						

测区及网格布置图

备注：

试验：　　　　　　　　复核：　　　　　　　　日期：　　　　年　　月　　日

247

任务二 ▶▶▶▶

混凝土保护层厚度和钢筋间距检测

钢筋分布及
保护层检测

📋 **[学习目标]**

1. 了解混凝土保护层的作用，熟悉电磁法检测的原理，掌握检测相关仪器的组成、检测流程及评定方法。

2. 能进行混凝土保护层厚度和钢筋间距检测，能进行试验数据处理分析和质量评定，并编制报告。

混凝土保护层是指混凝土构件中，起到保护钢筋避免钢筋直接裸露的那一部分混凝土，是从混凝土表面到最外层钢筋公称直径外边缘之间的最小距离。混凝土保护层不能过小，否则会因碳化、氯离子侵蚀等原因造成钢筋锈蚀。

混凝土保护层厚度和钢筋间距检测针对主要承重构件或承重构件的主要受力部位，或钢筋锈蚀电位测试结果表明钢筋可能锈蚀活化的部位，以及根据结构检算及其他检测需要确定的部位。在下列情况下需进行检测：

1）用于估测混凝土中钢筋的位置、深度和尺寸。

2）在无资料或其他原因需要对结构进行调查的情况下。

3）进行其他测试之前需要避开钢筋进行的测试。

一、检测方法及原理

检测方法有雷达法和电磁感应法，一般采用电磁感应法。检测时先确定钢筋位置，然后辅以现场修正确定保护层厚度并估测钢筋直径。测量值精确至毫米。

电磁感应法原理：仪器探头产生一个电磁场，当某条钢筋或其他金属物体位于这个电磁场内时，会引起这个电磁场磁力线的改变，造成局部电磁场强度的变化。电磁场强度的变化和金属物大小与探头距离存在一定的对应关系，如果把特定尺寸的钢筋和所要调查的材料进行适当标定，通过探头测量并由仪表显示出来这种对应关系，即可估测混凝土中钢筋的位置、深度和尺寸。

二、电磁感应法钢筋探测仪的技术要求

电磁感应法钢筋探测仪（图 12-4）种类较多，一般包含探头、仪表和连接导线，其中仪表可进行模拟或数字的指示输出，较先进的仪表还具有图形显示功能。电磁感应法钢筋探测仪可用电池或外接电源供电。电磁感应法钢筋探测仪应通过技术鉴定，必须具有产品合格证。

图 12-4　电磁感应法钢筋探测仪

1）用于混凝土保护层厚度检测的仪器，当混凝土保护层厚度为 10～50mm 时，保护层厚度检测的允许偏差应为 ±1mm；当混凝土保护层厚度大于 50mm 时，保护层厚度检测允许偏差应为 ±2mm。

2）用于钢筋间距检测的仪器，当混凝土保护层厚度为 10～50mm 时，钢筋间距的检测允许偏差应为 ±2mm。

3）电磁感应法钢筋探测仪的校准应按《混凝土中钢筋检测技术标准》（JGJ/T 152—2019）附录 A 的规定进行，仪器的校准有效期可为 1 年，发生下列情况之一时，应对仪器进行校准：

① 新仪器启用前。

② 检测数据异常，无法进行调整。

③ 经过维修或更换主要零（配）件。

三、仪器的标定

1）电磁感应法钢筋探测仪使用期间的标定标准，应使用专用的校准器（图 12-5），也可使用标定块（图 12-6）。当测量由标定块给定的混凝土保护层厚度时，测读值应在仪器说明书给定的准确度范围之内。

2）标定块由一根 $\phi16$ 的普通碳素钢筋垂直浇铸在无磁性的长方体塑料块内，使钢筋距四个侧面分别为 15mm、30mm、60mm、90mm，如图 12-6 所示。

3）标定应在无外界磁场干扰的环境中进行。

4）每次检测前均应对仪器进行标定，若达不到应有的准确度，应送专业机构维修检验。

图 12-5　钢筋保护层校准器

图 12-6　钢筋保护层标定块

四、检测程序

电磁感应法钢筋探测仪可用于检测混凝土构件中混凝土保护层厚度和钢筋的间距。

1）检测前，应进行下列准备工作：

① 根据设计资料了解钢筋的直径和间距。

② 根据检测目的确定检测部位，检测部位应避开钢筋接头、扎丝及金属预埋件。检测部位的钢筋间距应符合电磁感应法钢筋探测仪的检测要求。

③ 根据所检钢筋的布置状况，确定垂直于所检钢筋轴线方向为探测方向，检测部位应平整光洁。

④ 应对仪器进行预热和调零（标定），调零时探头应远离金属物体。

2）检测前应进行预扫描，电磁感应法钢筋探测仪的探头在检测面上沿探测方向移动，直到仪器保护层厚度示值最小，此时探头中心线与钢筋轴线应重合，在相应位置做好标记，并初步了解钢筋埋设深度。重复上述步骤将相邻的其他钢筋位置逐一标出。

3）钢筋混凝土保护层厚度的检测应按下列步骤进行：

① 应根据预扫描结果设定仪器量程范围，根据原位实测结果或设计资料设定仪器的钢筋直径参数。沿被测钢筋轴线选择相邻钢筋影响较小的位置，在预扫描的基础上进行扫描探测，以确定钢筋的准确位置。将探头放在与钢筋轴线重合的检测面上读取保护层厚度检测值。

② 应对同一根钢筋的同一处检测 2 次，读取的 2 个保护层厚度值相差不大于 1mm 时，取二次检测数据的平均值为保护层厚度值，精确至 1mm；相差大于 1mm 时，该次检测数据无效，并应查明原因，在该处重新进行 2 次检测；仍不符合规定时，应该更换电磁感应法钢筋探测仪进行检测或采用直接法进行检测。

③ 当实际保护层厚度值小于仪器最小示值时，应采用在探头下附加垫块的方法进行检测。垫块对仪器检测结果不应产生干扰，表面应光滑平整，其各方向厚度值偏差不应大于 0.1mm。垫块应与探头紧密接触，不得有间隙。所加垫块厚度在计算保护层厚度时应予扣除。

4）钢筋间距的检测应按下列步骤进行：

① 根据预扫描的结果设定仪器量程范围，在预扫描的基础上进行扫描，确定钢筋的准确位置。

② 检测钢筋间距时，应将检测范围内的设计间距相同的连续相邻钢筋逐一标出，并应逐个量测钢筋的间距。当同一构件检测的钢筋数量较多时，应对钢筋间距进行连续量测，且不宜少于 6 个。

5）遇到下列情况之一时，应采用直接法进行验证：

① 认为相邻钢筋对检测结果有影响。

② 钢筋公称直径未知或有异议。

③ 钢筋实际根数、位置与设计有较大偏差。

④ 钢筋以及混凝土材质与校准试件有显著差异。

6）当采用直接法验证时，应选取不少于 30% 的已测钢筋，且不应少于 7 根；当实际检测数量小于 7 根时应全部抽取。

五、影响测量准确度的因素及修正

1. 影响测量准确度的因素

1）该方法不适用于含有铁磁性物质的混凝土检测，当含有铁磁性物质时，可采用直接法进行检测。

2）检测面选择应便于仪器操作并应避开金属预埋件；检测面应清洁平整。

3）钢筋品种对测量值有一定影响，主要是高强度钢筋需加以修正。

2. 保护层测量值的修正

当钢筋的直径、材质、布筋状况，以及混凝土的性质都已知时，才能准确测量混凝土保护层厚度，而实际测量时这些因素往往都是未知的。

1）并排钢筋直径修正：两根钢筋横向并在一起（图 12-7），等效直径 $d_{等效}=d_1+d_2$；两根钢筋竖向并在一起（图 12-8），等效直径 $d_{等效}=3（d_1+d_2）/4$。

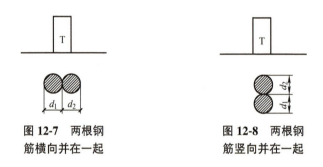

图 12-7　两根钢
筋横向并在一起

图 12-8　两根钢
筋竖向并在一起

2）用标准垫块进行综合修正的方法适用于现场校准测量值。标准垫块用硬质无磁性材料制成（例如工程塑料或电工用绝缘板），其平面尺寸与电磁感应法钢筋探测仪传感器的底面相同，厚度为 10mm 或 20mm。修正系数 K 计算方法如下：

① 将电磁感应法钢筋探测仪传感器直接置于混凝土表面已标好钢筋位置的正上方，读取保护层厚度 S_{m1}。

② 将标准垫块置于电磁感应法钢筋探测仪传感器原在混凝土表面的位置，并把电磁感应法钢筋探测仪传感器放于标准垫块之上，读取保护层厚度 S_{m2}，则修正系数 K 为

$$K=（S_{m1}-S_{m2}）/S \tag{12-2}$$

③ 对于不同钢筋种类和直径应确定各自的修正系数，每一个修正系数应经过 3 次计算后求平均得到。

3）用校准孔进行综合修正的方法也是现场校准测量值的有效方法。

① 用 6mm 钻头在钢筋位置正上方、垂直于构件表面打孔，手感碰到钢筋时立即停止，用深度卡尺测量钻孔深度，即为实际的混凝土保护层厚度 S_r，则修正系数为

$$K=S_m/S_r \tag{12-3}$$

式中　S_m——混凝土保护层厚度的仪器读数值。

② 对于不同钢筋种类和直径应打各自的校准孔，一般应不少于 2 个，求其平均值。

3. 现场检测的准确度

经过修正后确定的混凝土保护层厚度值，准确度可在 10% 以内（因混凝土表面的平整

度及各种因素影响仍会给测量带来误差）。

六、测量数据处理与结果评定

1）首先根据某一测量部位各测点混凝土保护层厚度的实测值，按下式求出混凝土保护层厚度平均值 $\overline{D}_n$（精确至 0.1mm）：

$$\overline{D}_n = \frac{\sum\limits_{i=1}^{n} D_{ni}}{n} \tag{12-4}$$

式中　D_{ni}——结构或构件测量部位测点处的混凝土保护层厚度（mm），精确至 1mm；

　　　n——测点数。

2）按照下式计算确定测量部位的混凝土保护层厚度特征值 D_{ne}（精确至 0.1mm）：

$$D_{ne} = \overline{D} - KS_D \tag{12-5}$$

式中　S_D——测量部位测点处的混凝土保护层厚度的标准差（mm），精确至 0.1mm。

$$S_D = \sqrt{\frac{\sum\limits_{i=1}^{n}(D_{ni})^2 - n(\overline{D}_n)^2}{n-1}} \tag{12-6}$$

式中　K——合格判定系数值，按表 12-3 取用。

表 12-3　混凝土保护层厚度合格判定系数值

n	10~15	16~24	≥ 25
K	1.695	1.645	1.595

3）根据测量部位混凝土保护层厚度特征值 D_{ne} 与其设计值 D_{nd} 的比值，混凝土保护层厚度对结构钢筋耐久性的影响按表 12-4 来评判。

表 12-4　混凝土保护层厚度对结构钢筋耐久性的影响

评 定 标 度	D_{ne}/D_{nd}	对结构钢筋耐久性的影响
1	>0.95	影响不显著
2	0.85~0.95	有轻度影响
3	0.70~0.85	有影响
4	0.55~0.70	有较大影响
5	<0.55	钢筋易失去碱性保护，发生锈蚀

4）检测所进行的钻孔、剔凿等不得损坏钢筋。混凝土保护层厚度的直接测量精度不应低于 0.1mm。钢筋间距的直接测量精度不应低于 1mm。

5）用图示方式注明检测部位及测区的位置，将各个测区钢筋的分布、走向绘制成图，并在图上标注间距、混凝土保护层厚度及钢筋直径等数据。

巩固训练

1. 复习本任务内容。

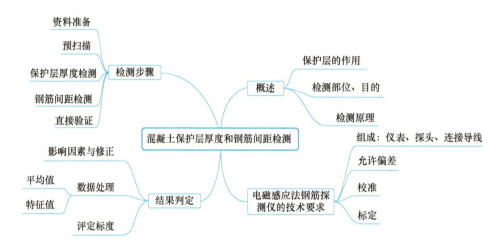

2. 扫描二维码，完成在线测试。

项目 12
任务二测试

3. 任务单：根据《混凝土中钢筋检测技术标准》（JGJ/T 152—2019）采用电磁法检测钢筋间距及混凝土保护层厚度；根据《公路桥梁承载能力检测评定规程》（JTG/T J21—2011）判定混凝土保护层厚度的评定标度，填写混凝土保护层厚度和钢筋间距试验检测记录表（表 12-5）。

表 12-5 混凝土保护层厚度和钢筋间距试验检测记录表

实验室名称： 记录编号：

工程部位 / 用途				委托 / 任务编号		
试验依据				样品编号		
样品描述				样品名称		
试验条件				试验日期		
主要仪器设备及编号						
构件名称			构件名称			
钢筋类型			钢筋类型			
设计保护层厚度 /mm			设计保护层厚度 /mm			
设计钢筋间距 /mm			设计钢筋间距 /mm			
测点号（主筋）	保护层厚度 /mm	钢筋间距 /mm	测点号（箍筋）	保护层厚度 /mm	钢筋间距 /mm	
1			1			
2			2			
3			3			
4			4			
5			5			
6			6			
7			7			
8			8			
9			9			
10			10			
备注：						

试验： 复核： 日期： 年 月 日

桥梁荷载试验

在用桥梁的承载能力检测评定包括桥梁缺损状况检查评定、桥梁材质状况与状态参数检测评定、桥梁承载能力检算评定，必要时还应进行桥梁荷载试验评定，现行规范为《荷载试验》。

桥梁荷载试验是指通过施加荷载的方式对桥梁结构或构件的静动力特性进行现场试验测试，包括静载试验和动载试验。

桥梁荷载试验的目的是，通过加载试验记录桥梁在荷载作用下的结构反应，为桥梁结构的技术状态及承载能力评定和养护、维修、加固等决策提供科学依据及支持。

1. 桥梁荷载试验的任务

1）对于新建桥梁和加宽、加固后的桥梁，应通过荷载试验来检验桥梁结构的承载能力是否符合设计要求。

2）对在用桥梁，若存在下列情况之一时，可进行荷载试验：

① 进行桥梁承载能力检算时，作用效应与抗力效应的比值在 1.0~1.2 之间。

② 技术状况等级为四类、五类。

③ 拟提高荷载等级。

④ 需要通过特殊重型车辆荷载。

⑤ 遭受重大自然灾害或意外事件。

⑥ 采用其他方法难以准确判断其能否承受预定的荷载。

3）对技术状态不明确的桥梁，或采用新技术、新工艺、新结构或新材料等设计建成的新型桥梁，宜逐联（座）进行荷载试验。

荷载试验宜在桥面铺装完成且达到其设计强度后实施。桥面铺装施工完成且达到其设计强度后，可保证加载试验时桥面板受力和桥面行车试验更接近于设计状态。

2. 桥梁荷载试验的程序

桥梁荷载试验的程序应分为准备环节、试验环节和成果环节三个阶段（图 13-1）。其中准备环节是十分重要的基础工作；作为中心环节，试验环节是试验成败的关键，也是对各项准备工作、试验人员素质等的考核；成果环节最终会体现在试验数据上，当然它也是进一步做结构评估、鉴定的基础。

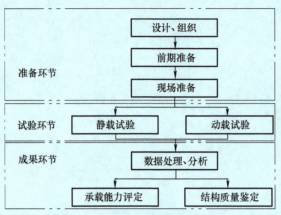

图 13-1　桥梁荷载试验各环节框图

荷载试验前期准备

📋 [学习目标]

1. 熟悉桥梁荷载试验的前期准备、设计试验方案、试验计算。
2. 能实际完成桥梁荷载试验的前期准备工作。

桥梁荷载试验的前期准备工作非常重要，一般包括试验前期准备和现场准备。试验前期准备工作主要有资料收集、设计试验方案、仪器准备以及相应的模拟分析计算等；现场准备工作则包括加载物准备，测点、测站布置等。

一、前期准备

在确定试验方案之前，必须先收集资料，并对试验结构进行实地考察和了解，做到情况清楚、心中有数。

1. 技术文件和资料的收集

组织桥梁荷载试验时要向有关部门收集与试验有关的设计资料，仔细阅读与试验有关的文献资料，以便对试验对象有透彻的了解，并对试验进行必要的模拟分析计算。荷载试验需要收集的资料一般有：

1）设计资料：设计图纸、变更设计图纸，作为设计依据的原始资料。

2）施工和监理资料：材料性能试验报告、各分项或分部工程验收报告等。

3）施工监控资料：施工监控报告、成桥线形等。

4）竣工资料：竣工图纸、工程验收报告等。

5）桥梁大修、加固、改建等相关资料。

2. 现场调查

对实桥进行踏勘，了解结构物的现状、周围的环境条件和试验条件，包括：

1）对结构物进行详细的外观检查，查明结构物的实际技术状况，如结构的尺寸、行车道、支座情况以及各种缺陷等，必要时可进行材质状况检测。

2）详细检查桥上和两端接线线路的技术状况、线路允许车速、桥下净空、水深和通航情况、桥址处供电情况等。

3）实桥结构和周围环境的踏勘，设计试验方案（如加载方式、测量手段等）。

4）详细了解现场试验时主管单位可能提供的配合情况，如加载车辆的情况，试验时的交通、航运影响等，做到心中有数，以便在确定方案时全面考虑。

3. 试验孔（墩）的选择

对多孔桥梁中跨径相同的桥孔（墩），可选1~3孔具有代表性的桥孔（墩）进行加载试验。选择时应综合考虑以下因素：

1）该孔（墩）计算受力最不利。

2）该孔（墩）施工质量较差、缺陷较多或病害较严重。

3）该孔（墩）便于搭设脚手架、便于实测。

4. 试验人员组织及车辆调度

桥梁的荷载试验是一项技术性较强的工作，最好组织专门的桥梁试验队伍来承担。试验人员应能熟练掌握所分管的仪器设备，读数快速而精确。试验队伍应设总指挥1人，其他人员的配备根据具体情况确定。

车辆调度员应合理地进行车辆组织，规划好车辆的进出场顺序、停靠位置等，尽可能减少车辆调度就位的时间。

5. 安全与交通管制

1）桥梁荷载试验应设专职安全员，检查接电、接地、防水、防尘、防雷等是否正确、完备；所有设备都应轻拿轻放、安置稳固；运输过程中要按设备本身的防振、防尘要求进行包装防护。

2）应通过结构验算保证结构安全、支架安全。在分级加载试验过程中，应通过观察结构或支架是否有异常反应、通过分析测试数据是否正常变化等进行判断。

3）新桥的荷载试验应尽可能安排在桥梁开放交通之前进行。对开放交通后的桥梁或者在用桥梁进行荷载试验时，必须进行交通管制。荷载试验期间，社会车辆及其他运营车辆须绕道行驶。荷载试验时应尽可能缩短交通管制的时间。

6. 其他准备工作

荷载试验的安全设施、供电照明设施、通信联络设施等的准备工作应根据荷载试验的需要进行。

二、试验方案设计

试验方案设计是桥梁荷载试验前期准备工作中十分重要的环节，因为试验方案是指导荷载试验的行动大纲。通过分析收集到的有关资料，充分了解了试验对象以及试验现场的情况后，根据试验目的和客观条件着手设计试验方案。一个完整的桥梁荷载试验方案应包括以下内容：

1）试验对象概况：主要叙述试验对象的结构、与设计和施工有关的技术资料、试验任务的性质等基本情况。

2）试验目的和要求：新建桥梁的竣工验收、旧桥承载力评估、旧桥改建加固等的试验目的和要求既有相似之处，又各有侧重，所以试验目的一定要非常明确，才能提具体要求。

3）要详细列出试验内容，如变形、应力（应变）、裂缝等。

4）试验方法：试验方法要详细制定，包括荷载的考虑、测点布置、仪器选用以及具体的测试步骤等。

5）试验程序：一般可列一张工况流程表，列出试验的工况序号、加载方式（纵向、横向怎么布置，荷载如何分级）、测读内容、时间间隔等内容。

6）参加试验的人员：确定试验所需要的人员，让每一位参与者知晓分工情况，使其各就其位。

7）试验时间安排：方案要列出整个试验的进度计划。

8）安全措施：包括试验期间人员、结构物、加载设备和测试仪器等的安全措施。

9）其他方案中须提出有哪些未定因素、一些补充说明内容等。一些特别重要的桥梁荷载试验方案，还需要经过专家评审。

试验方案设计完成以后，应分发给参加试验的有关单位和个人，并着手仪器设备的准备和试验人员的组织。

三、试验计算

在设计试验方案的同时或之前，应进行必要的与试验有关的计算，一般采用计算机辅助进行。

1）进行桥梁的交（竣）工验收荷载试验时，应依据竣工图文件建立计算模型；对加固或改建桥梁进行交（竣）工验收荷载试验时，计算时应考虑新旧结构的相互作用及二次受力的影响。

2）对在用桥梁和以目标荷载为控制荷载的桥梁进行荷载试验时，应根据桥梁的几何尺寸、材料特性及结构实际状况等实测参数建立模型。

巩固训练

1. 复习本任务内容。

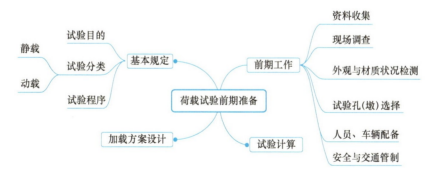

2. 扫描二维码，完成在线测试。

项目 13
任务一测试

任务二 >>>
桥梁静载试验

📋 [学习目标]

1. 熟悉静载试验的试验工况及内容、试验荷载、主要仪器设备、测点布置、加载实施与控制、试验数据整理及试验结果分析与评价。

2. 能进行桥梁静载试验，能进行试验数据处理分析和质量评定，并编制报告。

静载试验通过在桥梁结构上施加与设计荷载或使用荷载等效的静态外加荷载，利用检测仪器设备测定桥梁结构控制部位与控制截面的力学效应，从而评定桥梁的承载能力。

一、试验工况及内容

1. 试验工况及测试截面

桥梁静载试验应按桥梁结构的最不利受力原则和代表性原则确定试验工况及测试截面，通常根据桥梁结构的内力包络图，并考虑应力分布，按最不利受力原则选定测试截面，然后拟定相应的试验工况（一般应包括中载工况和偏载工况）。

简支梁桥和连续梁桥的静载试验工况及测试截面宜按表 13-1 确定，表中的主要试验工况应为必做工况，附加试验工况可根据具体情况由试验人员确定是否进行。测定由最大正弯矩产生的应变时，应同时测定该截面的位移。

表 13-1　简支梁桥和连续梁桥的静载试验工况、测试截面、测试内容

桥型		试 验 工 况	测 试 截 面	测 试 内 容
简支梁桥	主要	跨中截面主梁最大正弯矩工况	跨中截面	1. 跨中截面的挠度和应力 2. 支点沉降 3. 混凝土梁体裂缝观测
	附加	1. 1/4 截面主梁最大正弯矩工况 2. 支点附近主梁最大剪力工况	1. 1/4 截面 2. 梁底距支点 $h/2$ 截面内侧向上 45° 斜线与截面形心线相交的位置	1. 1/4 截面的挠度 2. 支点斜截面的应力

（续）

桥型		试 验 工 况	测 试 截 面	测 试 内 容
连续梁桥	主要	1. 主跨支点位置最大负弯矩工况 2. 主跨跨中截面最大正弯矩工况 3. 边跨主梁最大正弯矩工况	1. 主跨（中）支点截面 2. 主跨最大弯矩截面 3. 边跨最大弯矩截面	1. 主跨支点截面的应力 2. 主跨最大正弯矩截面的应力及挠度 3. 边跨最大正弯矩截面的应力及挠度 4. 支点沉降 5. 混凝土梁体裂缝观测
	附加	主跨（中）支点附近主梁的最大剪力工况	梁底距（中）支点 $h/2$ 截面上 45° 斜线与主跨截面形心线相交的位置	支点附近斜截面的应力

注：h 表示梁高。

2. 测试内容

静载试验的测试内容应反映桥梁结构的内力、应力（应变）、位移及裂缝最不利控制截面的力学特征，试验过程应关注可能出现的异常现象。

1）应力（应变）观测主要是针对测试截面的受拉和受压区，通常沿截面高度或横向位置分布测点，以测试结构的应力分布特征。

2）位移测试包括主梁控制截面的挠度、纵向或横向位移、主塔三维坐标等的测试，反映了桥梁结构整体或局部的刚度特性。在测试竖向挠度时，应同时测试支点的竖向位移，并进行支点沉降修正。

3）通过观测结构裂缝的变化，或异常振动及响声等试验现象，可以帮助了解结构或构件在试验过程中的表观状况。

二、试验荷载

桥梁静载试验应进行必要的与试验有关的计算，如计算试验控制荷载、静载试验效率、试验荷载作用下主要测试截面的内力或变形控制值等。所有相关计算结果是试验荷载大小、加载等级等的理论依据，也作为试验加载响应的期望值。

试验控制荷载根据与设计作用（或荷载）等级相应的活载效应控制值或有特殊要求的荷载效应值确定，以使控制截面或断面产生最不利荷载效应（内力和变形最大）的荷载作为试验控制荷载。

1. 静载试验效率

静载试验应根据试验目的确定试验控制荷载。进行交（竣）工验收荷载试验时，应以设计荷载作为试验控制荷载，静载试验效率 η_q 宜介于 0.85~1.05 之间；进行鉴定性荷载试验时，以目标荷载作为试验控制荷载，静载试验效率 η_q 宜介于 0.95~1.05 之间。静载试验效率应按下式进行计算：

$$\eta_q = \frac{S_s}{S(1+\mu)} \tag{13-1}$$

式中　S_s——静载试验荷载作用下控制截面内力计算值；

　　　S——试验控制荷载作用下控制截面最不利内力计算值；

　　　μ——按规范采用的冲击系数值。

2. 加载方式

静载试验可采用车辆加载或重物加载。静载试验前应在桥面上对加载位置进行放样，并预先安排卸载的安放位置，以便于加载试验的顺利进行。

1）试验前，应对所有的加载工况及位置进行标记，并派专人进行校核。

2）标记内容应包括工况编号及其荷载位置等关键信息。

3）必要时，标记点应具有防雨（水）、防雪的能力。如在夜晚实施加载，还应准备必要的照明设施或采用具有一定的反光功能的标记材料。

（1）车辆加载

1）采用车辆加载时，宜采用三轴载重车辆（图 13-2），同时应落实车辆的种类、吨位、数量以及轴重、总重等。这项工作一般在方案设计阶段完成，到了现场主要是具体的对号操作。注意要落实装载物和装载设备，装载物一般以石料、砂子等居多，根据现场情况确定。装载的重物应放置稳妥，以避免车辆行驶时因晃动而改变重物的位置，引起轴（轮）重的改变。

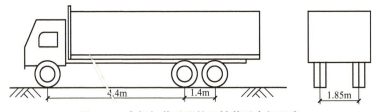

图 13-2　车辆加载采用的三轴载重车辆示意

2）车辆过秤。车辆过秤时除称取总重外，还要分轴称取各车轴的轴重；如条件允许，应尽可能在过秤的同时调整各辆车的轴重和总重。在没有地磅的地方，也可用移动电子传感器称重，使用时车辆行驶过去即可读出吨位。

3）记录下每辆车的车号、轴距、轮距和轴重指标。加载车辆的单轴重量不宜超过相关标准、规范的规定；必须超过时，须验算桥面板等局部构件的承载能力和裂缝宽度。某桥加载车辆记录见表 13-2。

表 13-2　某桥加载车辆记录

车辆编号	车牌号	前轴/kN	中轴/kN	后轴/kN	总重/kN	中前轴距/m	中后轴距/m	轮距/m
1	苏 A*****	82.0	183.3	183.3	448.6	4.40	1.40	1.85
2	苏 A*****	86.0	186.0	186.0	458.0	4.40	1.40	1.85

4）分批编号。按实际轴重和车型编号，对于大型桥梁试验用车较多的情形，还要考虑多辆车横向质量的均匀性，以减少计算误差。

5）对准备做动载试验的车辆，还要求车上的时速表准确灵敏，以控制车速。

6）应组织好加载、卸载流程，停靠、堆放位置，以尽可能减少加载、卸载的时间。

（2）重物加载　重物加载的准备工作量很大，加载、卸载周期较长，交通中断时间亦较长，且试验时的温度变化对测点的影响较大。不满足车辆加载条件时，可选用重物加载。如加载仅为满足控制截面内力要求时，可采用直接在桥面堆放重物或设置水箱的方法加载。

重物加载试验前，应采取可靠的方法对加载物进行称量。采用水箱或采用在桥面直接堆放重物加载时，可通过测量水的体积或堆放重物的体积与密度来换算加载物的重力。分级加载的重物加载试验以同样方法处理。注意加载物的堆放应安全、合理，满足荷载分布的要求。

三、主要仪器设备

试验仪器的准备是按照已经确定的加载方案进行的。荷载试验前应对测试设备进行核查，测试设备的精度应不大于预计测量值的 5%，测试设备的量程和动态范围应满足试验要求。

（一）应变测试仪器设备

1. 电阻应变计

（1）电阻应变片

1）电阻应变片的原理与构造。电阻应变片是非电量电测中十分重要的变换器，其电阻丝电阻值的增量与其长度的增量之间存在正比例的关系，即

$$\Delta R/R = \frac{K \cdot \Delta L}{L} = K\varepsilon \tag{13-2}$$

式中　R——电阻丝的初始电阻值（Ω）；

ΔR——电阻丝的电阻增量（Ω）；

L——电阻丝的初始长度（mm）；

ΔL——电阻丝长度的增量（mm）；

K——比例系数，又称为电阻丝的灵敏系数；

ε——应变值。

电阻应变片具有灵敏度高、质量小、尺寸小、粘贴牢固等优点，可在超高（低）温、高压、核辐射条件下工作，且易于实现测量数字化和自动化；缺点是现场粘贴工作量大，重复使用困难。绕线式电阻应变片的构造如图 13-3 所示。

2）应变花。在两向应力状态时，需要测出一点的两个或三个方向的应变，才可求出此测点的主应力的大小和方向。这就要使用由粘贴在一个公共基底上按一定方向布置的 2~4 个敏感栅组成的电阻应变片，这种应变片叫作应变花，如图 13-4 所示。

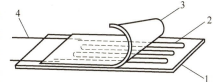

图 13-3　绕线式电阻应变片的构造
1—基底　2—敏感丝栅　3—覆盖层
4—引出线

3）电阻应变片的选用。选用电阻应变片时，应根据电阻应变片的初始参数及试件的受力状态、应变梯度、应变性质、工作条件、测试精度要求等综合考虑。

① 对于一般的结构试验，采用 120Ω 的纸基金属丝应变片就可满足试验要求。其标距可结合试件的材料来选定，如钢材常用 5~20mm，混凝土则用 40~120mm，石材用 20~40mm。

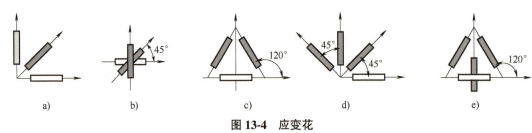

图 13-4 应变花

a）直角形 b）直角交叉形 c）等边形 d）扇形 e）伞形

② 对于有特殊要求的，可选择特种应变片，如低温应变片、高温应变片、疲劳寿命片、裂纹探测片、应力片以及在高压、核辐射、强磁场等条件下使用的应变片。

（2）电阻应变仪 专门对电阻应变片阻值的相对变化（$\Delta R/R$）的信号进行鉴别和测量的仪器，称为电阻应变仪。按测量对象的不同，电阻应变仪分为静态电阻应变仪和动态电阻应变仪，两种电阻应变仪原理相同，其主要区别在于：静态电阻应变仪的信号与时间无关，可由应变仪直接读取应变值，多点测量只需通过多点转换箱（又称为平衡箱）切换而不增加放大单元；而动态电阻应变仪测量的信号与时间有关，应变仪本身无法读值，要靠后续显示记录设备得到应变值，多点测量一般需一对一地配置放大单元。

（3）电阻应变测量的温度补偿 用电阻应变片测量应变时，电阻应变片除了能感受结构受力后的变形外，同样也能感受环境温度变化，并引起电阻应变仪指示部分的示值变动，这称为温度效应。消除温度效应的应变值主要是利用单臂电桥桥路的特性进行，称为温度补偿。

（4）电阻应变片的粘贴技术

1）放样。把方案上的测点布置到构件上，在准备粘贴电阻应变片的测点上预画定位线用于确定位置。

2）粘贴电阻应变片。包括对试件表面的前处理、贴片、焊接等。钢筋混凝土受拉区的应变测点的电阻应变片，应粘贴在钢筋上（凿去混凝土保护层）。

3）检查绝缘度。规范对钢筋测点和混凝土测点的绝缘电阻有最低要求，绝缘度不满足要求的要采取适当措施，必要时应铲除电阻应变片重贴。

4）导线连接。把所有编号的导线与对应测点对应焊好，另一端拉到测站位置，绑好捆牢（图 13-5）；测站设置时要尽可能考虑优化，尽量不用过长的导线。

5）全部测点接线完成之后，调试仪器，逐点检查；对质量不好的测点，要查出原因予以更正，必要时重新贴片。

6）防潮。野外条件下温度、湿度影响比较大，要注意及时采取防潮措施。短期使用时可用无水矿脂涂抹；长期使用时要用专门配制的防护剂，如环氧树脂掺稀释剂和固化剂。

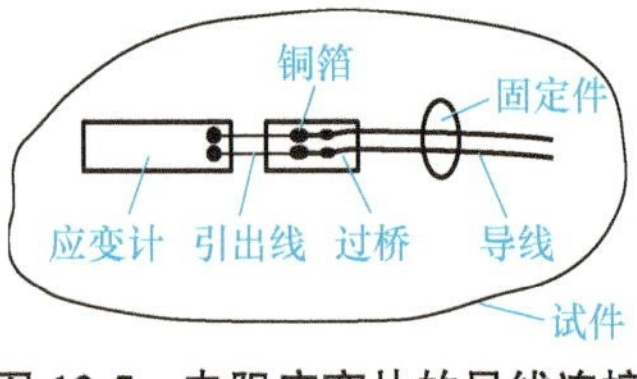

图 13-5 电阻应变片的导线连接

2. 磁感应应变计

磁感应应变计的细分是由若干稳恒磁场单元及若干磁敏元件组成的非线性位置码轨对实现的。当应变的两支座相对发生位移变形时，若干处于稳恒磁场（钐钴合金材料，具有很好的温度稳定性）单元内的若干磁敏元件组成码轨对，其物理效应会使各码轨对之间的相幅信号发生干涉，置于传感器内的单片机芯片对这些干涉的相幅信息进行绝对位置非线性数字编

产生的纵向和横向位移及其对时间的响应曲线。系统的 K 值（K_x，K_y）即为 CCD 上每个像素代表的实际位移值。光电挠度仪的处理软件可从动态曲线数值分析中得出荷载的冲击系数等相关参数。

图 13-8　智能型全站仪

图 13-9　数字水准仪

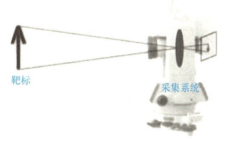

靶标

采集系统

(558，620)

图 13-10　光电挠度仪检测原理

（三）裂缝观测仪

裂缝的静态观测可用裂缝观测仪或裂缝宽度比对卡。静载试验时要想进行动态观测，可利用磁感应位移计直接测量位移，或将应变计设定为位移模式进行监测。

四、测点布置

桥梁静载试验的测点布置主要是应变（应力）测点和位移（挠度）测点的布置。

1. 应变测点布置的原则

1）应变测点应根据测试截面及测试内容合理布置，并能反映桥梁结构的受力特征。一般采用单向应变计测定正应变，采用应变花测定主应变。为保证观测质量，有条件时同一测点可用不同测试方法进行校核。一般情况下，应在结构纵向的所有控制截面的横向、竖向布置能反映结构最大应变及其变化规律的测点。

2）单向应变测点的布置应体现左右对称、上下兼顾、重点突出的原则，并能充分反映截面高度方向的应变分布特征。测点布置完毕后应准确测量其位置。测定单向应变时，根据测试构件的形状特点沿宽度及高度方向布置的应变测点可以反映应变沿构件截面的横向和高度方向的变化特征；腹（肋）板的应变测点应能够反映截面高度方向的应变分布规律，顶缘的应变测点布置于腹（肋）板的最上缘。注意不要将测点布置在结构的中性轴附近。常见截面单向应变测点和位移测点的布置见表13-4。

表13-4 常见截面单向应变测点和位移测点的布置

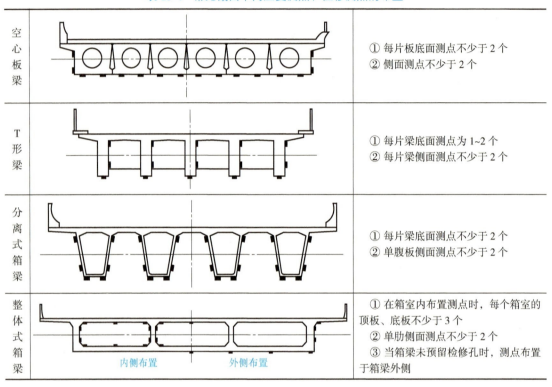

空心板梁	① 每片板底面测点不少于2个 ② 侧面测点不少于2个
T形梁	① 每片梁底面测点为1~2个 ② 每片梁侧面测点不少于2个
分离式箱梁	① 每片梁底面测点不少于2个 ② 单腹板侧面测点不少于2个
整体式箱梁	① 在箱室内布置测点时，每个箱室的顶板、底板不少于3个 ② 单肋侧面测点不少于2个 ③ 当箱梁未预留检修孔时，测点布置于箱梁外侧

3）单点应变花测点的布置不宜少于两组，见表13-5。

表13-5 单点应变花测点的布置

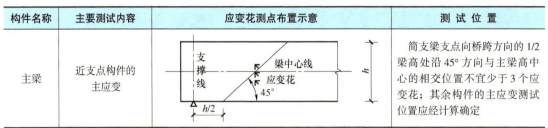

构件名称	主要测试内容	应变花测点布置示意	测试位置
主梁	近支点构件的主应变		简支梁支点向桥跨方向的1/2梁高处沿45°方向与主梁高中心的相交位置不宜少于3个应变花；其余构件的主应变测试位置应经计算确定

2. 位移测点布置的原则

1）位移应包括竖向位移（挠度）、横向位移及纵向水平位移。位移测点的测量值应能反映结构的最大位移及其变化规律。

2）主梁竖向位移的纵向测点宜布置在各工况荷载作用下位移曲线的峰值位置。

3）竖向位移测点的横向布置应充分反映桥梁横向挠度的分布特征，对整体式截面不宜少于 3 个测点；对多梁式（分离式）截面宜逐片梁布置，每片梁不得少于 1 个测点或桥面不宜少于 3 个测点（详情参见《荷载试验》）。

4）支点沉降的测点布置宜靠近支座处。

3. 裂缝测点与倾角测点布置要求

裂缝测点可只针对开裂较明显部位以及宽度较大的裂缝进行设置。倾角测点宜根据需要布置在转动明显、角度较大的部位。

4. 现场布设注意事项

1）测点放样与布设应符合下列规定：

① 现场测点布设时应预先准备详细的测点布置方案。

② 测点布置时，如需局部调整布置方案，应做好详细记录。

③ 如采用有线传输多点应变信号时，应采用电阻值相同的数据线，测点布设前应对测点及数据线进行编号。测点布设时应保证传感器与结构粘接良好，不松动、无气泡。传感器与数据线如采用焊接连接，应保证焊接质量，无夹渣。必要时，应对测点进行防潮保护。

④ 采用接触式位移计（百分表、磁感应位移计等）进行变形测量时，测试仪表的基座应与结构完全脱离，并使仪表行程满足结构的变形要求。如采用精密水准仪、全站仪等进行变形测量，应在试验前设置好基准点并对测点进行编号。

⑤ 布设动态测点时，应保证传感器和结构粘接牢靠。

2）桥梁检测车或测试支架搭设要求：

① 一般采用桥梁检测车到达检测位置，可根据现场情况选择桁架式检测车、吊篮式检测车、登高车。当桥梁的高度较小（或挠度较小）时，可搭设测试支架。

② 测试支架必须牢固可靠，并具有足够的刚度，在测试期间不允许发生影响测试精度的变形。记录初读数至加载／卸载读数期间，严禁机械和人员碰触测试支架。

3）仪器安装应遵循以下原则：

① 在现场安装仪器设备时，应确保数据采集人员的安全工作范围。

② 仪器设备安装应确保数据采集人员通信通畅。

③ 应做好仪器设备的防雷、防雨（水）和防风措施。

4）加载位置标记应符合下列规定：

① 试验前，应对所有的加载工况及加载位置进行标记。标记内容应包括工况编号及荷载位置等关键信息。

② 必要时，标记点应具有防雨（水）、防雪的能力。如在夜间实施加载，还应准备必要的照明设施或采用具有一定的反光功能的标记材料。

五、加载实施与控制

实桥静载试验时，桥梁应处于封闭交通状态，大雨（雪）、中雨（雪）及大雾天气不宜进行试验。试验时的环境温度应高于 5℃，且温度应稳定。桥梁静载试验程序如图 13-11 所示。

1. 静载初读数

静载初读数是指试验正式开始时的零荷载读数，不是准备阶段调试仪器时的读数。对于新建桥梁，在初读数之前往往要进行预压（一般以部分重车在桥上缓行几次）。从初读数开始，整个测试系统就开始运作了，测量人员、读数记录人员进入岗位各司其职。

2. 预加载

正式加载之前应进行预加载，一般采用分级加载的第一级荷载或单辆试验车作为预加载。

3. 加载

按桥上划定的停车线布置荷载，要安排专人指挥车辆停靠。

试验荷载应逐级施加，加载级数应根据试验荷载总量和荷载分级确定，可分为3~5级；当桥梁技术资料不全时，应增加分级。重点测试桥梁在荷载作用下的规律时，可加密分级。

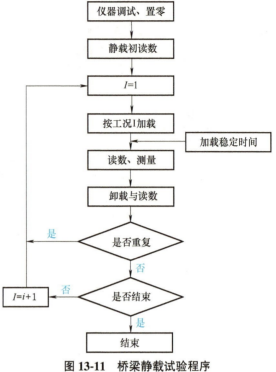

图13-11 桥梁静载试验程序

分级加载宜采用逐级加载、卸载的方式进行。加载车辆的加载宜采用逐渐增加加载车数量、先轻车后重车、加载车位于内力影响线的不同部位等方法进行，或综合运用上述方法进行。

加载、卸载过程中，应确保非控制截面内力或变形不超过控制荷载作用下的最不利值。

试验加载过程中，应记录结构出现的异常响动、失稳、扭曲、晃动等异常现象，并应采取相应的处理措施。

4. 加载稳定时间与读数

加载时间间隔必须满足结构反应稳定的时间要求。在前一荷载阶段内结构反应相对稳定且进行了有效测试及记录后，方可进入下一荷载阶段。当进行主要控制截面最大内力（变形）加载试验时，分级加载的稳定时间不应少于5min；对尚未投入营运的新桥，首个工况的分级加载稳定时间不宜少于15min。

同一级荷载内，结构最大变形测点在最后5min内的变形增量小于第一个5min变形增量的15%，或小于测量仪器的最小分辨值时，则认为结构变形达到相对稳定。

加载稳定时间取决于结构变形达到稳定所需的时间。若因连接较弱或变形缓慢而造成测点观测值的稳定时间较长，如结构的实测变形（或应变）值远小于计算值，则可适当延长加载稳定时间。

加载后结构的变形和内力需要有一个稳定过程，不同结构的这个过程的时间是不一样的，一般是以测点的应变值或挠度值稳定为准，只要读数波动在测试仪器的量程范围以内，就认为结构已处于相对稳定状态，可以测量读数。

5. 卸载与读数

完成一个工况的加载与读数操作后，应进行卸载。应当在加载与卸载稳定后再读数，结构变形或应变在卸载后如果不能正常恢复，可能是因为结构承载能力不足或其他原因所致，需要仔细分析。

6. 停止加载

应根据各工况的加载分级，对各加载、卸载过程中测点的应变（应力）、薄弱部位的破损情况等进行观测与分析，并与理论计算值进行对比。当试验过程中发生下列情况之一时，应停止加载，查明原因，采取措施后再确定是否进行试验：

1）测点的应变值已达到或超过计算值。

2）测点的应变值或挠度值超过计算值。

3）结构裂缝的长度、宽度或数量明显增加。

4）实测变形分布规律异常。

5）桥体发出异常响声或发生其他异常情况。

6）斜拉索或吊索（杆）的索力增量实测值超过计算值。

7. 观测与记录

1）加载试验之前应对各测点进行不少于 15min 的温度稳定观测。当测试周期较长时，温度变化引起的结构内力和变形就会对测试结果产生影响。因此，需要对温度进行稳定观测，必要时应延长观测时间。

2）测试数据记录可采用自动记录或人工记录的方式，观测记录应做好时间、温度、工况等备注。一般采用自动记录，有利于提高采集效率与精度。

3）混凝土桥梁静载试验中，裂缝观测的重点是结构承受拉力较大的部位及原有裂缝较长、较宽的部位。加载过程中应观测裂缝长度及宽度的变化情况，既可直接在混凝土表面进行描绘记录，也可采用专门的表格记录。裂缝记录的内容包括裂缝的长度、宽度及相应的荷载工况，并描绘裂缝沿混凝土表面的走向。

8. 注意事项

1）加载试验过程中和试验结束后，应对加载影响较大的部位（受力较大部位、薄弱部位、原有缺陷部位等）进行详细检查。

2）加载试验前应对测点与测量仪器予以防护，避免日晒、风雨、振动和其他干扰。

3）试验时应保持现场人员的通信畅通。

六、试验数据整理

1. 试验资料修正

（1）测量值修正　进行试验数据分析时，应根据温度变化、支点沉降及仪表标定的影响对测试数据进行修正。当这类因素对测量值的影响小于 1% 时，可不予修正。

（2）温度影响修正　温度对测试的影响比较复杂，结构构件的各部位不同的温度变化，结构的受力特性，测试仪表或元件的温度变化，电测元件的温度敏感性、自补性等，均会对测试精度造成一定的影响，逐项分析这些影响较困难。一般可采用综合分析的方法来进行温度影响修正，即利用加载试验前采集的温度稳定观测数据，建立温度变化（测点处构件表面温度或空气温度）和测点的测量值（应变和挠度）变化的线性关系，然后按下式进行温度修正计算：

$$\Delta S_t = \Delta S - \Delta t \cdot K_t \qquad (13\text{-}5)$$

式中　ΔS_t——温度修正后的测点加载测量值变化；

　　　ΔS——温度修正前的测点加载测量值变化；

　　　Δt——相应于 ΔS 观测时间段内的温度变化（℃），对应变宜采用构件表面温度，对挠度宜采用气温；

　　　K_t——空载时温度上升1℃时测点测量值的变化量；当测量值变化与温度变化关系明显时，可采用多次观测的平均值，关系不明显时则不能采用。

$$K_t = \frac{\Delta S_1}{\Delta t_1} \qquad (13\text{-}6)$$

式中　ΔS_1——空载时某一时间区段内测点的测量值变化量；

　　　Δt_1——相应于 ΔS_1 同一时间区段内温度的变化量。

（3）支点沉降影响的修正　当支点沉降量较大时，应修正其对挠度值的影响（图13-12），修正量 c 可按下式计算：

$$c = \frac{l-x}{l}a - \frac{x}{l}b \qquad (13\text{-}7)$$

式中　c——测点的支点沉降影响修正量；

　　　l——A 支点到 B 支点的距离；

　　　x——挠度测点到 A 支点的距离；

　　　a——A 支点沉降量；

　　　b——B 支点沉降量。

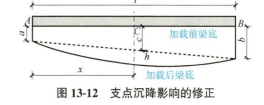

图13-12　支点沉降影响的修正

2. 各测点位移求应变的计算

根据测量数据作下列计算：

总位移（总应变）：$\qquad\qquad S_t = S_l - S_i \qquad (13\text{-}8)$

弹性位移（弹性应变）：$\qquad S_e = S_l - S_u \qquad (13\text{-}9)$

残余位移（残余应变）：$\qquad S_p = S_t - S_e = S_u - S_i \qquad (13\text{-}10)$

式中　S_t——试验荷载作用下测量的结构总位移（总应变）值；

　　　S_e——试验荷载作用下测量的结构弹性位移（弹性应变）值；

　　　S_p——试验荷载作用下测量的结构残余位移（残余应变）值；

　　　S_i——加载前的测量值；

　　　S_l——加载达到稳定时的测量值；

　　　S_u——卸载后达到稳定时的测量值。

引入相对残余位移（相对残余应变）的概念来描述结构整体或局部进入塑性工作状态的程度。相对残余位移（相对残余应变）按下式计算：

$$S'_p = S_p / S_t \times 100\% \qquad (13\text{-}11)$$

式中　S'_p——相对残余位移（相对残余应变）；

　　　S_p、S_t——意义同前。

3. 校验系数 η

结构控制断面实测最大应变（应力）可以成为评价结构强度的主要内容，常用校验系数

η 来说明。

$$\eta = S_e / S_s \tag{13-12}$$

式中　S_e——同式（13-9）；

　　　S_s——同式（13-1）。

4. 试验曲线的绘制

试验曲线能直观地反映试验结果，可通过试验曲线来表示实测应变和理论计算值的比较情况、主要控制点的变形（应变）与荷载的历程曲线、挠度及应变分布情况。通过这些曲线可对试验结果进行评价，判断异常点、结构工作状态、应变（变形）分布是否符合一般规律等。

1）列出各加载工况下主要测点实测变形（应变）与相应的理论计算值的对照表，并绘制其关系曲线。

2）绘制各加载工况下主要控制点的变形（应变）与荷载的关系曲线。

3）绘制各加载工况下控制截面变形（应变）分布图、桥梁纵（横）向挠度图（图 13-13）、截面应变沿高度（宽度）分布图等。

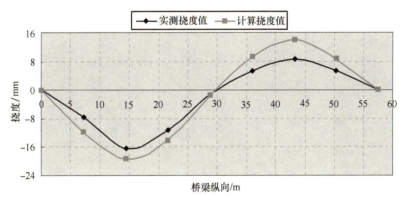

图 13-13　某桥加载工况下纵向挠度图

七、试验结果分析与评价

经过荷载试验的桥梁，应根据整理的试验资料分析结构的工作状况，进一步评定桥梁承载能力，为新建桥的验收做出鉴定结论，或作为旧桥承载力鉴定检算的依据，纳入桥梁承载能力鉴定报告和桥梁承载能力鉴定表。试验结果分析与评价一般进行下列工作：

1. 校验系数 η

校验系数 η 包括应变（应力）校验系数及挠度校验系数，其值按式（13-12）计算。常见桥梁结构校验系数常值见表 13-6。

表 13-6　常见桥梁结构校验系数常值

桥　梁　类　型	应变（应力）校验系数	挠度校验系数
钢筋混凝土板桥	0.20~0.40	0.20~0.50

（续）

桥 梁 类 型	应变（应力）校验系数	挠度校验系数
钢筋混凝土梁桥	0.40~0.80	0.50~0.90
预应力混凝土桥	0.60~0.90	0.70~1.00
圬工拱桥	0.70~1.00	0.80~1.00
钢筋混凝土拱桥	0.50~0.90	0.50~1.00
钢桥	0.75~1.00	0.75~1.00

校验系数越小，说明结构的安全储备越大，校验系数过大或过小应从多方面分析原因：过大可能因为组成结构的材料强度或弹性模量较低，结构各部位的连接性能较差，刚度较低等；过小可能因为材料的强度或弹性模量较高，桥面铺装及人行道等与主梁（肋）共同受力，拱上建筑与拱圈共同作用，以及受计算理论或简化图式的影响等。试验时加载物的称量误差、仪表的观测误差等也对校验系数有一定影响。一般情况下，新建桥梁的效验系数较小，旧桥的校验系数较大。校验系数超出常值范围时，应结合动载试验结果进行综合判断。

2. 实测值与理论值的关系曲线

如测点实测变形（应变）与其理论值呈线性关系，则说明结构处于线弹性工作状况。

3. 截面应变分布状况

对于常规结构，实测的结构或构件主要控制截面的应变沿梁高的分布图符合平截面假定，实测的测点处的变形或应变与荷载的关系曲线接近于直线，说明桥梁结构或构件处于弹性工作状况。

4. 残余变形（应变）

结构的残余变形或应变与试验施加的荷载以及加载、卸载的时间有关，对于混凝土结构而言，其材料呈现出不完全弹性特性，具有一定的黏弹性，其残余变形（应变）与加载、卸载的速率有关，因此加载、卸载时应确保结构处于稳定状态。

主要测点的相对残余变形（应变）ΔS_p 越小，说明结构越接近弹性工作状况。ΔS_p 不宜大于 20%；当 ΔS_p 大于 20% 时，表明桥梁结构的弹性状态不佳，应分析原因，必要时再次进行荷载试验。

5. 混凝土桥梁裂缝及其扩展情况的评定分析

1）试验荷载作用下新桥的裂缝宽度不应超过《公路钢筋混凝土及预应力混凝土桥涵设计规范》（JTG 3362—2018）规定的允许值，卸载后其扩展宽度应闭合到允许值的 1/3。

2）卸载后，试验荷载作用下在用桥梁的裂缝宽度不宜超过《公路桥梁承载能力检测评定规程》（JTG/T J21—2011）的规定。

超过上述规定时，应结合校验系数的计算结果分析原因，采取对应措施进行处理。

巩固训练

1. 复习本任务内容。

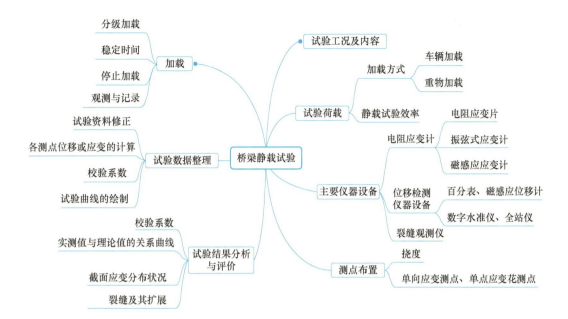

2. 扫描二维码，完成在线测试。

项目 13
任务二测试

桥梁动载试验

📑 [学习目标]

　　1. 熟悉桥梁动力特性参数，熟悉桥梁动载试验的主要仪器设备、试验工况及测试截面、试验荷载、试验数据分析及桥梁结构性能评价。

　　2. 能进行桥梁动载试验，能进行试验数据处理分析和质量评定，并编制报告。

　　当车辆荷载以一定速度行驶于桥上，桥梁结构便产生振动，桥面凹凸不平或发动机颤抖等原因会使振动加剧。此外，人群荷载、强风或地震的作用也会引起桥梁振动。动载试验是指通过测试桥梁结构或构件在动荷载激振和环境荷载作用下的受迫振动特性和自振特性，以分析判断桥梁结构的力学特性。

　　桥梁动载试验应测试桥跨结构的自振频率和冲击系数。存在以下情形之一时，动载试验还应增加测试桥跨结构的振型和阻尼比；必要时，还应测试桥梁结构的动挠度和动应变，并掌握车辆振源特性：

　　1）单跨跨径超过 80m 的梁桥、T 形刚构桥、连续刚构桥，以及单跨跨径超过 60m 的拱桥、斜拉桥、悬索桥及其他组合结构桥梁。

　　2）存在异常振动的桥梁。

　　3）仅依据静载试验不能系统评价结构性能时。

　　4）有其他特定要求时。

一、桥梁动力特性参数

　　测试桥梁动力特性参数是桥梁动载试验的基础内容，要想研究桥梁结构的动态性能和能力就必须了解桥梁结构的动力特性。结构动力特性参数，也称为结构自振特性参数或振动模态参数，其内容主要包括结构的自振频率（自振周期）、阻尼比和振型等。它们都是由结构形式、建筑材料性能等结构固有的特性所决定的，与外荷载无关。图 13-14 为悬臂梁的动力特性参数。

　　（1）自振频率和自振周期　　自振频率是动力特性参数中十分重要的概念，自振频率在物理中是指单位时间内完成振动的次数，通常用 f 表示，单位为赫兹（Hz）；也可以用圆频

率 ω（$\omega=2\pi f$）表示，单位为 1/s。

自振周期 T 在物理中是指物体振动波形重复出现的最小时间，单位为秒（s），它和自振频率互成倒数关系：$T=\dfrac{1}{f}$。由于这种倒数关系，工程中一般并不专门区分频率和周期的表达。

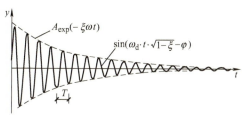

图 13-14　悬臂梁的动力特性参数

（2）阻尼比　阻尼是存在于结构中的消耗结构振动能量的一种物理作用，它对结构抵抗振动是有利的。结构工程上假定阻尼属黏滞阻尼，与结构的振动速度成正比，并以一个无量纲的系数 ζ（阻尼比）来表示阻尼的量值大小。阻尼比是（且只能是）试验值。

（3）振型　振型是结构上各点振幅值的连线，它不是结构的变形曲线。结构动力学认为对应每一个固有频率，结构都有并只有一个主振型。一般情况下，结构发生线性微幅振动时，其可能的自由振动都是无数个主振型叠加的结果；特定条件下，结构（被外界激励源激励出纯模态时）会按某一自振频率及其相应的主振型振动。具体对某一根简支梁来说，它的振型曲线是由沿梁长度方向的多点振动幅值的相对值决定的，如图 13-15 所示。

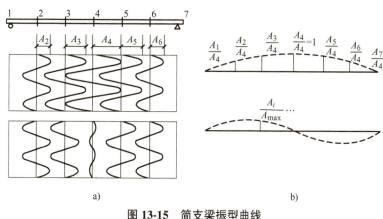

图 13-15　简支梁振型曲线
a）幅值和相位　b）振型曲线

二、主要仪器设备

桥梁振动经常遇到超低频、低加速度的情况，要求选择适合于测量低频、微振的仪器。桥梁动载试验的振动测试仪器一般以电测为主，一套完整的振动测试仪器应包括激振设备、测振传感器、放大器、记录和分析设备等部分。

1. 测振传感器的种类

桥梁动载试验常用的测振传感器有磁电式测振传感器、压电式测振传感器和伺服式测振传感器三种。

（1）磁电式测振传感器　使用磁电式测振传感器进行测量时，将传感器与被测物体刚性连接，传感器与被测物体一起振动。传感器振动时，带动内部的摆体运动，摆体处在磁场中，摆体运动时，绕在摆体上的线圈（称为动圈）切割磁力线产生感应电动势，通过合理控制可以使该电动势与被测振动形成确定的函数关系，这样就能检测出外界振动。通过不同的控制形式，传感器可以测量速度、加速度，经积分变换还可以测量位移。磁电式测振传感器示意图如图 13-16 所示。

（2）压电式测振传感器　压电式测振传感器是一种加速度计，其测量原理是利用某些晶体（石英）的压电效应，将机械能转换成电能。当被测物的频率远低于测振传感器的固有频率时，质量块相对于基座的振幅，近似地与被测物的振动加速度峰值成正比。此时，压电材料受到压力作用，使加速度计产生与被测物加速度成正比的电荷。压电式测振传感器示意图如图 13-17 所示。

（3）伺服式测振传感器　伺服式测振传感器是一种高灵敏度的加速度计，可看作是一个受感振系统激励的机电反馈系统，如图 13-18 所示。当加速度计受到沿灵敏轴方向输入的加速度影响时，感振系统就有运动趋势，电位探测器把它转换成电信号，由此引起伺服放大器的输出电流发生变化，由电流反馈到位于永久磁场中的恢复线圈，使线圈产生与感振系统经受的初始惯性力大小相等、方向相反的恢复力，故伺服式测振传感器又叫力平衡式加速度计。

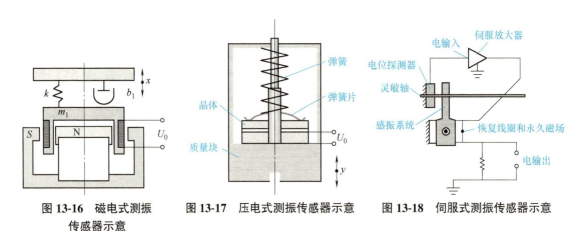

图 13-16　磁电式测振
传感器示意

图 13-17　压电式测振传感器示意

图 13-18　伺服式测振传感器示意

2. 测振传感器的选用

动位移可采用位移传感器和测量放大器，或光电变形测量仪等进行测试；动应变可采用电阻应变计、动态应变仪、光纤光栅式应变计等进行测试；动力放大系数和冲击系数应由分析计算得出。进行数据采集时，应保证所采集的信息波形不失真。

三、试验工况及测试截面

桥梁动载试验工况应根据具体的测试参数和采用的激振方法确定。

1. 激振方法

激振方法可根据结构特点、测试的精度要求、方便性及现场实际情况确定。宜采用环境随机激振法、行车激振法和跳车激振法，也可采用起振机激振法或其他激振方法。

（1）环境随机激振法（脉动法）　环境随机激振法是指在桥面无任何交通荷载以及桥址附近无规则振源的情况下，通过测试桥梁由风荷载、地脉动、水流等随机激励引起的微幅振动来识别结构的自振特性参数。该方法需对采集的长样本信号进行能量平均，以便消除随机因素的影响。对悬索桥、斜拉桥等自振频率较低的桥型，为保证频率分辨率和提高信噪比，采集时间一般不少于 30min。对小跨径桥梁，采集时间可以酌情减少。环境随机激振法更适合大跨柔性桥梁。

（2）行车激振法　行车激振法是指利用车辆驶离桥面后引起的桥梁结构余振信号来识别结构的自振特性参数，对小阻尼桥梁效果较好。为提高信噪比，获取尽可能大的余振信号，可采用不同的车速进行多次试验，或在桥跨特征截面处设置弓形障碍物进行激振（有障碍行车激振）。通常结合行车动力响应试验统筹考虑获取余振信号。

（3）跳车激振法　跳车激振法是指通过让单辆载重汽车的后轮在指定位置从三角形垫块上突然下落对桥梁产生冲击作用，以此激起桥梁的振动。该方法适用于其他方法不易激振的、刚度较大的桥梁，如石拱桥、小跨径梁式桥等。小跨径梁式桥采用跳车激振法时，一般要进行车辆自重附加质量影响的修正。研究表明，对跨径小于 20m 的简支梁桥，车辆自重的影响是不可忽略的。

（4）起振机激振法　起振机激振法是指利用起振机采用可控的定点正弦激励或正弦扫描激励使结构产生稳态振动。该方法测试精度高，但需要较为庞大的起振机设备，运输不便，同时安装起振机会对桥面产生一定的损伤。在需要高精度识别桥梁结构的动力特性时，可以采用此方法。

2. 测试截面及测点布置

应将测振传感器布设在被测结构理论振型的峰（谷）点、选择的固定参考点和各分界点上，用放大特性相同的多路放大器和记录特性相同的多路记录仪同时测记各测点的振动响应信号。桥梁动载试验的测试截面应根据桥梁结构的振型特征和行车动力响应最大的原则确定。一般可根据桥梁结构的规模按跨径 8 等分或 16 等分简化布置。桥塔或高墩，宜按高度分 3~4 个节段分段布置。

在测试桥梁结构的行车响应时，应选择桥梁结构振动响应幅值最大的部位作为测试截面。简单结构宜选择跨中作为测试截面；复杂结构应适当增加测试截面，但不宜过多。

详细的测试截面及测点布置可参考《荷载试验》。

3. 动力响应试验工况

一般情况下宜首选无障碍行车试验（"跑车"），有障碍行车试验（"跳车"）和制动试验（"刹车"）可根据实际情况选择。

（1）无障碍行车试验（"跑车"）　宜在 5~80km/h 范围内取多个大致均匀分布的车速进行行车试验。车速在桥联（孔）上宜保持恒定，每个车速工况应进行 2~3 次重复试验。

（2）有障碍行车试验（"跳车"）　可设置如图 13-19 所示的弓形障碍物来模拟桥面坑洼进行行车试验，车速宜取 5~20km/h，障碍物宜布置在结构冲击效应显著的部位。

（3）制动试验（"刹车"）　车速宜取 30~50km/h，制动部位应为动态效应较大的位置。对于漂浮体系桥梁，应测试主梁纵向位移等项目。

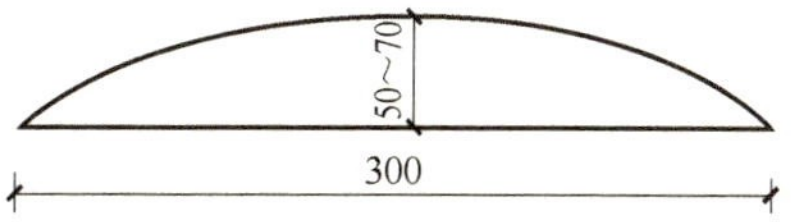

图 13-19　弓形障碍物示意

四、试验荷载

有障碍行车试验和制动试验可采用与无障碍行车试验相同的 1 台或多台载重车，并且可以采用与静载试验的加载车辆相同的载重车辆进行动载试验。由车辆轴重产生的荷载效应不应超过车辆荷载效应，以免对横系梁、桥面板等局部构件造成损伤。

无障碍行车试验的动载试验荷载效率可按下式计算，η_d 应尽量取高值，但不超过1。

$$\eta_d = S_d / S_{l\max} \qquad\qquad (13\text{-}13)$$

式中 η_d——动载试验荷载效率；

S_d——动载试验荷载作用下控制截面的最大内力或变形；

$S_{l\max}$——控制荷载作用下控制截面的最大内力或变形（不计冲击）。

单台车辆的动载试验荷载效率偏低时，无障碍行车试验宜在每个车道布置一辆试验车，横向并列一排同步行驶，在行驶过程中尽量保持车辆的横向间距不变。

应控制加载车辆的载重和轴重，静载、动载试验同时进行时，对于装配式结构，在保证试验安全的情况下，动挠度测试可按照车辆行驶的轨迹线进行，必要时宜在桥面绘制行车线路标志。

五、试验过程控制及记录

动载试验测试系统的性能应满足试验对量程、精度、分辨率、稳定性、幅频特性、相频特性的要求。传感器安装须与主体结构保持良好接触，确保无相对振动。信号的幅值分辨率应不大于最大实测幅值的1%。图13-20为动载试验过程。

动载试验过程控制应包含以下内容：

1）正式试验前应对测试系统进行稳定性检查。桥梁空载状态下，动应变、动挠度信号在预定采集时间内的零点漂移不宜超过预计最大值的5%。

2）宜根据预加载试验的具体情况对试验方案或测试仪器的参数设置做必要的调整，按照调整后的试验方案与试验程序进行加载试验，观测并记录各测试参数，并采取必要措施避免电磁场以及对讲机、手机等对测试结果的影响。

3）正式试验过程中，应根据观测和测试结果，实时判断结构状态是否正常、测试数据是否异常、是否需要终止试验等，确保试验安全。各工况试验完成后，应对测试数据进行检查和确认，如发现幅值异常或突变、零点严重偏离、异常电磁干扰、噪声过大等，应在排除故障后重新进行试验。

4）全部试验完成后，应在现场对主要的测试数据进行检查和分析，确保测试数据的准确性

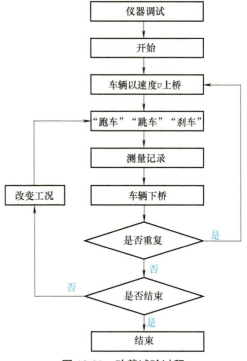

图 13-20 动载试验过程

和完整性；要及时记录试验荷载参数（规格、数量、纵横向布置点、车速、行进方向），传感器的规格、灵敏度、编号、连接通道号，采集器的采样频率、滤波频率、换算系数等信息。

六、试验数据分析

通过对测试信号的检查和评判，舍弃噪声大、时程曲线畸变的样本或数据段，并进行剔除异常数据、去趋势项、数字滤波等必要的预处理。注意不得使有用信号受到抑制或产生畸变，要确保用于分析计算的样本数据真实可靠，数据质量满足结构性能评价的要求。

1. 结构自振频率分析

结构自振频率可通过频谱分析法、波形分析法或模态分析法得到。自振频率宜取用多次试验、不同分析方法的结果相互验证，单次试验的实测值与均值的偏差不应大于 ±3%。图 13-21 为某桥的结构自振频率分析。

2. 阻尼参数分析

桥梁结构的阻尼参数可采用波形分析法、半功率带宽法或模态分析法得到。阻尼参数宜取用多次试验、不同分析方法所得结果的均值，单次试验的实测结果与均值的偏差应不超过 ±20%。波形分析法核算桥梁结构的阻尼参数如图 13-22 所示。

3. 振型参数分析

振型参数宜采用环境激振法等方法进行模态参数识别，应采用专用软件进行分析，可同时得到振型、固有频率及阻尼比等参数。

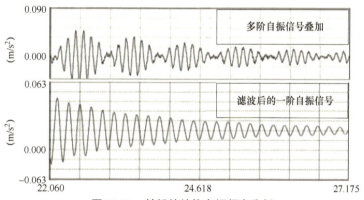

图 13-21　某桥的结构自振频率分析

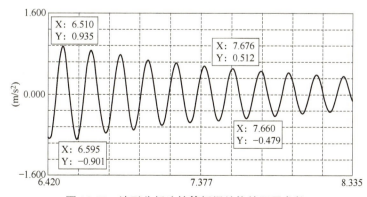

图 13-22　波形分析法核算桥梁结构的阻尼参数

4. 冲击系数分析

计算冲击系数时，应优先采用桥面无障碍行车下的动挠度时程曲线计算。受现场条件限制无法测试动挠度时，可采用动应变时程曲线计算冲击系数，计算方法参照图13-23所示。冲击系数宜取同截面（或部位）多个测点的均值，进行多次试验时可取该车速下的最大值。

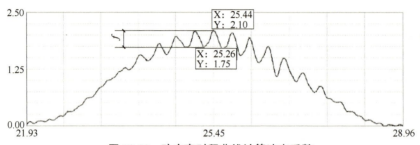

图13-23　动应变时程曲线计算冲击系数

5. 分析计算和资料整理

分析计算和资料整理应包括下列内容：

1）动载试验荷载效率。

2）各试验工况下动挠度、动应变、加速度等的时域统计特性，包括最大值、最小值、均值和方差等。

3）典型工况下主要测点的实测时程曲线。

4）典型的自振频谱图。

5）实测自振频率与计算频率列表比较。

6）冲击系数—车速相关曲线图或列表。

7）其他必要的图表、曲线、照片等数据或资料。

七、桥梁结构性能评价

1）比较实测自振频率与计算频率，当实测频率大于计算频率时，可认为结构实际刚度大于理论刚度，反之则实际刚度偏小。自振频率与结构刚度有着明确的关系。自振频率容易精确测量，利用自振频率来评价桥梁的刚度具有较高的可靠性。结构部件出现缺损时，自振频率一般会降低，振型也会出现变异。

2）将自振频率、振型及阻尼比的实测值与计算数据或历史数据相比较，可根据其变化规律初步判断桥梁的技术状况是否发生变化。桥梁结构存在或出现缺损时，会造成振型的变异，一般情况下变异区段即为缺损所在区段。可以通过和同一座桥的阻尼比参数的历史数据进行对比，或与同类桥梁的阻尼比参数的历史经验数据进行对比，粗略地判断桥梁结构的技术状况或是否出现劣化，如阻尼比明显偏大，则桥梁结构的技术状况可能存在缺损或出现劣化。

3）比较冲击系数的实测值与设计值，当实测值大于设计值时应分析原因。

巩固训练

1. 复习本任务内容。

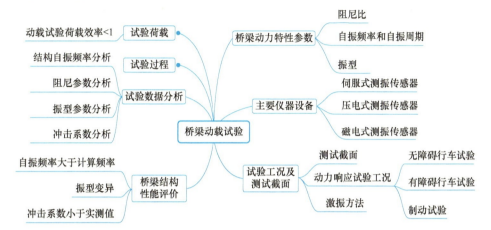

2. 扫描二维码，完成在线测试。

项目 13
任务三测试

项目 14 >>>>>

桥梁工程制品试验检测

　　桥梁工程制品主要检测预应力钢绞线用的锚具、夹具和连接器的力学性能；板式支座、盆式支座和球形支座的力学性能；模数式伸缩缝和梳齿板装置的变形性能；金属波纹管和塑料波纹管的力学性能；隧道用防水卷材的性能试验；隧道用土工布的性能试验等。

预应力钢绞线用锚具、夹具和连接器检测

📋 **[学习目标]**

1. 熟悉锚具、夹具和连接器的分类、代号，力学性能要求与试验方法，以及抽样与判定方法。

2. 能进行静载试验、内缩量试验，能对试验数据进行处理分析和质量评定。

预应力钢绞线采用的夹片式锚具，是指在后张法结构或构件中，为保持钢绞线的拉力并将该拉力传递到混凝土结构或构件中的永久性锚固装置；夹具是指在张拉千斤顶或设备上夹持钢绞线的临时装置，又称为"工具锚"；连接器是指用于张拉和连接钢绞线的装置。混凝土预应力体系示意图如图 14-1 所示。

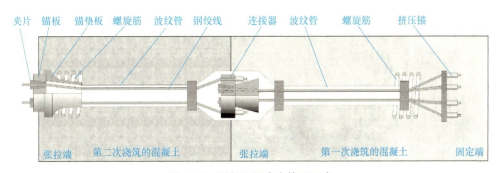

夹片　锚板　锚垫板　螺旋筋　波纹管　钢绞线　　连接器　波纹管　　螺旋筋　　挤压锚

张拉端　　第二次浇筑的混凝土　　　　张拉端　　第一次浇筑的混凝土　　　固定端

图 14-1　混凝土预应力体系示意

一、产品分类、代号及型号

1. 产品分类、代号

《公路桥梁预应力钢绞线用锚具、夹具和连接器》（JT/T 329—2010）将锚具按其使用性能分为张拉端锚具、固定端锚具两类。锚具、夹具和连接器的名称及代号见表 14-1。

表 14-1　锚具、夹具和连接器的名称及代号

产品名称			产品代号
张拉端锚具	圆锚张拉端锚具		YM
	扁锚张拉端锚具		YMB
固定端锚具	固定端压花锚具	圆锚固定端压花锚具	YMH
		扁锚固定端压花锚具	YMHB
	固定端挤压式锚具	圆锚固定端挤压式锚具	YMP
		扁锚固定端挤压式锚具	YMPB
夹具			YJ
连接器	圆锚连接器		YMJ

2. 型号

锚具及连接器的型号由产品代号、预应力钢绞线直径和预应力钢绞线根数三部分组成：

1）示例 1：预应力钢绞线的圆锚张拉端锚具，钢绞线直径为 15.2mm，锚固根数为 12 根，型号表示为：YM15-12。

2）示例 2：预应力钢绞线的扁锚固定端挤压式锚具，钢绞线直径为 15.2mm，锚固根数为 5 根，型号表示为：YMPB15-5。

3）示例 3：预应力钢绞线的圆锚连接器，钢绞线直径为 15.2mm，锚固根数为 7 根，型号表示为：YMJ15-7。

二、预应力钢绞线用锚具、夹具、连接器的力学性能要求

预应力钢绞线用锚具、夹具、连接器的力学性能要求见表 14-2。

表 14-2　预应力钢绞线用锚具、夹具、连接器的力学性能要求

检测项目		力学性能要求
锚具、连接器	静载锚固性能	同时满足：① 效率系数 $\eta_a \geqslant 0.95$ ② 实测极限拉力时的总应变 $\varepsilon_{apu} \geqslant 2\%$
	疲劳荷载性能	① 试样经过 200 万次循环荷载后，锚具零件不应发生疲劳破坏 ② 钢绞线因锚具夹持作用发生疲劳破坏的面积不应大于原试样总面积的 5%
	周期荷载性能	试样经过 50 次周期荷载试验后，钢绞线在锚具夹持区不应发生破断、滑移和夹片松脱现象
	钢绞线内缩量	张拉端钢绞线的内缩量不应大于 5mm
	锚口摩阻损失率	锚口（含锚下垫板）摩阻损失率合计不大于 6%
夹具	静载锚固性能	效率系数 $\eta_g \geqslant 0.92$

三、预应力钢绞线用锚具、夹具、连接器的试验方法

1. 试验准备

试验用钢绞线 - 锚具、夹具、连接器组装件在试验之前必须进行单根预应力钢绞线（母材）的力学性能试验。母材试样不应少于 6 根，力学性能试验结果符合《预应力混凝土用钢绞线》（GB/T 5224—2014）的要求后方可使用。

2. 试验用设备

静载试验、周期荷载试验、疲劳荷载试验、内缩量试验用设备，一般由加载千斤顶、荷

载传感器、承力台座（架）、液压泵源及控制系统组成。测力系统必须经过法定的计量检测机构标定，并在有效期内使用。

3. 静载试验

夹具、连接器与锚具的静载试验的试验方法基本相同，下面以锚具为例进行介绍。

（1）试样准备　钢绞线 - 锚具组装件 3 组（6 个锚环及相配套的夹片、钢绞线）。

（2）组装　组装前必须把锚固零件擦拭干净，然后将钢绞线、锚具与试验台组装好，如图 14-2 所示。组装时要使每根钢绞线受力均匀，初应力为钢绞线抗拉强度标准值 f_{ptk} 的 5%~10%。

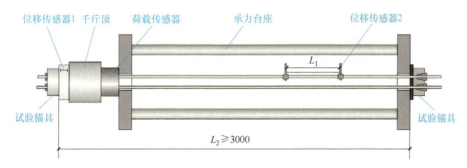

图 14-2　锚具组装件静载试验装置示意

（3）加载

1）按钢绞线抗拉强度标准值的 20%、40%、60%、80% 分四级等速加载，加载速度为每分钟约 100MPa，达到 80% 后持荷 1h。

2）若用试验机进行单根钢绞线 - 锚具组装件静载试验，在应力达到 $0.8f_{ptk}$ 时，持荷时间可以缩短，但不应少于 10min。

3）随后逐步缓慢加载直至破坏，加载速度每分钟不宜超过钢绞线抗拉强度标准值的 1%。

（4）位移测量与观测　试验期间钢绞线及锚具（连接器）零件的位移如图 14-3 所示，试验过程中的观察和测量项目包括：

1）选取有代表性的若干根钢绞线，按施加荷载的前四级逐级测量其与锚具或连接器之间的相对位移 Δa。

2）选取锚具或连接器中有代表性的若干夹片，按施加荷载的前四级逐级测量其间的相对位移 Δb。

3）试件的实测极限拉力 F_{apu}。

4）达到实测极限拉力时的总应变 ε_{apu}。

5）应力达到 $0.8f_{ptk}$ 后，在持荷的 1h 期间，每 20min 测量一次相对位移（Δa 和 Δb）。持荷期间的 Δa 和 Δb 均应无明显变化，保持稳定；如持续增加，不能保持稳定，则表明已经失去可靠的锚固能力。

6）试件的破坏部位与形式：在钢绞线的应力达到 $0.8f_{ptk}$ 时，夹片不应出现裂纹和破断；在满足 $\eta_a \geqslant 0.95$、$\varepsilon_{apu} \geqslant 2.0\%$ 后，夹片允许出现微裂和纵向断裂，不允许有横向、斜向的断裂及碎断；受钢绞线多根或整束破断的剧烈冲击引起的夹片破坏或断裂属正常情况。

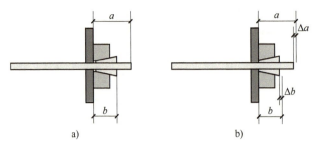

图 14-3　试验期间钢绞线及锚具（连接器）零件的位移
a）锚固之前　b）锚固之后

（5）静载试验结果计算　静载试验连续进行三个组装件的试验，全部试验结果均做好记录，并据此按式（14-1）、式（14-2）或式（14-3）计算锚具或连接器的效率系数 η_a 和相应的总应变 ε_{apu}。三个组装件的试验结果均应满足《公路桥梁预应力钢绞线用锚具、夹具和连接器》（JT/T 329—2010）的规定，不得以平均值作为试验结果。

锚具、连接器的效率系数 η_a 及总应变 ε_{apu} 的计算方法如下：

1）锚具、连接器的效率系数 η_a：

$$\eta_a = \frac{F_{apu}}{F_{pm}}\tag{14-1}$$

式中　F_{apu}——实测极限拉力（钢绞线 - 锚具组装件）；

F_{pm}——钢绞线的实际平均极限拉力。

2）总应变 ε_{apu} 的计算。实测极限拉力时的总应变按下式计算：

$$\varepsilon_{apu} = \frac{\Delta L_1 + \Delta L_2 - \Delta a}{L_0} \times 100\%\tag{14-2}$$

式中　ε_{apu}——实测极限拉力时的总应变；

ΔL_1——从张拉至钢绞线抗拉强度标准值的 10% 到极限应力时的活塞伸长量；

ΔL_2——从 0 张拉至钢绞线抗拉强度标准值 10% 时的伸长量理论计算值（夹持计算长度内）；

Δa——钢绞线相对于试验锚具（连接器）的实测位移量；

L_0——钢绞线夹持计算长度，即两端锚具（连接器）的端头起夹点之间的距离。

3）夹具的效率系数 η_g 按下式计算：

$$\eta_g = \frac{F_{gpu}}{F_{pm}}\tag{14-3}$$

式中　F_{gpu}——实测极限拉力（钢绞线 - 夹具组装件）。

4. 内缩量试验

进行内缩量试验时应注意以下几点：

1）内缩量试验使用的设备、仪器及试件安装要求与静载试验相同，台座或承压构件的长度应不少于 3m。

2）试验中的张拉控制力 N_{con} 宜取 $0.8f_{ptk}$（抗拉强度标准值）。

3）预应力筋的内缩量可采用直接测量法或间接测量法进行测量。

4）同一规格的锚具应测量 3 套，取其算术平均值作为内缩量结果。

四、试件抽样及检验判定

对于同类型、同一批原材料、同一工艺生产的锚具、夹具或连接器作为一批验收，每批不超过 1000 套。

外观检验应从每批中抽取 10% 的试件，且不少于 10 个；硬度检验应从每批中抽取 5% 的试件，且不少于 5 个；静载试验应从每批中抽取 6 个试件组成 3 个组装件。

1）外观检验如表面无裂缝，尺寸符合设计要求，则判定为合格。如有一个试件的表面有裂缝或尺寸超过设计图纸规定的允许偏差，应另取双倍数量的试件重做检验；如仍有一个试件不符合要求，则应逐个检验，合格的方可使用。

2）硬度检验时应在每个试件上测试 3 个点，3 个点的硬度值都符合设计要求的应判为合格。如有 1 个试件不合格，则应另取双倍数量的试件重做试验；如仍有 1 个试件不合格，则应逐个检验，合格的方可使用。

3）静载试验、疲劳荷载试验及周期荷载试验应符合技术要求的规定，如有 1 个试件不合格，则应另取双倍数量的试件重做试验；如仍有一个试件不符合要求，则该批为不合格品。

巩固训练

1. 复习本任务内容。

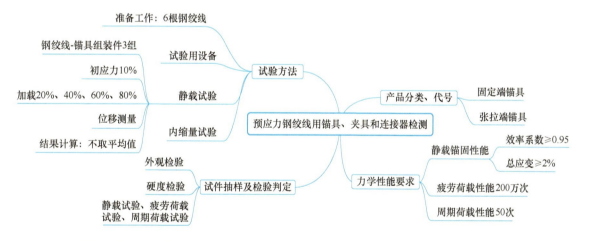

2. 扫描二维码，完成在线测试。

项目 14
任务一测试

📋 [学习目标]

　　1. 熟悉桥梁支座的分类、代号、力学性能要求与试验方法，以及判定规则。
　　2. 能进行板式橡胶支座的抗压弹性模量试验、抗剪弹性模量试验、极限抗压强度试验，并进行结果判定。

　　桥梁支座设置在梁板式体系中的主梁与墩（台）之间，其主要功能是将上部结构的各种荷载传递给墩（台），并能适应上部结构因荷载变化、温度变化、混凝土收缩等各种因素所产生的变形（水平位移及转角），使上部结构的实际受力情况符合设计要求。

　　公路桥梁工程常用的支座有板式橡胶支座、盆式橡胶支座、球形钢支座等。板式橡胶支座构造简单、成本低，目前已实现了产品的标准化、系列化，故本文主要介绍板式橡胶支座的检测方法。

一、板式橡胶支座构造特性

　　板式橡胶支座（图14-4）是由两层以上的加劲钢板和橡胶组成的，其中钢板应全部包在橡胶体内。支座在竖向荷载作用下具有足够的刚度，主要是由于嵌入橡胶片之间的钢板限制了橡胶的侧向膨胀；在水平力作用下，支座的水平位移量取决于橡胶片的净厚度。在运营期间为防止嵌入钢板发生锈蚀，支座的上下面及四边都有橡胶保护层。

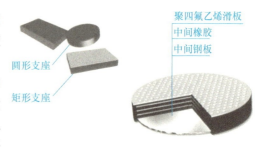

图14-4　板式橡胶支座

二、板式橡胶支座的分类、代号及型号

《公路桥梁板式橡胶支座》（JT/T 4—2019）对板式橡胶支座有以下分类：

1）按支座结构形式分为：

①普通板式橡胶支座：矩形板式橡胶支座，代号J；圆形板式橡胶支座，代号Y。

②滑板橡胶支座：矩形滑板橡胶支座，代号 JH；圆形滑板橡胶支座，代号 YH。

2）按支座适用温度分为：

①常温型橡胶支座，适用温度为 –25~60℃，采用氯丁橡胶生产，代号 CR。

②耐寒型橡胶支座，适用温度为 –40~60℃，采用天然橡胶生产，代号 NR。

板式橡胶支座的产品型号由名称代号（GBZ）、结构形式、外形尺寸及适用温度四部分组成，表示方法为：

1）示例 1：公路桥梁普通矩形橡胶支座、常温型、采用氯丁橡胶、支座平面尺寸为 300mm × 400mm、厚度为 47mm，表示为 GBZJ300 × 400 × 47（CR）。

2）示例 2：公路桥梁圆形滑板橡胶支座、耐寒型、采用天然橡胶、支座直径为 300mm、厚度为 54mm，表示为 GBZYH300 × 54（NR）。

三、板式橡胶支座的技术要求

支座最小含胶量不应低于橡胶质量的 55%，不得使用任何再生胶或粉碎的硫化橡胶。正常情况下支座的设计使用寿命不应低于 15 年。

1）支座外观：应检测气泡、杂质，凹凸不平，四侧面裂纹、钢板外露，支座表面平整度，滑板与支座粘贴错位等关键指标。

2）组成材料：橡胶、加劲钢板、不锈钢板、上下钢板、锚栓、滑板、硅脂、胶粘剂、防尘罩等应满足规范要求。

3）板式橡胶支座的力学性能指标应满足表 14-3 的要求。

表 14-3　板式橡胶支座的力学性能指标

项　　目		指　　标
极限抗压强度 R_u/MPa		$\geqslant 70$
实测抗压弹性模量 E_1/MPa		$E \pm E \times 20\%$
实测抗剪弹性模量 G_1/MPa		$G \pm G \times 15\%$
实测老化后抗剪弹性模量 G_2/MPa		$G_1 + G \times 15\%$
实测转角正切值 $\tan\theta$	混凝土桥	$\geqslant 1/300$
	钢桥	$\geqslant 1/500$
实测滑板与不锈钢板表面摩擦系数 μ_f（加硅脂时）		$\leqslant 0.03$

注：E 为支座抗压弹性模量；G 为支座抗剪弹性模量。

四、力学性能试验检测

板式橡胶支座的力学性能试验检测有抗压弹性模量试验、抗剪弹性模量试验、极限抗压强度试验等。

1. 试验条件及试样

（1）试验条件　实验室的标准温度为（23 ± 5）℃，且不能有腐蚀性气体及影响检测的振动源。两个不同实验室的检测结果有争议时，应将标准温度设置为（23 ± 2）℃重新试验。

（2）试样

1）试验用的试样应在仓库内随机抽取，凡与油及其他化学物品接触过的支座不得作为试样使用。

2）试验前应将试样直接暴露在标准温度下停放 24h，使试样内外温度一致。

2. 检测仪器及要求

1）试验机宜具备下列功能：微机控制，能自动、平稳、连续地加载、卸载，且无冲击和颤动现象；能自动持荷（试验机满负荷保持时间不少于 4h，且试验荷载的示值变动不应大于 0.5%）；能自动采集数据，能自动绘制应力—应变图，能自动储存试验原始记录及曲线图，能自动打印结果。

2）试验用承载板应具有足够的刚度，其厚度应大于其平面最大尺寸的 1/2，且不能用分层垫板代替。平面尺寸必须大于被测试样的平面尺寸，在最大荷载下不应发生挠曲。

3）进行剪切试验时，剪切试验机构的水平液压缸、负荷传感器的轴线应和中间钢拉板的对称轴相重合，确保被测试样水平轴向受力。

4）试验机的级别为 I 级，示值相对误差最大允许值为 ±1.0%，试验机正压力和水平力的使用宜在最大值的 20%~80% 范围内，其示值的准确度和相关的技术要求应满足《拉力、压力和万能试验机检定规程》（JJG 139—2017）的规定。

5）测量支座试样变形量的仪表的量程应满足测量支座试样变形量的需要，测量转角变形量的分度值为 0.001mm，测量竖向压缩变形量和水平位移变形量的分度值为 0.01mm，其示值误差和相关技术要求应按相关的检验规程进行检定。

3. 抗压弹性模量试验

抗压弹性模量试验是指通过中心受压试验，得出橡胶支座的应力—应变曲线，并据此求出支座的抗压弹性模量，实测出使用应力下支座的最大压缩量，并观察支座在受压情况下的工作状态（图 14-5）。试验程序如下：

1）将试样置于试验机的承载板上，上下承载板与支座的接触面不得有油渍；对准中心，精度应小于试件短边尺寸或直径的 1%。缓慢加载至压应力 1.0MPa，稳压后，核对承载板四角对称安置的四只位移传感器，确认无误后开始预压。

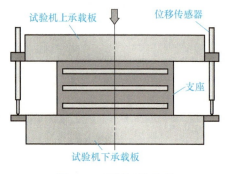

图 14-5　压缩试验示意

2）预压。将压应力以 0.03~0.04MPa/s 的速率连续地增至平均压应力 $\sigma=10$MPa，持荷 2min；然后以连续均匀的速度将压应力卸至 1.0MPa，持荷 5min，记录初始值，绘制应力—应变曲线；预压三次。

3）正式加载。每一加载循环自 1.0MPa 开始，将压应力以 0.03~0.04MPa/s 的速率均匀加载至 4MPa，持荷 2min 后采集支座变形值；然后以同样速率每 2MPa 为一级逐级加载，每级持荷 2min 后采集支座变形数据直至平均压应力为止。绘制的应力—应变曲线应呈线性关系。然后，以连续均匀的速度卸载至压应力为 1.0MPa。加载过程应连续进行三次，每一次间隔 10min。

4）以承载板四角测得的变化值的平均值作为各级荷载下试样的累计竖向压缩变形 Δe，按试样橡胶层的总厚度 t_e 求出在各级试验荷载作用下，试样的累计压缩应变 $\varepsilon_i=\Delta e_i/t_e$。试样实测抗压弹性模量应按下式计算：

$$E_1 = \frac{\sigma_{10}-\sigma_4}{\varepsilon_{10}-\varepsilon_4}$$

（14-4）

式中　E_1——试样实测抗压弹性模量计算值（MPa），精确至 1MPa；

σ_4、ε_4——4MPa 试验荷载下的压应力和累积压缩应变值；

σ_{10}、ε_{10}——10MPa 试验荷载下的压应力和累积压缩应变值。

每一块试样的抗压弹性模量 E_1 为三次加载过程所得的三个实测结果的算术平均值。但单项结果和算术平均值之间的偏差不应大于算术平均值的 3%，否则应对该试样重新复核试验一次；如果仍超过 3%，应由试验机生产厂的专业人员对试验机进行检修和检定，合格后再重新进行试验。

4. 抗剪弹性模量试验

梁体结构受温度、收缩徐变以及车辆制动等环境条件的影响产生的水平位移将使支座产生剪切变形，而橡胶支座水平位移量的大小主要取决于橡胶片的净厚度，也就是说支座的剪切位移是靠橡胶层的变形产生的。橡胶支座抗剪弹性模量试验示意图如图 14-6 所示。试验程序如下：

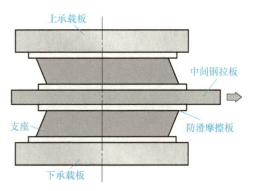

图 14-6　橡胶支座抗剪弹性模量试验示意

1）在试验机的承载板上应使支座顺其短边方向受剪，将试样及中间钢拉板按双剪组合配置好，使试样和中间钢拉板的对称轴和试验机承载板的中心轴处在同一垂直面上，精度应小于试件短边尺寸的 1%。为防止出现打滑现象，应在上下承载板和中间钢拉板上粘贴防滑摩擦板，以确保试验的准确性。

2）将压应力以 0.03~0.04MPa/s 的速率连续地增至平均压应力 σ，绘制应力—时间曲线。平均压应力在整个抗剪试验过程中应保持不变。

3）调整试验机的剪切试验机构，使水平液压缸、负荷传感器的轴线和中间钢拉板的对称轴重合。

4）预加水平力。以 0.002~0.003MPa/s 的速率连续施加水平剪应力至 τ=1.0MPa，持荷 5min；然后以连续均匀的速率卸载至剪应力为 0.1MPa，持荷 5min，记录初始值，绘制应力—应变曲线；预压三次。

5）正式加载。每一加载循环自 τ=0.1MPa 开始，每级剪应力增加 0.1MPa，持荷 1min 后采集支座变形数据；加载至 τ=1.0MPa 为止，绘制的应力—应变曲线应呈线性关系。然后以连续均匀的速率卸载至剪应力为 0.1MPa。加载过程应连续进行三次，每一次间隔 10min。

6）将各级水平荷载下位移传感器测得的试样累计水平剪切变形 Δs，按试样橡胶层的总厚度 t_e 求出在各级试验荷载作用下，试样的累积剪切应变 $\gamma=\Delta s/\Delta e$。试样的实测抗剪弹性模量应按下式计算：

$$G_1 = \frac{\tau_{1.0} - \tau_{0.3}}{\gamma_{1.0} - \gamma_{0.3}} \tag{14-5}$$

式中　G_1——试样的实测抗剪弹性模量计算值（MPa），精确至 1%；

$\tau_{1.0}$、$\tau_{0.3}$——1.0MPa 与 0.3MPa 试验荷载下的剪应力（MPa）；

$\gamma_{1.0}$、$\gamma_{0.3}$——1.0MPa 与 0.3MPa 试验荷载下的累计剪切应变值。

每对试验支座所组成试样的综合抗剪弹性模量 G_1，为该对试件三次加载所得到的三个结果的算术平均值。但各单项结果与算术平均值之间的偏差应不大于算术平均值的 3%，否则应对该试样重新复核试验一次；如果仍超过 3%，应由试验机生产厂的专业人员对试验机进行检修和检定，合格后再重新进行试验。

5. 极限抗压强度试验

极限抗压强度试验应按下列步骤进行：

1）将试样放置在试验机的承载板上，上下承载板与支座的接触面不得有油污，对准中心位置，精度应小于试件短边尺寸的 1%。

2）以 0.1MPa/s 的速率连续地加载至试样极限抗压强度 R_u 不小于 70MPa 为止，绘制应力—时间曲线，并随时观察试样的受力状态及变化情况。在最大荷载作用时，支座侧面凸鼓的沟纹应均匀，不应出现橡胶开裂、脱胶和其他粘接缺陷。

五、判定规则

1）支座检测分为出厂检验和型式检验。

2）判定规则：

① 型式检验时，全部项目满足要求的为合格。若使用单位抽检支座成品的力学性能有两项各有一块（一对）支座不合格；颁发产品许可证时，抽检支座有三项各有一块（一对）支座不合格，则可随机抽取三块（或三对）支座进行检验。检验时若有两块（或两对）不能满足要求，则认为该批产品不合格；若有一块（或一对）支座不能满足要求，则应从该批产品中随机再抽取双倍数量的支座对不合格项目进行复检；若仍有一项不合格，则判定该批产品不合格。

② 出厂检验时，若有一项不合格，则应从该批产品中随机抽取双倍数量的支座对不合格项目进行复检；若仍有一项不合格，则判定该批产品不合格。

巩固训练

1. 复习本任务内容。

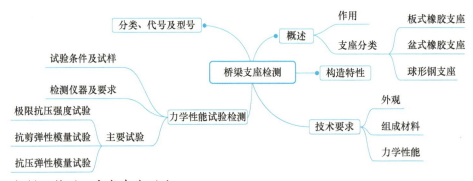

2. 扫描二维码，完成在线测试。

项目 14
任务二测试

任务三 ▶▶▶

桥梁伸缩装置检测

📋 **[学习目标]**

1. 熟悉桥梁伸缩装置的分类、代号、变形性能要求、试验方法及检测结果判定方法。

2. 能进行模数式伸缩装置的拉伸、压缩时最大水平摩阻力试验，承载性能试验，防水性能试验，外观质量及尺寸检测；能进行力学性能试验检测结果的判定。

桥梁伸缩装置是指为适应桥梁结构变形的需要，在桥梁上部结构的伸缩缝中设置的各种装置，可参考《公路桥梁伸缩装置通用技术条件》（JT/T 327—2016）。

一、产品分类、代号

根据《公路桥梁伸缩装置通用技术条件》（JT/T 327—2016），公路桥梁伸缩装置分类与代号见表 14-4。

表 14-4　公路桥梁伸缩装置分类与代号

序号	类型		代号
1	模数式伸缩装置 （代号 M）	多缝模数式	MA
		单缝模数式	MB
2	梳齿板式伸缩缝装置 （代号 S）	受力状况为悬臂	SC
		受力状况为简支	SS
		活动齿板位于伸缩缝一侧	SSA
		活动齿板跨越伸缩缝	SSB
3	无缝式伸缩缝		W

二、桥梁伸缩装置的总体要求

1. 性能要求

桥梁伸缩装置的力学性能应符合表 14-5 的要求。当桥梁变形使伸缩装置产生显著的横

297

向错位或竖向错位时，宜通过专题研究确定伸缩装置的平面转角和竖向转角要求，并进行变形性能测量。

表 14-5　桥梁伸缩装置的力学性能

装置类型	项　目			要　求
MB	拉伸、压缩时最大水平摩阻力 /（kN/m）			≤ 4 × n
MB	拉伸、压缩时变形均匀性	每单元最大偏差值 /mm		−2~2
MB	拉伸、压缩时变形均匀性	总变形最大偏差值 /mm	80 ≤ e ≤ 400	−5~5
MB	拉伸、压缩时变形均匀性	总变形最大偏差值 /mm	400<e ≤ 800	−10~10
MB	拉伸、压缩时变形均匀性	总变形最大偏差值 /mm	e>800	−15~15
MB	拉伸、压缩时每单元最大竖向变形 /mm			≤ 2
MB	符合水平摩阻力和变形均匀性条件下的错位性能	纵向错位		扇形变位角度 ≥ 2.5°
MB	符合水平摩阻力和变形均匀性条件下的错位性能	横向错位 /mm		两端偏差值 ≥ 20 × n
MB	符合水平摩阻力和变形均匀性条件下的错位性能	竖向错位		顺桥向坡度 ≥ 5%
SC	拉伸、压缩时最大竖向变形偏差 /mm			≤ 1.0
SSA SSB	拉伸、压缩时最大水平摩阻力 /（kN/m）			≤ 5.0
SSA SSB	拉伸、压缩时最大竖向变形偏差 /mm	80 ≤ e ≤ 720		≤ 1.0
SSA SSB	拉伸、压缩时最大竖向变形偏差 /mm	720<e ≤ 1440		≤ 1.5
SSA SSB	拉伸、压缩时最大竖向变形偏差 /mm	e>1440		≤ 2.0
W	拉伸、压缩时最大竖向变形 /mm			≤ 6.0

注：n 为多缝模数式伸缩装置中橡胶密封带的数量。

2. 使用要求

在车辆轮载作用下，伸缩装置各部件及连接应安全可靠。在正常设计、生产、安装、运营养护条件下，伸缩装置设计使用年限不应低于 15 年。

三、桥梁伸缩装置的试验方法

桥梁伸缩装置目前使用较多的是模数式伸缩装置，其试验检测项目分为拉伸、压缩时最大水平摩阻力试验，承载性能试验及防水性能试验。

1. 拉伸、压缩时最大水平摩阻力试验

拉伸、压缩时最大水平摩阻力试验的试验步骤如下：

1）试样放置。将整体组装的伸缩装置试样有效地固定在试验平台上。

2）预加载。将放置好的试样分级往返预加载（拉伸、压缩）1 次。

3）正式加载。将试样拉伸到最大伸缩量的位置时，开始分级（按位移控制，如 ±80mm、±160mm……）加载（压缩、拉伸），直至加载到最大伸缩量的位置时为 1 个循环。重复试验 3 次。

4）每级加载后测定摩阻力（读取、记录摩阻力值）。

5）试验结果。试验结果取 3 次循环的算术平均值。

2. 承载性能试验

承载性能试验试件布置示意图如图 14-7 所示，试验步骤如下：

1）在固定台座上固定伸缩装置，移动可移动台座，使伸缩装置处于最大开口状态并固定。

2）使用钢制加载板和橡胶板模拟轮载作用，钢制加载板尺寸采用轮载的着地尺寸。

3）模拟轮载的静力作用时，α 取 16.7°；以设计轮载 P_d 的 10% 为步长，以 1kN/s 的速度加载，每步加载完成后，静置 5min，测量伸缩装置的应力和竖向挠度。

4）上一步骤重复进行 3 次，测量结果的平均值与《公路桥梁伸缩装置通用技术条件》（JT/T 327—2016）附录 A 的要求比较，符合要求为合格。

5）模拟轮载的疲劳作用时，α 取 0°；以 $0 \sim P_d$ 为循环幅，施加 2×10^6 次，测量伸缩装置的应力变化情况，并观察伸缩装置是否开裂；若未出现疲劳裂缝，伸缩装置的疲劳性能符合要求。

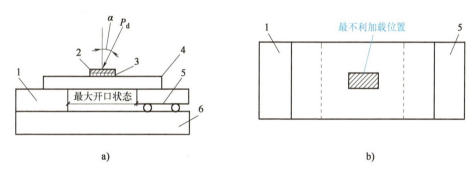

图 14-7　承载性能试验试件布置示意

a）立面　b）平面

1—固定台座　2—钢制加载板　3—橡胶板　4—伸缩装置试件　5—可移动台座　6—试验台

3. 防水性能试验

防水性能试验的试验步骤如下：

1）伸缩装置在最大开口状态下固定，将每个伸缩单元的两端进行封头处理。

2）向伸缩装置的缝内注满水（水面超过伸缩装置顶面 10mm）。

3）经过 24h 后检查有无渗水、漏水现象，未出现渗水、漏水的，则说明防水性能符合要求。

4. 外观质量及尺寸检测

1）外观质量检测。产品外观质量用目测法和相应精度的量具进行检测。

2）尺寸检测内容如下：

① 测量器具为钢直尺、游标卡尺、平整度仪、水准仪等。

② 测量方法：伸缩装置平面尺寸除测量四边长度外，还应测量对角线尺寸，其厚度应在四边测量 8 个点取其平均值。模数式和梳齿板式伸缩装置应每隔 2m 取其断面进行测量，取其平均值作为测量值。

四、力学性能试验检测结果的判定

伸缩装置的总体性能试验项目全部满足表 14-5 的为合格。若检验项目中有一项不合格，则应从该批产品中再随机抽取双倍数量的试样对不合格项目进行复检；若仍有一项不合格，则判定该批产品不合格。

巩固训练

1. 复习本任务内容。

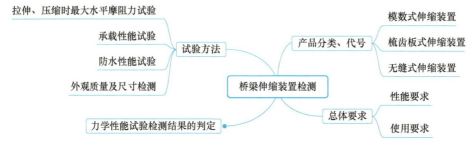

2. 扫描二维码，完成在线测试。

项目 14
任务三测试

项目 15 ▷▷▷

隧道工程检测

公路隧道是修筑在地下供汽车通行的地下构筑物。修建公路隧道的目的是：克服山体、河流、建筑物及市政设施等障碍；缩短行车里程、提高交通便捷性、改善行车条件、利用地下空间、节省建设用地、减少植被破坏、保护自然环境；避免公路高边坡灾害，防止发生碎落、崩塌、滑坡、泥石流、冰雪灾害，保证道路运行安全。

1. 公路隧道结构的组成

公路隧道按所处位置分为山岭隧道、城市隧道和水下隧道，由于施工方法的不同，在检测内容与方法上差别很大。我国目前修建的公路隧道绝大多数为山岭隧道，其结构除洞门和裸露的明洞外全部埋入地下，一般置于地层包围之中。山岭隧道一般由围岩、喷锚衬砌（初期支护）、模筑混凝土衬砌（二次衬砌）、仰拱衬砌、仰拱填充、防水层、排水盲管、深埋水沟、路侧边沟、路面结构、电缆沟及盖板等组成，如图15-1所示。根据隧道长度的不同，隧道内还须配备照明、通风、监控、交通等工程设施，以及防火、防灾救援等机电设施和管理设施。

2. 常见质量问题

我国地域自然条件差异较大，隧道穿越山体的工程地质及水文地质条件复杂多变，受设计和施工技术条件的限制，一些已建成的公路隧道存在不同程度的质量问题和病害现象，常见的有：隧道渗（漏）水、限界受侵、衬砌开裂、衬砌厚度不足、衬砌背后空洞及不密实、混凝土劣化和强度不足、路面隆起或下沉、通风与照明不良等。

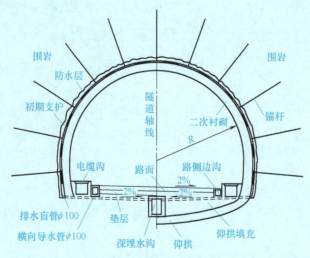

图 15-1　公路隧道结构组成

图中标注：围岩、防水层、初期支护、隧道轴线、二次衬砌、R、围岩、锚杆、电缆沟、路面、路侧边沟、2%、2%、排水盲管φ100、垫层、深埋水沟、仰拱、仰拱填充、横向导水管φ100

3. 公路隧道试验检测内容

不同类型的隧道采用的施工方法不同，在检测内容与方法上有一定差别，本项目仅介绍以钻爆法为主要开挖手段的山岭公路隧道的检测。

公路隧道检测技术涉及面广、内容多，主要内容包括：材料检测、开挖断面检测、初期支护检测（包括辅助措施检查、临时支撑检测）、衬砌结构强度检测、结构几何尺寸检测、外观质量检测、衬砌背后的空洞及密实检测、防水排水检测、围岩松动检测、围岩预加固检测、施工监控量测、超前地质预报、施工环境检测，以及隧道交（竣）工检测、隧道运营过程检查及技术状况评定等。

隧道工程大部分为隐蔽工程，很多检测工作必须在施工过程中进行，检测和预报是隧道工程施工与运营安全不可缺少的技术措施，在隧道施工质量控制和运营过程的安全监控中发挥着重要作用。

👤 **职业榜样**

丁睿，中铁二局引进的第一位博士研究生，长期蹲守在高瓦斯隧道——都汶高速公路紫坪铺隧道现场，深度研究通风、超前探煤、瓦斯预测及监控、揭煤施工、设备防爆等瓦斯防治技术的细节，计算、方案比选、优化、试验分析……资料整理了一本又一本。经过现场近一年的艰苦工作，终于解决了高瓦斯隧道施工的关键难题，取得了十余项发明专利，相关的研究成果在省部级鉴定中被认定为"整体成果达到国际先进水平，其中，瓦斯防治技术达到国际领先水平"。

隧道开挖断面检测

[学习目标]

熟悉隧道开挖断面检测的方法，能使用隧道激光断面仪法检测隧道的开挖断面。

超挖和欠挖是隧道开挖过程中的普遍现象。超挖不仅会增加出渣量、衬砌工程量和额外增加回填工程量，导致工程造价上升，同时局部的过度超挖会引起应力集中，影响围岩稳定性；欠挖会侵占结构空间，直接影响到支护结构厚度，带来工程质量问题，产生安全隐患。欠挖处理费工、费时、影响工期，且欠挖处理时的开挖轮廓不易控制，容易引起更大的超挖。因此，必须保证开挖质量，为围岩的稳定和支护创造良好的条件。隧道开挖质量的评定主要是超欠挖控制，一般进行隧道开挖断面检测。

隧道开挖断面检测常用的方法为隧道激光断面仪法（极坐标法），具有精度高、速度快、效率高的优点，是一种非接触式测量方法。

一、隧道激光断面仪法检测原理

隧道激光断面仪法的检测原理：以某一方向（水平方向）作为起算方向，按一定间距（角度或距离）依次测试仪器旋转中心与实际开挖轮廓线交点之间的矢径（距离），以及该矢径与水平方向的夹角，将这些矢径的端点依次相连即可获得实际开挖的轮廓线（图15-2）。

通过洞内的施工控制导线可以获得隧道激光断面仪的定点、定向数据，在计算机的帮助下，自动完成实际开挖轮廓线与设计开挖轮廓线的空间三维匹配，最后形成如图15-3所示的输出图形，并可输出各测点与相应设计开挖轮廓线之间的超欠挖值（距离、面积）。如果沿隧道轴向按一定间隔测量多个检测断面，还可得出实际开挖方量、超挖方量、欠挖方量等数据。

二、检测步骤

1）根据检测任务要求确定检测断面、单个断面的检测点数。一般情况下初期支护的检测断面为10m/个，二次衬砌的检测断面为20~30m/个。

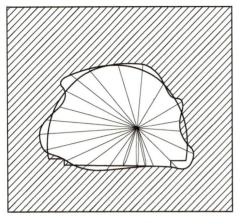

图15-2 隧道激光断面仪法检测原理

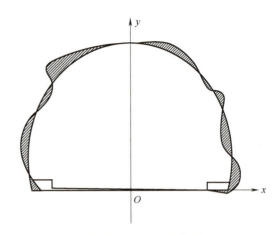

图15-3 输出效果图形

2）采用隧道激光断面仪对隧道的开挖断面进行检测前，应先采用经纬仪或全站仪按一定间距放出测量断面的中线测点（放置隧道激光断面仪的点）及该测点的实际高程和对应的法向点（与测量点连线且在垂直于隧道轴线的横断面上的点），并记录该点的桩号、实际高程和中线偏位值。

3）放点要求。测点应放在轴线上，条件不满足时可以偏离，但应加密测点。

4）将隧道激光断面仪置于所需检测断面的测量点上，安装并调整好仪器，使仪器水平且垂直归零后的光点落在测量点上。

5）输入参数，开始自动测量。

6）测量结束后保存数据，进行下一个断面的测量。

三、数据处理与分析

现场检测结束后，将数据导入计算机进行处理，根据检测要求和实际需要输出断面处理结果。最后根据标准曲线和实测曲线的对比图像以及输出的附表说明，分析隧道断面是否侵入标准断面（初期支护或者二次衬砌）的设计限界，在哪些部位存在侵限和侵限值的大小。为了便于后期使用，在最后的结果中应标注由障碍物等引起的假侵限部位。

巩固训练

1. 复习本任务内容。

2. 扫描二维码，完成在线测试。

项目15
任务一测试

任务二 ▶▶▶

喷锚衬砌施工质量检测

📑 [学习目标]

　　熟悉喷锚衬砌；能进行锚杆拉拔力检测、锚杆长度检测；能进行试验数据处理分析和质量评定，并编制报告。

　　隧道衬砌的主要形式有喷锚衬砌、整体式衬砌和复合式衬砌，其中喷锚衬砌应用较多。

　　喷锚衬砌是喷射混凝土支护、锚杆支护、喷射混凝土 + 锚杆支护、喷射混凝土 + 锚杆、钢筋网支护、喷射混凝土 + 锚杆 + 钢筋网 + 钢架支护的统称，是一种加固围岩，用于控制围岩变形，能充分利用和发挥围岩的自承能力，具有支护及时、柔性、紧贴围岩、与围岩共同工作等特点。

　　喷锚衬砌施工质量检测主要包括锚杆拉拔力检测、锚杆长度检测等。

一、锚杆拉拔力检测

　　锚杆拉拔力是指锚杆能承受的最大拉力，它是锚杆材料、加工和施工安装质量的综合反映，是喷锚衬砌施工质量检测的一项基本内容。

　　1. 拉拔设备

　　锚杆拉拔力常用锚杆拉拔计来测定。锚杆拉拔计主要由手动液压泵、空心千斤顶、高压液压管、传力板、压力表等构成。在隧道内，由于锚杆与岩面不完全垂直，还需配备楔形调节垫块。如需测试锚杆的拉拔位移，可增加行程计量装置（千分表）。

　　2. 检测步骤

　　1）根据试验目的，在隧道围岩的指定部位钻锚杆孔。孔深在正常深度的基础上可进行调整，使锚杆的外露长度大一些，以保证千斤顶的安装；或采用正常孔深，而将待测锚杆加长。根据锚杆的种类和试验目的确定拉拔时间。

　　2）按正常的安装工艺安装待测锚杆，用砂浆将锚杆端部抹平，以便支放楔形调节垫块。

　　3）在锚杆的尾部加上楔形调节垫块，套上空心千斤顶，将锚杆外端与千斤顶的内缸固定在一起，并装设位移测量设备，如图 15-4 所示。

4）通过手动液压泵加压，经液压表读取液压，再根据活塞面积换算锚杆承受的拉拔力；经千分表读取锚杆尾部的位移，绘制锚杆拉拔力—位移曲线，供分析研究。

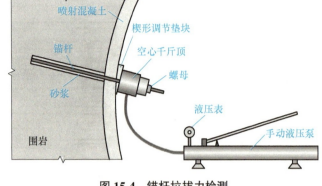

图 15-4　锚杆拉拔力检测

3. 注意事项

1）锚杆应在锚固砂浆强度达到 100% 后方可进行拉拔试验。

2）安装拉拔设备时，应使拉力作用线与锚杆同心，避免偏心受拉。

3）锚杆拉拔力检测应逐级加载，加载速率不大于 10kN/min。

4）无特殊需要，可不做破坏性试验，拉拔到设计拉力时即停止加载。

5）进行锚杆拉拔力检测的锚杆数量不应少于同类型锚杆总数的 1%，且不得少于 3 根。

6）千斤顶应牢固可靠，试验时操作人员要避开锚杆的轴线方向，以保证试验安全。

二、锚杆长度检测（冲击弹性波法）

冲击弹性波法检测锚杆长度采用一维波理论，可参见项目 9 任务三。

锚杆长度检测

1. 检测设备

锚杆长度检测设备主要由计算机、动测仪、传感器和激振设备组成（图 15-5），与项目 9 任务三的检测设备基本一致。

图 15-5　锚杆长度检测设备

锚杆的长细比很大，长度可达 15m，而直径一般不超过 0.025m，同时锚杆的长度区间很宽，为 0.3~15m，在这种条件下激发的弹性波信号的衰减非常明显。因此，选用合适的激振方式对保证测试精度是十分必要。根据实践经验和理论分析，可以得到以下经验：

1）较重的锤适合于较长的锚杆，较轻的锤则相反。

2）锥形激振体适合于较长的锚杆，用于短锚杆测试会使结果比实际值偏大。

3）自动激振装置（包括电磁式、超磁式）的激振力度比较稳定，重复性好。但其适用的锚杆长度有范围限制，超出该范围时的测试结果偏差较大。

2. 现场检测

在现场检测时，应注意以下几点：

1）检测前应进行现场调查，搜集锚杆的设计资料及竣工资料等，记录锚杆的设计长度、直径等信息，了解施工中出现的异常情况。

2）应注意锚杆的顶部应当平直而不能有弯曲。

3）现场振动、强电磁场等干扰会严重影响检测质量，应采取施工协调等措施予以规避。

3. 锚杆长度的计算

锚杆长度计算可采用时域反射波法、频域法等。

（1）时域反射波法　根据时域反射波法计算锚杆长度应按下式计算：

$$L = \frac{c_m}{2} \Delta t_e \qquad (15\text{-}1)$$

式中　L——锚杆长度（m）；

c_m——计算波速（也称为杆系波速，m/s），一般需要通过锚杆模拟试验得到；

Δt_e——时域杆底反射波运行时间（s）。

（2）频域法　根据频域法计算锚杆长度应按下式计算：

$$L = \frac{c_m}{2\Delta f} \qquad (15\text{-}2)$$

式中　Δf——幅频曲线上杆底相邻谐振峰之间的频差（图 15-6）。

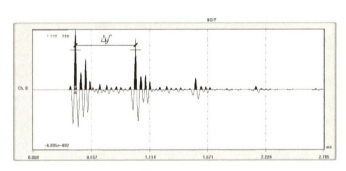

图 15-6　Δf

在采用频域法计算锚杆长度时，不能单纯地采用第一阶卓越周期，而是采用相邻的频率的差。其原因在于锚杆一般较长，基频往往难以识别，而利用倍频现象可以有效地提高对 Δt_e 的提取精度。

4. 计算波速 c_m 的确定

在计算锚杆长度时采用的是 c_m，即计算波速，其取值对锚杆长度测试结果的影响非常大。在不同的灌浆、岩体条件下，计算波速 c_m 的范围很大，可在 3.8~5.2km/s 内变化。因此，一般建议采用现场模拟试验的方法求取 c_m。

根据不同的灌浆、岩体以及边界条件，c_m 可按下列原则取值：

1）当锚固密实度小于 30% 时（如直接打入土中），计算波速一般可取 5.18km/s。

2）当锚固密实度大于或等于 30% 时，宜通过同等条件下的模型试验或对已知长度的锚杆（不少于 3 根）进行现场检测，从而反推 c_m 的取值。

巩固训练

1. 复习本任务内容。

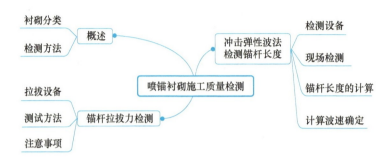

2. 扫描二维码，完成在线测试。

项目 15
任务二测试

任务三 ▸▸▸
混凝土衬砌施工质量检测

📋 [学习目标]

熟悉混凝土衬砌，能采用地质雷达进行混凝土衬砌施工质量检测。

混凝土衬砌是隧道结构的重要组成部分，既是隧道防水工程的最后一道防线，也是隧道外观质量的直接体现。

公路隧道目前多采用复合式衬砌：隧道开挖后，先进行喷锚衬砌（初期支护）施工，铺设防水层，然后浇筑模筑混凝土衬砌。混凝土衬砌施工质量检测包括：衬砌模板检测、混凝土强度检测、衬砌厚度检测、衬砌钢筋检测、衬砌背后空洞检测、外观及整体几何尺寸检测等，一般采用地质雷达法进行检测。

地质雷达法是一种先进的无损检测技术，其特点是快速、无损、连续检测，并以实时成像的方式显示地下结构的剖面，探测结果一目了然，分析、判读直观方便，而且探测精度高、样点密度高、工作效率高，因而在隧道工程检测中有很广的应用。地质雷达法适用于检测隧道喷锚衬砌和模筑衬砌的厚度、密实性、背后空洞、内部钢拱架、钢筋分布等。

一、地质雷达法的原理

地质雷达法是一种用于确定地下介质分布的光谱电磁技术（频率为1MHz~2GHz），在隧道内通过电磁波发射器向隧道衬砌部位发射宽带高频短脉冲，电磁波经衬砌界面或空洞的反射后再返回接收天线。电磁波在介质中传播时，其路径、电（磁）场强度与波形将随着通过介质的电性质及几何形态不同而变化，根据接收的电磁波的传播时间（又称为双程走时）、幅度与波形资料推断介质的结构，即可求得反射界面的深度。

实测时将雷达的发射和接收天线密贴于衬砌表面，电磁波通过天线进入混凝土衬砌中，遇到钢筋、钢拱架、材质有差别的混凝土、混凝土中间的不连续面、混凝土与空气分界面、混凝土与岩石分界面、岩石中的裂面等位置或结构时产生反射，接收天线接收到反射波，测出反射波入射、反射的双程走时，就可计算出反射波走过的路程，从而求出天线（反射面）的距离。

二、仪器组成

地质雷达法的探测系统由地质雷达主机、天线、计算机、输入输出设备、数据采集软件、数据分析处理软件等组成。其中，地质雷达的天线可采用不同频率的天线组合，因为低频天线探测距离长、精度低，高频天线探测距离短、精度高，组合使用可以扬长避短，扩大检测范围，提高检测精度。天线的频率有50MHz、100MHz、500MHz、800MHz、1GHz、1.2GHz等。

三、现场检测

1. 测线布置

采用地质雷达法检测混凝土衬砌施工质量以纵向布线为主、环向（横向）布线为辅，两车道隧道的纵向测线应分别在隧道拱顶、左右拱腰、左右边墙处布置（图15-7），根据检测需要可布置5~7条测线；三车道、四车道隧道应在隧道的拱腰部位增加两条测线，遇到衬砌有缺陷的地方应加密；隧底测线应根据现场情况布置，一般为1~3条，特殊要求的地段可布置网格状测线，主要是探测密实情况或岩溶的发育情况，宜在路基施工完成后进行。

为将测线名称和编号与隧道实体进行对应和统一，建议面向隧道出口方向（里程增大方向）将各测线从左到右依次编号，并标注各测线高度及其在纵向上的起伏变化，注意路面中心测线应避开中央排水管及其影响范围。

环向测线应按检测内容和要求布设，一般情况下环向测线沿隧道纵向的布置距离为8~12m。若检测中有不合格地段，应加密测线或测点。

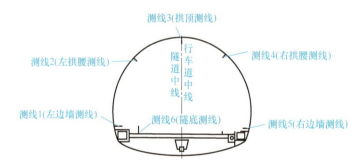

图15-7　地质雷达法测线布置示意

2. 检测方法

纵向布线采用连续测量方式；特殊地段或条件不允许时，可采用点测方式，测量点间距不宜大于200mm，测线每隔5~10m应有里程标志。

环向布线应尽量采用连续方式检测；也可采用点测方式，每道测线设不少于20个测点。天线的定位方法可采用常用的手动打标定位法和测量轮测距定位法，其中测量轮测距定位法一般用在表面平整的二次衬砌地段，且应加强定位的误差标定或实施分段标定。

无论是纵向布线还是环向布线，均应注意以下几点：

1）检测前应正确连接雷达系统，确保其处于正常连接状态，并在检测前进行试运行，确保主机、天线及输入输出设备运行正常。

（续）

序号	项目名称	方法及工具	布　置	量测间隔时间			
				1~15d	16~30d	1~3月	大于3月
2	周边收敛	各种类型的收敛计	每10~50m一个断面，每个断面2~3个对测点	1~2次/d	1次/2d	1~2次/周	1~3次/月
3	拱顶下沉	水平仪、水准尺、钢卷尺或测杆	每10~50m一个断面	1~2次/d	1次/2d	1~2次/周	1~3次/月
4	地表下沉	水平仪、水准尺	洞口段、浅埋段（$h \leqslant 2B$）	① 开挖面距量测断面前后 <2B 时，1~2次/d ② 开挖面距量测断面前后 <5B 时，1次/(2~3d) ③ 开挖面距量测断面前后 >5B 时，1次/(2~3d)			

注：h 表示洞高，B 表示洞宽。

2. 选测量测项目

选测量测项目是必测量测项目的拓展和补充，通过对围岩及支护结构的受力、内力、应变，以及围岩内部位移等进行监测，以深入掌握围岩的稳定状态与支护效果。选测量测项目很多，相关测试器件的埋设难度较大，量测费用较高，一般只对特殊地段、危险地段或有代表性的地段进行选测量测项目的作业，多数选测量测项目在工程竣工后可以长期作业。选测量测项目及量测间隔时间见表 15-2。

表 15-2　选测量测项目及量测间隔时间

序号	项目名称	方法及工具	布　置	量测间隔时间			
				1~15d	16~30d	1~3月	大于3月
1	洞内围岩内部位移	洞内钻孔，装设单点、多点杆式或钢丝式位移计	每个有代表性地段取1~2个断面，每个断面钻3~7个孔	1~2次/d	1次/2d	1~2次/周	1~3次/月
2	锚杆轴力	钢筋应力计、锚杆测力计	每个有代表性地段取1~2个断面，每个断面3~7根锚杆，每根锚杆取2~4测点	1~2次/d	1次/2d	1~2次/周	1~3次/月
3	初期支护二次衬砌内应力	各类混凝土应变计、表面应力计	每个有代表性地段取1~2个断面，每个断面取3~7个测点	1~2次/d	1次/2d	1~2次/周	1~3次/月
4	钢架内力	钢筋应力计、表面应力计	每个有代表性地段取1~2个断面，每个断面取3~7个测点	1~2次/d	1次/2d	1~2次/周	1~3次/月
5	围岩初期支护之间的接触压力	压力盒	每个有代表性地段取1~2个断面，每个断面取3~7个测点	1~2次/d	1次/2d	1~2次/周	1~3次/月

（续）

序号	项目名称	方法及工具	布　置	量测间隔时间			
				1~15d	16~30d	1~3月	大于3月
6	初期支护与二次衬砌之间的接触压力	压力盒	每个有代表性地段取1~2个断面，每个断面取3~7个测点	1~2次/d	1次/2d	1~2次/周	1~3次/月

二、仪器及传感器要求

1）仪器及传感器具有出厂合格证，重复使用的仪器须按规定时期标定，一次性传感器须有出厂标定证明。

2）量测仪器及传感器应具有良好的防水、防腐蚀、防振、防冲击能力。

3）量测仪器及传感器的测量精度、量程应满足工程要求。

4）量测仪器及传感器在埋设后能长期有效工作。

5）量测基点应长期稳定、不受干扰，满足测量精度要求，可利用施工测量基点。

三、测点保护

隧道施工监控量测的过程中，测点及测桩、传感器之间的导线要保护完好，这是连续采集测量数据的基本保障，必须严格保护。

1）测点及测桩埋设不要过多地暴露在喷射混凝土外，能进行正常测试即可，要尽可能加装保护套，防止爆破飞石及其他机械设备碰撞损坏。一旦发现测点损坏，要尽快重新埋设，并读取补埋后的初始读数。

2）测点及测桩应牢固可靠、不松动、不移位，测桩锚固深度不小于20cm。

3）测点及测桩上不得悬挂任何物体，不得触碰和敲击，不得随意撤换，遭破坏后应及时恢复。

4）测点周边应有色漆警示或警示标识牌，要易于识别。

5）传感器线缆埋入衬砌的部分应穿管保护，防止施工过程中发生损坏。

6）传感器导线的末端应装入预留的保护盒内。

7）支护结构施工时要注意保护测点。

四、隧道施工监控量测的实施计划

隧道施工监控量测应根据隧道的工程地质、水文地质、地形条件、支护类型及其他有关条件制订实施计划。实施计划的主要内容应包括：现场量测的主要手段、量测仪器及传感器的选用、量测项目及方法；施测部位和测点布置，以及测量人员组织结构；实施方案和实施计划的设计；量测数据处理与应用、量测管理等。

巩固训练

1. 复习本任务内容。

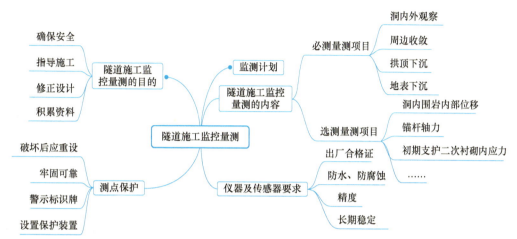

2. 扫描二维码，完成在线测试。

项目 15
任务四测试

附录一 正态分布概率系数表 $\left(\int_{K_q}^{\infty} \dfrac{1}{\sqrt{2\pi}} e^{-\frac{x^2}{2}} dx = \beta\right)$

$K_q(Z_\alpha)$	0.00	0.01	0.02	0.03	0.04	0.05	0.06	0.07	0.08	0.09
0.0	0.500 0	0.496 0	0.492 0	0.488 0	0.484 0	0.480 1	0.476 1	0.472 1	0.468 1	0.464 1
0.1	0.460 2	0.456 2	0.452 2	0.448 3	0.444 3	0.440 4	0.436 4	0.432 5	0.428 6	0.424 7
0.2	0.420 7	0.416 8	0.412 9	0.409 0	0.405 2	0.401 3	0.397 4	0.393 6	0.389 7	0.385 9
0.3	0.382 1	0.378 3	0.374 5	0.370 7	0.366 9	0.363 2	0.359 4	0.355 7	0.352 0	0.348 3
0.4	0.344 6	0.340 9	0.337 2	0.333 6	0.330 0	0.326 4	0.322 8	0.319 2	0.315 6	0.312 1
0.5	0.308 5	0.305 0	0.301 5	0.298 1	0.294 6	0.291 2	0.287 7	0.284 3	0.281 0	0.277 6
0.6	0.274 3	0.270 9	0.267 6	0.264 3	0.261 1	0.257 8	0.254 6	0.251 4	0.248 3	0.245 1
0.7	0.242 0	0.238 9	0.235 8	0.232 7	0.229 6	0.226 6	0.223 6	0.220 6	0.217 7	0.214 8
0.8	0.211 9	0.209 0	0.206 1	0.203 3	0.200 5	0.197 7	0.194 9	0.192 2	0.189 4	0.186 7
0.9	0.184 1	0.181 4	0.178 8	0.176 2	0.173 6	0.171 1	0.168 5	0.166 0	0.163 5	0.161 1
1.0	0.158 7	0.156 2	0.153 9	0.151 5	0.149 2	0.146 9	0.144 6	0.142 3	0.140 1	0.137 9
1.1	0.135 7	0.133 5	0.131 4	0.129 2	0.127 1	0.125 1	0.123 0	0.121 0	0.119 0	0.117 0
1.2	0.115 1	0.113 1	0.111 2	0.109 3	0.107 5	0.105 6	0.103 8	0.102 0	0.100 3	0.098 5
1.3	0.096 8	0.095 1	0.093 4	0.091 8	0.090 1	0.088 5	0.086 9	0.085 3	0.083 8	0.082 3
1.4	0.080 8	0.079 3	0.077 8	0.076 4	0.074 9	0.073 5	0.072 1	0.070 8	0.069 4	0.068 1
1.5	0.066 8	0.065 5	0.064 3	0.063 0	0.061 8	0.060 6	0.059 4	0.058 2	0.057 1	0.055 9
1.6	0.054 8	0.053 7	0.052 6	0.051 6	0.050 5	0.049 5	0.048 5	0.047 5	0.046 5	0.045 5
1.7	0.044 6	0.043 6	0.042 7	0.041 8	0.040 9	0.040 1	0.039 2	0.038 4	0.037 5	0.036 7
1.8	0.035 9	0.035 1	0.034 4	0.033 6	0.032 9	0.032 2	0.031 4	0.030 7	0.030 1	0.029 4
1.9	0.028 7	0.028 1	0.027 4	0.026 8	0.026 2	0.025 6	0.025 0	0.024 4	0.023 9	0.023 3
2.0	0.022 8	0.022 2	0.021 7	0.021 2	0.020 7	0.020 2	0.019 7	0.019 2	0.018 8	0.018 3
2.1	0.017 9	0.017 4	0.017 0	0.016 6	0.016 2	0.015 8	0.015 4	0.015 0	0.014 6	0.014 3
2.2	0.013 9	0.013 6	0.013 2	0.012 9	0.012 5	0.012 2	0.011 9	0.011 6	0.011 3	0.011 0
2.3	0.010 7	0.010 4	0.010 2	0.009 90	0.009 64	0.009 39	0.009 14	0.008 89	0.008 66	0.008 42
2.4	0.008 20	0.007 98	0.007 76	0.007 55	0.007 34	0.007 14	0.006 95	0.006 76	0.006 57	0.006 39
2.5	0.006 21	0.006 04	0.005 87	0.005 70	0.005 54	0.005 39	0.005 23	0.005 08	0.004 94	0.004 80
2.6	0.004 66	0.004 53	0.004 40	0.004 27	0.004 15	0.004 02	0.003 91	0.003 79	0.003 68	0.003 57
2.7	0.003 47	0.003 36	0.003 26	0.003 17	0.003 07	0.002 98	0.002 89	0.002 80	0.002 72	0.002 64
2.8	0.002 56	0.002 48	0.002 40	0.002 33	0.002 26	0.002 19	0.002 12	0.002 05	0.001 99	0.001 93
2.9	0.001 87	0.001 81	0.001 75	0.001 69	0.001 64	0.001 59	0.001 54	0.001 49	0.001 44	0.001 39
$K_q(Z_\alpha)$	0.0	0.1	0.2	0.3	0.4	0.5	0.6	0.7	0.8	0.9
3	0.001 35	$0.0^3 96\,8$	$0.0^3 68\,7$	$0.0^3 48\,3$	$0.0^3 33\,7$	$0.0^3 23\,3$	$0.0^3 15\,9$	$0.0^3 10\,8$	$0.0^3 72\,3$	$0.0^3 48\,1$
4	$0.0^4 31\,7$	$0.0^4 20\,7$	$0.0^4 13\,3$	$0.0^5 85\,4$	$0.0^5 54\,1$	$0.0^5 34\,0$	$0.0^5 21\,1$	$0.0^5 13\,0$	$0.0^6 79\,3$	$0.0^6 47\,9$
5	$0.0^6 28\,7$	$0.0^6 17\,0$	$0.0^7 99\,6$	$0.0^7 57\,9$	$0.0^7 33\,3$	$0.0^7 19\,0$	$0.0^7 10\,7$	$0.0^8 59\,9$	$0.0^8 33\,2$	$0.0^8 18\,2$
6	$0.0^9 98\,7$	$0.0^9 53\,0$	$0.0^9 28\,2$	$0.0^9 14\,9$	$0.0^{10} 77\,7$	$0.0^{10} 40\,2$	$0.0^{10} 20\,6$	$0.0^{10} 10\,4$	$0.0^{11} 52\,3$	$0.0^{11} 26\,0$

注：1. 表中数字为 β 值。

2. "$0^3 968$" 是指 0.000 968。

附录二 t 分布概率系数表

n	双边置信水平			单边置信水平		
	99%	95%	90%	99%	95%	90%
	$t_{0.995}/\sqrt{n}$	$t_{0.975}/\sqrt{n}$	$t_{0.95}/\sqrt{n}$	$t_{0.99}/\sqrt{n}$	$t_{0.95}/\sqrt{n}$	$t_{0.90}/\sqrt{n}$
2	45.012	8.985	4.465	22.501	4.465	2.176
3	5.730	2.484	1.686	4.201	1.686	1.089
4	2.921	1.591	1.177	2.270	1.177	0.819
5	2.059	1.242	0.953	1.676	0.953	0.686
6	1.646	1.049	0.823	1.374	0.823	0.603
7	1.401	0.925	0.734	1.188	0.734	0.544
8	1.237	0.836	0.670	1.060	0.670	0.500
9	1.118	0.769	0.620	0.966	0.620	0.466
10	1.028	0.715	0.580	0.892	0.580	0.437
11	0.955	0.672	0.546	0.833	0.546	0.414
12	0.897	0.635	0.518	0.785	0.518	0.393
13	0.847	0.604	0.494	0.744	0.494	0.376
14	0.805	0.577	0.473	0.708	0.473	0.361
15	0.769	0.554	0.455	0.678	0.455	0.347
16	0.737	0.533	0.438	0.651	0.438	0.335
17	0.708	0.514	0.423	0.626	0.423	0.324
18	0.683	0.497	0.410	0.605	0.410	0.314
19	0.660	0.482	0.398	0.586	0.398	0.305
20	0.640	0.468	0.387	0.568	0.387	0.297
21	0.621	0.455	0.376	0.552	0.376	0.289
22	0.604	0.443	0.367	0.537	0.367	0.282
23	0.588	0.432	0.358	0.523	0.358	0.275
24	0.573	0.422	0.350	0.510	0.350	0.269
25	0.559	0.413	0.342	0.498	0.342	0.264
26	0.547	0.404	0.335	0.487	0.335	0.258
27	0.535	0.396	0.328	0.477	0.328	0.253
28	0.524	0.388	0.322	0.467	0.322	0.248
29	0.513	0.380	0.316	0.458	0.316	0.244
30	0.503	0.373	0.310	0.449	0.310	0.239
40	0.428	0.320	0.266	0.383	0.266	0.206
50	0.380	0.284	0.237	0.340	0.237	0.184
60	0.344	0.258	0.216	0.308	0.216	0.167
70	0.318	0.238	0.199	0.285	0.199	0.155
80	0.297	0.223	0.186	0.266	0.186	0.145
90	0.278	0.209	0.175	0.249	0.175	0.136
100	0.263	0.198	0.166	0.236	0.166	0.129

参考文献

[1] 国家认证认可监督管理委员会.实验室资质认定工作指南［M］.2版.北京：中国计量出版社，2012.

[2] 交通运输部工程质量监督局.公路工程工地试验室标准化指南［M］.北京：人民交通出版社股份有限公司，2013.

[3] 吴佳晔.土木工程检测与测试［M］.北京：高等教育出版社，2015.

[4] 龙建旭.土木工程结构检测与测试［M］.北京：人民交通出版社股份有限公司，2017.

[5] 王建华，孙胜江.桥涵工程试验检测技术［M］.北京：人民交通出版社股份有限公司，2004.

[6] 张超，郑南翔，王建设.路基路面试验检测技术［M］.北京：人民交通出版社股份有限公司，2004.

[7] 张超，支喜兰.公路水运工程试验检测专业技术人员职业资格考试用书：道路工程［M］.北京：人民交通出版社股份有限公司，2016.

[8] 何玉珊，程崇国，章关永，等.公路水运工程试验检测专业技术人员职业资格考试用书：桥梁隧道工程［M］.北京：人民交通出版社股份有限公司，2018.

[9] 解先荣.公路水运工程试验检测专业技术人员职业资格考试用书：公共基础［M］.北京：人民交通出版社股份有限公司，2018.

[10] 金桃，张美珍.公路工程检测技术［M］.5版.北京：人民交通出版社股份有限公司，2015.

[11] 陆勇，彭富强.公路工程检测技术［M］.北京：高等教育出版社，2011.

[12] 徐凯燕，余素萍，杨永波.基桩检测技术［M］.北京：人民交通出版社股份有限公司，2014.

[13] 交通运输部安全与质量监督管理司，交通运输部职业资格中心.公路水运工程试验检测专业技术人员职业资格考试用书：道路工程（2020年版）［M］.北京：人民交通出版社股份有限公司，2020.

[14] 交通运输部安全与质量监督管理司，交通运输部职业资格中心.公路水运工程试验检测专业技术人员职业资格考试用书：桥梁隧道工程（2020年版）［M］.北京：人民交通出版社股份有限公司，2020.

[15] 交通运输部安全与质量监督管理司，交通运输部职业资格中心.公路水运工程试验检测专业技术人员职业资格考试用书：公共基础（2020）年版［M］.北京：人民交通出版社股份有限公司，2020.